Stadtentwicklung – Anspruch und Wirklichkeit

Kommission für wirtschaftlichen
und sozialen Wandel

127

Helmut Blum
Karolus Heil
Lutz Hoffmann

Stadtentwicklung –
Anspruch und Wirklichkeit

Verlag Otto Schwartz & Co., Göttingen

Stadtentwicklung – Anspruch und Wirklichkeit

– Eine vergleichende Analyse der funktionalen Aufgaben und verwaltungsorganisatorischen Probleme von Großstädten in der Bundesrepublik –

von

Dr.-Ing. Helmut Blum
Dr. rer. nat. Karolus Heil
Dipl.-Ing. Lutz Hoffmann

unter Mitarbeit von

Gerhard Gross

Verlag Otto Schwartz & Co., Göttingen

ISBN 3-509-00944-4

Druck: Mintzel-Druck, 8670 Hof/Saale

Die Bundesregierung hat im Jahre 1971 die Kommission für wirtschaftlichen und sozialen Wandel berufen. Die Kommission ist in ihrer Tätigkeit unabhängig und setzt sich aus Vertretern der Arbeitgeber und Arbeitnehmer sowie der Wissenschaft zusammen. Sie ist beauftragt, die mit dem technischen, wirtschaftlichen und sozialen Wandel zusammenhängenden Auswirkungen und Aufgaben im Hinblick auf eine Weiterentwicklung der Gesellschaftspolitik zu untersuchen und wirtschafts-, sozial- und bildungspolitische Gestaltungsmöglichkeiten aufzuzeigen.

Die Kommission vergibt hierzu Forschungsaufträge. Sie legt hiermit unabhängig von ihrer Stellungnahme das Ergebnis eines Forschungsauftrags vor. Auf Beschluß der Bundesregierung äußert sich die Kommission gegenüber der Öffentlichkeit nur in Form eines Schlußgutachtens.

FORSCHUNGSINSTITUT FÜR SOZIOLOGIE
DER UNIVERSITÄT KÖLN
5 KÖLN 41
GREINSTRASSE 2
GERMANY

Vorwort

Im Rahmen der von der Kommission für wirtschaftlichen und
sozialen Wandel behandelten Problematik soll die vorliegende Arbeit die Rolle der Großstädte beim wirtschaftli-
schen und sozialen Wandel darstellen und insbesondere aufzeigen, welche Chancen und Hindernisse im Bemühen der kommunalen Ebene um Bewältigung der durch diesen Wandel bedingten Probleme liegen.

Mit dieser Arbeit hoffen wir, zur Belebung der Diskussion
um die Aufgaben und Funktionen der kommunalen Entwicklungsplanung beizutragen.

Der Kommission ist zu danken, daß sie eine Studie zu diesem Problemkreis in ihr Forschungsprogramm aufgenommen hat
und die Durchführung dieser Studie durch Kontaktnahme zum
Deutschen Städtetag unterstützt hat.

Zu danken ist auch den befragten Städten bzw. den bei ihnen
tätigen Experten für ihre Bereitschaft zu einer konstrukti-
ven Auseinandersetzung mit dem Anliegen der Arbeit und den
ihr zugrunde liegenden Thesen. Ohne diese kollegiale Mitwirkung der beteiligten Experten hätte die Arbeit auf das
Erfahrungsspektrum einer Stadt beschränkt bleiben müssen.

Für seine Beratung vor allem in ökonomischen Fragen und für
seine Begleitung der Arbeit danken wir Herrn Professor
Dr. Klaus Künkel.

München im April 1976

Helmut Blum   Karolus Heil   Lutz Hoffmann

FORSCHUNGSINSTITUT FÜR SOZIOLOGIE
DER UNIVERSITÄT KÖLN
5 KÖLN 41
GREINSTRASSE 2
GERMANY

Inhaltsverzeichnis   Seite

Einleitung   1

1.   Wirtschaftlicher und sozialer Wandel
       und kommunale Entwicklungsplanung   1

1.1   Probleme des wirtschaftlichen und
       sozialen Wandels   1

1.2   Die Rolle der Großstädte in diesem
       Aufgabenfeld   2

2.   Ziel und Rahmenbedingungen der Arbeit   6

Erster Teil

Generelle Bedingungen integrierter kommunaler
Entwicklungsplanung   9

I.   Probleme der Großstädte   9

1.   Generelle Probleme der Stadtentwick-
       lung (integrierte Stadtplanung) in
       den Verdichtungsräumen der BRD und
       vergleichbarer Industrieländer   9

2.   Typische Problemfelder der Stadt-
       entwicklung   10

3.   Anmerkungen zur Struktur der Pro-
       blemfelder   12

3.1   Zum Zusammenhang von Problemfeldern
       und Entwicklungsfaktoren   14

3.2   Zum Zusammenhang von Problemfeldern
       und Interessen   15

FORSCHUNGSINSTITUT FÜR SOZIOLOGIE
DER UNIVERSITÄT KÖLN
5 KÖLN 41
GREINSTRASSE 2
GERMANY

Seite

4.   Faktoren, die die Stadtentwick-
      lung bestimmen und ihr Systemzu-
      sammenhang   19

5.   Steuerbarkeit der Entwicklungs-
      faktoren   33

II.   Interne Schwierigkeiten der kommu-
      nalen planenden Verwaltung bei der
      Lösung der Probleme der Stadtent-
      wicklung   37

1.   Grundlageninformation   38

2.   Fachpersonal   40

3.   Verwaltungsaufbau und Verwaltungs-
      struktur   41

3.1   Schwierigkeiten, die sich aus der kom-
      plexen Struktur der kommunalen Problem-
      felder und der arbeitsteilig organisier-
      ten Verwaltungsgliederung ergeben   41

3.2   Schwierigkeiten, die sich aus den un-
      terschiedlichen gesellschaftlichen
      Interessen und ihren Beziehungen zur
      arbeitsteilig organisierten Verwal-
      tungsgliederung ergeben   44

3.3   Schwierigkeiten, die sich aus den
      autonomen Interessenslagen der ar-
      beitsteilig organisierten Fachressorts
      ergeben   51

Seite

Zweiter Teil

Ansätze und Erfahrungen integrierter Entwicklungsplanung in Großstädten der Bundesrepublik   56

I.   Übersicht über die Vorgehensweisen
        bei der Lösung von Stadtentwicklungs-
        problemen   56

II.   Vergleichende Analyse von Ansätzen zur
        Entwicklungsplanung in ausgewählten
        Großstädten der Bundesrepublik   65

1.   Anmerkungen zur Methode und zum Ab-
        lauf der Expertengespräche   65

2.   Kurzdarstellung der Ansätze zur
        Entwicklungsplanung   75

3.   Resumee: Strukturelle Gemeinsamkei-
        ten und lokale Besonderheiten der
        Ansätze   157

Dritter Teil

Folgerungen im Hinblick auf eine Grundstruktur integrierter kommunaler Entwicklungsplanung 161

I.   Kriterien einer Organisationsform der
        integrierten Entwicklungsplanung   161

II.   Probleme der Verwirklichung   180

Vierter Teil - Anhang

I.   Zusammenfassende Literaturübersicht   185

II.   Anlagen   212

EINLEITUNG

1. Wirtschaftlicher und sozialer Wandel und kommunale Entwicklungsplanung

1.1 Probleme des wirtschaftlichen und sozialen Wandels

Wirtschaftlicher und sozialer Wandel haben zu einer außerordentlichen Verbesserung der Lebensbedingungen in unserer Gesellschaft geführt, die vor allem in einem erheblich gestiegenen und immer noch zunehmenden Lebensstandard sichtbar wird. Diese Entwicklung wird jedoch begleitet von negativen Auswirkungen, die in den zurückliegenden Jahren zunehmend in das Bewußtsein der Öffentlichkeit getreten sind. Sie sind in aller Regel zurückzuführen auf Ungleichheiten, die dem wirtschaftlichen Wandel in unserer Wirtschafts- und Gesellschaftsordnung zugrunde liegen und die in den wirtschaftlichen Entwicklungsprozessen immer wieder neu produziert und verschärft werden. Zugleich wird damit aber auch ein ständiges Ungleichgewicht zwischen den wirtschaftlichen und sozialen Prozessen produziert, das entscheidend den wirtschaftlichen und sozialen Wandel bestimmt und umgekehrt durch diesen verschärft wird.

Diese Ungleichheiten treten als räumliche und soziale "Disparitäten" in Erscheinung[1]. Räumliche Disparitäten liegen z. B. vor in dem Gefälle zwischen ländlichen und städtischen Gebieten in Bezug auf Einkommens-, Arbeits-, Bildungs- oder Konsumbedingungen. Eine Folge dieser Disparitäten ist die Abwanderung vorwiegend junger, leistungsfähiger Bevölkerungsgruppen vom Land in die Stadt - ein Vorgang, der sich mit der Liberalisierung der Einwanderungsbestimmungen im europäischen Raum längst nicht mehr nur innerhalb einzelstaatlicher Wirtschaftsräume, sondern auf internationaler

---

[1] Vgl. Rolf-Richard Grauhan, Wolf Lindner: Politik der Verstädterung, Seite 47 ff.

Ebene vollzieht. Die negativen Auswirkungen dieser Vorgänge bestehen einerseits in einer weiteren relativen
Verschlechterung der Lebensbedingungen in den Entleerungs-
räumen, andererseits in einer Verschärfung der mit dem
Begriff "Verstädterung" verbundenen Probleme. Beispiele
für soziale Disparitäten sind u. a.: Ungleiche Vermögensverteilung, ungleiche Bildungschancen oder ungleiche
Bedingungen der Bedürfnisbefriedigung in Bezug auf privatwirtschaftlich produzierte Waren und öffentliche Dienstleistungen. Die Folgewirkungen dieser Disparitäten treffen in besonderem Maße die Bevölkerung in den Verflech-
tungsräumen. Sie treten in Problemen wie sozialer Entmi-
schung, Minoritätenbildung, wachsenden Mobilitätszwängen
und wachsenden Umweltbelastungen in Erscheinung und sind
Ursache für vielfältige gesellschaftliche Konflikte, die
den Eingriff des Staates erforderlich machen. Von ihm wird
erwartet, daß er den wirtschaftlichen und sozialen Wandel
im Sinne eines Ausgleiches steuernd beeinflußt.

1.2 Die Rolle der Großstädte in diesem Aufgabenfeld

An der Bewältigung der Aufgabe, den wirtschaftlichen und
sozialen Wandel zu lenken, haben seit jeher die Gemeinden
einen gewichtigen Anteil. In den letzten Jahren ist allerdings eine Entwicklung zu beobachten, in deren Verlauf den
Gemeinden immer größere Teile dieser Aufgabe von den übergeordneten staatlichen Ebenen des Bundes und der Länder
abgenommen bzw. entzogen werden. Diese Entwicklung hat bereits ein solches Ausmaß angenommen, daß mit guten Gründen von der "Aushöhlung" der im Grundgesetz verankerten
gemeindlichen Selbstverwaltungskompetenz gesprochen werden
kann. Hieraus darf jedoch nicht der Schluß gezogen werden,
daß die Bedeutung der Gemeinden bei der Bewältigung der
Aufgabe, den wirtschaftlichen und sozialen Wandel zu lenken, geringer geworden sei oder daß die Schwierigkeiten für
die Gemeinden damit abgenommen hätten. Das Gegenteil ist
der Fall: Die Bedeutung der Funktion der Gemeinden bei
der Bewältigung dieser Aufgaben wächst bei gleichzeitig
zunehmenden Schwierigkeiten:

- Einerseits sind es, ungeachtet der Verlagerung von Planungskompetenzen und Durchsetzungsmöglichkeiten auf übergeordnete Instanzen, immer die Gemeinden, auf die sich die wachsenden Erwartungen der Bevölkerung richten, in denen die konkreten Anforderungen an die Gesellschaft und den Staat artikuliert werden und von deren Repräsentanten in den parlamentarischen Gremien und in der Verwaltung unmittelbar Rechenschaft gefordert wird.

- Zum anderen bestimmen mit wachsendem Zentralitätsgrad der Planungsebenen andere Prioritäten die Planungsentscheidungen als auf Gemeindeebene. Vor allem haben bei Planungsentscheidungen auf Gemeindeebene soziale Bedürfnisse größeren Einfluß als bei den vorwiegend ökonomisch orientierten Planungsentscheidungen auf höheren Zentralitätsstufen. Das hat zur Folge, daß den Gemeinden tendenziell immer diejenigen Probleme zur Lösung überlassen bleiben, für deren zentrale Bewältigung kein vorrangiges Interesse besteht.

Auf der kommunalen Ebene treten die durch den wirtschaftlichen und sozialen Wandel ausgelösten Probleme und Konflikte in besonders kritischer Ausprägung auf. Dadurch waren in den Großstädten stets besondere Anstrengungen zur Sicherung einer geordneten Entwicklung erforderlich. Deshalb gingen auch die wesentlichen Impulse zur Änderung und Neubestimmung von Planungsaufgaben und Planungsverfahren in aller Regel von den Großstädten aus.

Der Anpassungsprozeß der Aufgabenschwerpunkte kommunaler Planung an die veränderten Problemlagen in den Großstädten hat sich im wesentlichen in 3 Stufen vollzogen, die im allgemeinen mit den Begriffen

- Anpassungsplanung

- Auffangplanung

- Entwicklungsplanung

bezeichnet werden. Unter Anpassungsplanung wird verstanden die Reaktion auf Einzelprobleme durch Einzelplanungsmaßnahmen. Hierbei werden weder Problemzusammenhänge noch künftige Entwicklungen berücksichtigt. Auffangplanung berücksichtigt bereits zu erwartende Entwicklungen, wobei sie diese als unausweichlich bzw. unbeeinflußbar ansieht, ihre Größenordnung abzuschätzen versucht und Vorkehrungen für eine möglichst geordnete Bewältigung trifft. Dies geschieht in erster Linie durch Vorhalten der für erforderlich gehaltenden Flächen wie z. B. der Verkehrsstrassen. Demgegenüber wird unter Entwicklungsplanung eine Planung verstanden, die eine zu erwartende Entwicklung nach Maßgabe von Entwicklungszielen aktiv steuernd in eine erwünschte Richtung zu lenken versucht. Dies verlangt die Berücksichtigung des Zusammenhangs der für die Entwicklung als entscheidend angesehenen Faktoren sowie die Koordination aller kommunalen Steuerungsmöglichkeiten.

Aus dem empirischen Teil dieser Studie geht hervor, daß diese Entwicklungsstufen kommunaler Planung keineswegs von allen Großstädten in gleicher Weise durchlaufen wurden und keineswegs ein gleicher Stand der Problembewältigung erreicht wurde, obwohl die Planungsprobleme in durchaus vergleichbaren Dimensionen gegeben waren. Der Überblick über die Situation der Planung in den verschiedenen Großstädten zeigt vielmehr, daß alle 3 Stufen räumlich wie sektoral noch nebeneinander vorzufinden sind. Dies legt den Schluß nahe, daß sich die verschiedenen Großstädte auf unterschiedlichem Stand der Problemausprägung oder der Problemsicht befinden. So kann auch das breite Spektrum derzeit existierender Planungs-, Steuerungs- und Realisierungsansätze erklärt werden.

Ein Faktor, der die Vielfalt der Planungsansätze erklärt, ist der unterschiedliche Stand der Forschung auf dem Gebiet der Entwicklungsplanung und ihr Verhältnis zur Planungspraxis.

Versteht man unter dem Stand der Forschung auf dem Gebiet der Stadtentwicklung die Summe der wissenschaftlich-empirisch gesicherten Erkenntnisse über die Faktoren, die die Entwicklung der Städte in wirtschaftlicher, sozialer, kultureller und technischer Hinsicht bestimmen, so muß

festgestellt werden, daß eine solche Forschung noch sehr
am Anfang steht und kaum wirksame Hilfe für eine Verein-
heitlichung der lokalen Planungsansätze bietet. Dies kann
immerhin damit erklärt werden, daß die Einsicht in die
Bedeutung dieser Faktoren und die Einsicht in die Notwendigkeit einer Steuerung der Stadtentwicklung auch auf kommunaler Ebene kaum älter als 8 Jahre ist. Dabei lassen
die in jüngster Zeit unverkennbaren Tendenzen zunehmender
Planungs- und Wissenschaftsfeindlichkeit auch im kommunalen Bereich kaum exakte Voraussagen zu, ob die Vielzahl
der Ansätze zur Verbesserung kommunaler Planungs- und
Entscheidungssituationen in den sechziger und Anfang der
siebziger Jahre lediglich eine Episode darstellt oder die
Kommunen auch in der Zukunft die Kraft mobilisieren, ihren
Planungsprozeß und dessen Grundlagen langfristig zu verbessern.

Problematisch erscheint jedenfalls auch auf längere Sicht
die traditionelle und sich immer noch ausweitende Kluft
zwischen Planungsforschung und Planungspraxis. Auf der
einen Seite häufen sich vielfach ohne konkrete Anschauung
und Kenntnis realer Planungsvorgänge erarbeitete, dennoch
durchaus bedeutsame Forschungsbeiträge auf z. T. hohem
theoretischen Niveau; auf der anderen Seite haben die Pla-
nungspraktiker im Rahmen ihrer Arbeitsbedingungen in den
Planungsämtern erhebliche Schwierigkeiten, theoretische
Beiträge der Planungsforschung - soweit sie von ihrer Exi-
stenz überhaupt Kenntnis nehmen - in den täglichen Arbeits-
prozeß einzubringen.

Zwei Ansätze, diese Kluft zwischen Theorie und Praxis zu
überwinden, sind in diesem Zusammenhang allerdings hervor-
zuheben: einmal neuere Versuche, von der Theorie ausgehend
diese auf konkrete Planungssituationen anzuwenden ("Fall-
studien"), auf der anderen Seite Versuche in der Praxis
stehender Planer, ihre konkreten Planungen in einen größeren theoretischen Rahmen zu stellen (systematische Grundlagenforschung). Diese Ansätze sollten aber in Bezug auf
ihre praktischen Auswirkungen nicht überschätzt werden.
Sogar die von der Verwaltung selbst erarbeiteten For-
schungsarbeiten haben bisher nur einen relativ bescheide-

nen Beitrag zur Verbesserung der Planungstätigkeit der
Kommunen zu leisten vermocht. Die Ursachen hierfür weisen
auf einen wesentlichen Aspekt im Verhältnis von Forschung
und Planungspraxis hin. Dieses Verhältnis ist nicht nur
durch Probleme der Erkenntnisgewinnung und der Informa-
tionsvermittlung, sondern in entscheidendem Maße auch
durch Schwierigkeiten und Widerstände bei der konkreten
Umsetzung von Forschungsergebnissen gekennzeichnet, die
sich aus Interessenpositionen sowohl der Verwaltung selbst
wie Interessenpositionen in Wirtschaft und Gesellschaft
herleiten, die durch einzelne gesellschaftliche Gruppie-
rungen, durch politische Entscheidungsgremien oder durch
spezifische Verwaltungsteile mittelbar oder unmittelbar
repräsentiert werden; gerade auf diesen Aspekt wird in
der vorliegenden Arbeit an verschiedenen Stellen ausführ-
lich einzugehen sein, da Möglichkeiten und Grenzen integrierter Planung hier entscheidend determiniert werden.

2. Ziel und Rahmenbedingungen der Arbeit

Ziel der Arbeit ist es, vor diesem Hintergrund die durch
den wirtschaftlichen und sozialen Wandel ausgelösten Probleme in ihren vor allem in den Städten auftretenden grundsätzlichen Erscheinungsformen darzustellen und in Verbindung damit einen Überblick über den Stand der Ansätze zur
Lösung dieser Probleme auf der kommunalen Ebene zu vermitteln.

In allen Großstädten sind in den letzten Jahren Stellen
für Entwicklungsplanung geschaffen worden, die sich darum
bemühen, diese Probleme zu lösen. Anhand der Darstellung
der Situation der kommunalen Entwicklungsplanung in ausgewählten Großstädten sollen dabei folgende Schwerpunkte
herausgearbeitet werden:

- die Art, in der die jeweiligen Probleme gesehen werden
  und die Einsicht in die Notwendigkeit bzw. Möglichkeiten intergrierter Entwicklungssteuerung

- der Stand der Verwirklichung entsprechender Planungsansätze und Organisationskonzepte sowie der dabei ge-

wonnenen Erfahrungen.

Ziel und Vorgehensweise der Arbeit werden wesentlich bestimmt durch die Rahmenbedingungen für die Durchführung,
in erster Linie durch den auf knapp 5 Mannmonate begrenzten Arbeitsaufwand in einem Bearbeitungszeitraum von 10
Monaten. Innerhalb dieses so begrenzten Rahmens kam es
den Verfassern darauf an, aus der Sicht ihrer mehrjährigen unmittelbaren Erfahrung auf dem Gebiet der kommunalen
Entwicklungsplanung, kontrolliert und ergänzt aufgrund
der praktisch-empirischen Erfahrungen der untersuchten
Großstädte und der dort realisierten, diskutierten oder
auch gescheiterten Ansätze integrierter Planung, einen
Beurteilungsrahmen zu entwerfen und innerhalb dieses Rahmens ein Gesamtbild der Situation der Entwicklungsplanung
in den Großstädten der BRD zu skizzieren. Der in einem
solchen Vorgehen begründeten Gefahr vorgefaßter oder allzu subjektiver Aussagen glauben die Verfasser durch eine
Überlagerung dieser Arbeitskonzeption mit einer bewußt
gegenläufigen Vorgehensweise begegnen zu können: Die ursprünglich in spezifischer Situation gewonnenen Erfahrungen und die daraus abgeleiteten Arbeitshypothesen werden
durch die Gegenüberstellung mit den Ansätzen, Vorgehensweisen und Erfahrungen in den untersuchten Großstädten
kritisch daraufhin überprüft, inwieweit sie durch lokale
Umstände geprägt sind und demgemäß nur lokale Aussagekraft
haben und inwieweit sie von allgemeiner Bedeutung sind und
daher Grundlage für die Ableitung genereller Empfehlungen
zur Verbesserung der Steuerungsmöglichkeiten der Großstädte
sein können.

Gerade hierin wird ein Schwerpunkt des Interesses der Kommission an Problemen der Großstädte und an Ansätzen zu ihrer Lösung gesehen. Wenn es die Absicht der Kommission
ist, Wege der Verwirklichung für die Lösung der Probleme
des wirtschaftlichen und sozialen Wandels aufzuzeigen, so
muß es für sie von großer Bedeutung sein, das Selbstverständnis, das Problembewußtsein und die administrative
Organisation der Stellen für Entwicklungsplanung sowie ihren Standort und ihren Einfluß innerhalb der gesamten Verwaltung zu kennen. Dabei setzt eine realistische Einschätzung der Möglichkeiten und Grenzen solcher Ansätze selbst-

verständlich voraus, daß die vielschichtigen und mächtigen
Interessen, die auf den Planungsprozeß einwirken oder sich
in diesem unmittelbar vertreten finden, nicht außer Ansatz
bleiben. Dies gilt insbesondere auch im Hinblick darauf,
daß für die Realisierung von Vorschlägen der Kommission
zur konkreten Verbesserung der Lebensbedingungen in der
BRD gerade die kommunalen Stellen für Entwicklungsplanung
eine wichtige Rolle als Ansprechpartner und Verbündete
spielen dürften.

ERSTER TEIL

Generelle Bedingungen integrierter kommunaler Entwicklungsplanung

I. Probleme der Großstädte

1. Generelle Probleme der Stadtentwicklung (integrierte
Stadtplanung) in den Verdichtungsräumen der BRD und
vergleichbarer Industrieländer

Die empirische Analyse der Problemlagen in den Städten
der Bundesrepublik - und dieses gilt auch für die Städte
vergleichbarer Länder - zeigt auf mehreren Ebenen ein hohes Maß von Übereinstimmung: sowohl in den Problemstrukturen wie in den erkennbaren Mechanismen und Gesetzmäßigkeiten, nach denen sich diese Probleme entwickeln und die
den Zusammenhang und die wechselseitige Abhängigkeit und
Beeinflussung der Probleme untereinander determinieren.
Mit ihnen korrespondiert ein vergleichbares Maß an subjektiver und objektiver Unfähigkeit der planenden Verwaltung
der Städte, diese Probleme zu lösen oder ihr Entstehen vor-
ausschauend zu verhindern.

Diese Identität kann weitgehend damit erklärt werden, daß
kommunale Entwicklungsprobleme zu einem hohen Anteil Ergebnis und Niederschlag der Reproduktionsweise der Gesellschaft, des Standes ihrer technischen und ökonomischen Entwicklung sind, ohne daß lokale Besonderheiten und Ausprägungen dieses generellen Zusammenhangs geleugnet werden sollen, die einer je gezielten Untersuchung bedürften, ist
weitgehende Identität der Art des Problemdrucks das Resultat. Hinzu tritt jedoch, daß auch die Struktur der planenden Verwaltung, die Verfügbarkeit von Planungsinstrumen-
tarien und ihre Wirkungsweise, die Rekrutierungsbedingungen von Mitarbeitern etc. in relativ gleichartiger Weise
beschaffen sind.

Diese sehr weitgehende Identität der Entwicklungsprobleme
in den großstädtischen Verdichtungsräumen macht es nicht
nur möglich, sondern im Sinne einer gleichgerichteten und
damit in der Wirkungsweise gesteigerten Effizienz planerischer Einflußnahmen zwingend erforderlich, generell
wirksame Faktoren festzustellen und über die einzelne
Stadt hinaus, d. h. generell anwendbare Strategien der
Problemlösungen zu suchen. Dies gilt zumal dann, wenn externe Faktoren als schwer oder nicht veränderbare Randbedingungen hingenommen werden müssen und planende Einflußnahmen sich auf den der gemeindlichen Planung zugänglichen
Bereich beschränken müssen, d. h. wenn es darauf ankommt,
diesen Spielraum in weitestmöglichem Umfange auszufüllen.

2. Typische Problemfelder der Stadtentwicklung

Unter den beschriebenen Prämissen kann - im Vorgriff auf
die im Zweiten Teil darzustellenden Befunde dieser Arbeit -
eine Reihe von typischen Problemfeldern herausgearbeitet
werden, die für die Entwicklung großstädtischer Verdichtungsräume unter heutigen Bedingungen von besonderer Bedeutung sind. Ihre Systematisierung und die Darstellung
der zwischen ihnen bestehenden Abhängigkeiten und Wechselwirkungen ist die Voraussetzung für die Herausarbeitung
und Formulierung des Systemzusammenhangs der entwicklungsbestimmenden Faktoren, dessen Kenntnis und Kalkulierbar-
keit seinerseits die Voraussetzung bildet für die realistische Definition der gemeindlichen Einflußnahmemöglichkei-
ten zugänglichen Bereiche, die Formulierung entsprechender
Zielkonzepte, Planungsstrategien und organisatorischer
Maßnahmen sowie die Analyse und Durchführung gezielter
Problem- und Programmstudien über Teilzusammenhänge.

Die wesentlichen dieser in engem Zusammenhang stehenden
Problemfelder sind - unbeschadet lokaler Besonderheiten -

- Struktur und Entwicklung von Beschäftigung und Arbeitsmarkt (Arbeitsstättenentwicklung, Branchenstruktur,
  Flächenansprüche und Flächenerschließung, Entwicklung
  des Bruttoinlandprodukts, Steuerkraft, Entwicklungs-

impulse aus ökonomischem Wachstum, Entwicklungshinder-
nisse etc.).

- Probleme sozio-ökonomischer Umstrukturierungen (Problematik des Kleingewerbes, der Verdrängung traditioneller
ökonomischer Funktionen und der hieraus resultierenden
Versorgungsprobleme, Konzentrationsprozesse und Tendenz
zu Großstrukturen etc.).

- Der Problemkreis Flächenwachstum (Zersiedelung des Umlandes), Verdichtung und die mit ihm verbundenen Unter-
Probleme.

- Probleme des Stadtkerns (Verdrängungsproblematik, Tendenz zu Monostrukturen, Erreichbarkeitsprobleme, Gefährdung von Originalität und Stadtbild, "Verödung").

- Verkehrsproblematik (Problematik und Relation Individualverkehr - öffentlicher Nahverkehr, Umweltbelastung,
gesamtwirtschaftliche Kostenproblematik, Erreichbarkeitsprobleme etc.).

- Wohnungsproblematik (Versorgung mit einem ausreichenden
Angebot an preisgünstigen Wohnungen, Erneuerung und Sanierung, Neubaumaßnahmen und ihre Problematik, Probleme
der Belegung, der Steuerung des Wohnungsmarktes, Wohn-
raumversorgung einkommensschwacher Gruppen, räumliche
Lokalisierung von Wohnungsbaumaßnahmen etc.).

- Probleme der Versorgung mit einem ausreichenden Angebot
an öffentlichen und privaten Leistungen (Schulen, Kindergärten, Altenheime, Einkaufsmöglichkeiten etc.).

- Probleme gesellschaftlich-sozialer Gruppen, die beson-
derer Aufmerksamkeit und Hilfen durch die öffentliche
Hand bedürfen (sogenannte Randgruppen wie z. B. Alte,
Jugendliche, Problemgruppen wie Ausländer, Obdachlose,
Drogenabhängige, Nicht-Seßhafte, das Problem wachsender
Kriminalität etc.).

- Probleme der Freizeitbetätigung (Bereitstellung einer
entsprechenden Freizeit-Infrastruktur, Verkehrsprobleme
in Verbindung mit Freizeitverhalten etc.).

- Problematik der Umweltentwicklung und Stadtgestalt

(Gefährdung der psychischen und physischen Lebensbedingungen, der äußeren Umweltverhältnisse bzw. Sicherung dieser Bedingungen).

- Problematik der Verwaltungsstruktur, der Kooperation
  zwischen Stadt und Umland, des Verhältnisses zwischen
  Stadt und Bürger.

Die vorläufige, in einem ersten Arbeitsansatz vorzunehmen-
de Systematisierung und Präzisierung der angedeuteten,
ggf. auch weiterer Problemfelder und ihrer Relevanz für
den lokalen Raum, wo erforderlich auch für dessen Teilräume, ist eine der wesentlichen Voraussetzungen für eine
systematische Erarbeitung von Grundlageninformationen für
eine integrierte Entwicklungspolitik.

Diese Systematisierung schafft die Möglichkeit, in einem
zweiten Ansatz die zwischen diesen - sich häufig getrennt
darstellenden - Problemfeldern bestehenden Wechselwirkungen und Interdependenzen - ebenfalls in vorläufiger Weise - herauszuarbeiten.

Auch für diese Wechselwirkungen gilt die oben getroffene
Feststellung einer sehr weitgehenden Identität zwischen
den Verdichtungsräumen. Sie erleichtert die kohärente Darstellung eines alle wesentlichen Problemfelder umfassenden Systemmodells auch ohne differenzierte Forschung auf
dieser Ebene.

3. Anmerkungen zur Struktur der Problemfelder

Die genannten Problemfelder bezeichnen nicht Probleme
schlechthin, sondern in der Regel vielschichtige und komplexe Tatbestände, die auch durchaus nicht immer von allen
gleichermaßen, zum gleichen Zeitpunkt oder aus den gleichen Gründen als unstrittiges Problem gesehen werden.

Unter Verkehrsproblemen beispielsweise werden im allgemeinen die Folgen verstanden, die sich aus unausgewoge-
nen und überlasteten Verkehrsnetzen ergeben:

- unbefriedigende Verkehrsbedingungen:
  lange Fahrzeiten, Verkehrsstauungen, Nervenbelastungen
  und Unbequemlichkeiten;

- Beeinträchtigung der Umweltbedingungen:
  Lärmbelästigung, Luftverunreinigung, Verkehrsunfälle,
  Verlust historischer städtischer Bausubstanz durch
  Ausbau von Verkehrsnetzen u. a. m.

Typische Ursachen für die in allen Großstädten und Ballungsräumen zu beobachtende Unausgewogenheit und Überlastung der Verkehrnetze sind u. a.:

- Eine unausgewogene Verteilung von Wohnstandorten und
  Arbeitsplätzen; wachsende Distanzen zwischen den städtischen Funktionsbereichen, insbesondere zwischen Wohnen und Arbeiten zwingen zu mehr und längeren Fahrten.

- In der Vergangenheit einseitig auf den privaten Pkw
  orientierte Verkehrsnetze und eine auf die ubiquitäre
  Erschließungseigenschaft des Pkws ausgerichtete Siedlungsstruktur, die den Übergang auf leistungsfähigere
  und umweltfreundlichere, z. B. schienengebundene öffentliche Personennahverkehrsmittel erschweren.

- Knapp begrenzter Raum für den Ausbau von Verkehrsnetzen,
  da Verkehr sich speziell in bereits bebauten Gebieten
  konzentriert und eine Flächennutzung für Verkehr stets
  in Konkurrenz zu bestehenden, anderen Nutzungen steht
  und mit diesen in Konflikt gerät.

Am Beispiel Verkehr und mit diesen Hinweisen auf Ursachen
der Verkehrsproblematik sollen im folgenden einige Aspekte der kommunalen Problemfelder dargestellt werden, die
für die Beurteilung der Situation der integrierten Entwicklungsplanung von erheblicher Bedeutung sind.

3.1 Zum Zusammenhang von Problemfeldern und Entwicklungsfaktoren

Zunächst kann an dem Beispiel des Problemfeldes Verkehr gezeigt werden, daß dieses durch das Zusammentreffen ungenügend aufeinander abgestimmter oder unvereinbarer Entwicklungsprozesse in verschiedenen Bereichen gesellschaftlichen Lebens entsteht. Nicht der Verkehr an sich ist problematisch, sondern die konfliktmäßigen Wechselbeziehungen zwischen den verschiedenen Gesetzmäßigkeiten unterliegenden Entwicklungslinien und den sie bestimmenden Entwicklungsfaktoren wie z. B.:

- Einer Siedlungsentwicklung, die gekennzeichnet ist durch Konzentrationsprozesse marktkräftiger Nutzungsarten in den Ballungskernen und Verdrängung traditioneller Nutzungsarten, - speziell Wohnen - in das weite Umland; diese Entwicklung "vorzubereiten und zu leiten" ist Aufgabe der Bauleitplanung.

- Einer technologischen Entwicklung, die den Pkw zum konkurrenzlosen Instrument für die Bewältigung der ständig zunehmenden Distanzen zwischen den verschiedenen Lebens- und Tätigkeitsbereichen hat werden lassen; ihr entsprechen auf kommunaler Seite die in den vergangenen Jahrzehnten besonders leistungsfähig ausgebauten Verkehrsplanungs- und Tiefbauämter.

- Einer Bodenordnung und einem Planungsrecht, die eine wirksam steuernde Einflußnahme auf die räumliche Verteilung der städtischen Funktionen - und damit auf eine Hauptursache der Verkehrsproblematik - nur in höchst unzulänglichem Maße zulassen.

Wie in der Literaturübersicht dargestellt (vgl. Anh. I), ist die Feststellung der "realen Interdependenzen der Problemzusammenhänge" nicht neu. Ein solches Verständnis von Problemfeldern der kommunalen Entwicklung lag schon frühen Ansätzen und Bemühungen um eine integrierte Stadtentwicklungsplanung zugrunde. In diesem Sinne sind in den letzten Jahren zahlreiche Versuche unternommen worden, die Zusammenhänge und Wechselwirkungen darzustellen und einer

steuernden Planung zugänglich zu machen. Die Ansätze hierfür zielen in der Regel auf die Erforschung des Systemzusammenhangs bzw. von Teilzusammenhängen der die Stadtentwicklung bestimmenden Entwicklungsfaktoren. In München beispielsweise wurde im Jahre 1969 ein umfassendes Untersuchungsprogramm mit dieser Zielrichtung in Angriff genommen[1]. Als Ergebnis liegt eine Reihe von Problemstudien
zu den Komplexen: Ausländerproblematik, Situation alter
Menschen in München, Systemzusammenhang in der Umweltpolitik, Probleme der Umstrukturierung, des Originalitätsver-
lustes u. a. m. vor. Das Deutsche Institut für Urbanistik
- difu - hat als jüngsten Beitrag zu diesem Thema vor
kurzem eine umfassende Studie von Hans Heuer über die
"sozio-ökonomischen Bestimmungsfaktoren der Stadtentwicklung" herausgegeben[2].

Es kann also festgestellt werden, daß die Bedeutung der
Entwicklungsfaktoren und ihrer Interdependenzen im Sinne
eines Systemzusammenhangs durchaus erkannt ist und diese
seit Jahren fester Bestandteil der Forschung auf dem Gebiet der Stadtentwicklung sind.

3.2 Zum Zusammenhang von Problemfeldern und Interessen

Die Erklärung der kommunalen Problemfelder mit Hilfe der
Entwicklungsfaktoren und ihrer systemhaften Wechselbeziehungen reicht jedoch nicht aus als Ansatz für eine integrierte Entwicklungsplanung, die den Ansprch erhebt, auf
die kommunalen Problemfelder aktiv steuern im Sinne eines
Abbaus von Ungleichheiten Einfluß nehmen zu wollen.

---

1) Vgl. Beschluß des Stadtrates der Landeshauptstadt München vom 29. März 1969 zur Fortschreibung des Stadtentwicklungsplanes

2) Hans Heuer: Sozio-ökonomische Bestimmungsfaktoren der
Stadtentwicklung - Schriften des Deutschen Instituts
für Urbanistik, Bd. 50, Stuttgart 1975

Ein Versuch, die Schwierigkeiten zu beschreiben, die sich
einer integrierten Stadtentwicklungsplanung entgegenstel-
len, kommt nicht umhin, die Interessen zu berücksichtigen, die hinter den jeweiligen Entwicklungsprozessen stehen und die Instrumente und Strategien zu untersuchen,
die den Vertretern dieser Interessen zur Durchsetzung
ihrer Ziele zur Verfügung stehen.

Eine systematische und umfassende Analyse der vielfältigen Interessen, die auf die Entwicklung der städtischen
Verdichtungsräume einwirken und aus deren gegenseitigen
Beziehungen und Konflikten die Problemfelder zu erklären
sind, kann an dieser Stelle nicht geleistet werden. Statt
dessen soll an einem Beispiel veranschaulicht werden, worin die Bedeutung von Interessen und ihrer verschiedenen
Durchsetzungsmöglichkeiten für die integrierte Stadtentwicklungsplanung besteht. Ihre Wirkungsweise soll dabei
wiederum am Beispiel der Verkehrsplanung skizziert werden.

Die im vorangegangenen Abschnitt herausgegriffenen Beispiele für Determinanten der Verkehrsproblematik können
unter dem Gesichtspunkt der Interessen etwa wie folgt umrissen werden:

- Die die Siedlungsentwicklung bestimmenden Umstrukturie-
  rungs- und Verdrängungsprozesse lassen sich zum größten
  Teil zurückführen auf das primäre Interesse der privaten Unternehmen an Standorten, die - unter der Maxime
  höchtmöglicher Gewinne - betrieblichen Standortbedürf-
  nissen bestmöglich entsprechen. Für die meist arbeits-
  platzintensiven, häufig auf einen möglichst großen Kun-
  denkreis ausgerichteten Dienstleistungsbetriebe des
  tertiären Sektors beispielsweise sind dies in der Regel die zentralen Standorte mit der besten Erreichbarkeit. Diese Interessen haben nicht nur maßgeblichen
  Einfluß auf die starke Zunahme des Verkehrsaufkommens
  in den Großstädten und Ballungszentren, von ihnen werden zugleich in starkem Maße die Forderungen nach einer
  leistungsfähigen Verkehrsversorgung ihrer zentralen
  Standorte zur Aufrechterhaltung ihrer Standortvorteile
  erhoben.

- In gleicher Richtung, wenn auch aus anderen, nicht primär ökonomisch zu begründenden Motiven wirken die Standortinteressen der öffentlichen Verwaltungen. Ihre Standortnachfrage hat für die Umstrukturierungsprozesse in den zentralen Stadtbereichen und damit für die Entwicklung der Verkehrsproblematik eine erhebliche Bedeutung. Sie verstärkt in der Regel die von den privaten Unternehmen ausgehenden Entwicklungsimpulse.

- Primäres Interesse der Grundeigentümer muß es sein, den Wert, den ihre Grundstücke repräsentieren, zu erhalten oder zu steigern. Für unser Beispiel folgt daraus, daß sie einmal keiner Änderung des Boden- und des Planungsrechts zustimmen können, die ihnen Einschränkungen ihrer Eigentumsrechte auferlegen könnte, daß sie zum anderen in Übereinstimmung mit der Position der privaten Unternehmer an einer leistungsfähigen Erschließung ihrer Grundstücke interessiert sein müssen. Dieser Aspekt gilt allerdings weniger bei Grundeigentümern, die ihr Grundstück für eigene Wohnzwecke nutzen. Hier überwiegt wohl vielfach das Interesse an einer ruhigen Verkehrslage gegenüber einer hohen Erreichbarkeit.

- Im Interesse des bei weitem wichtigsten und einflußreichsten Trägers der technologischen Entwicklung auf dem Sektor Verkehr, der Automobilindustrie und der mit ihr verknüpften Wirtschaftszweige, muß es zumindest zum gegenwärtigen Zeitpunkt noch liegen, daß die aus den genannten Entwicklungsprozessen resultierenden und auch in Zukunft noch zunehmenden Verkehrsbedürfnisse und -zwänge soweit wie möglich mit dem Pkw befriedigt werden können. Hier sind Produktions- und Forschungskapazitäten geschaffen worden, die zu einer weiteren Zunahme des Motorisierungsgrades zwingen.

- Das Interesse der Wohnbevölkerung entlang der vom zunehmenden Durchgangsverkehr betroffenen Straßenzügen besteht primär darin, die ständig wachsende Beeinträchtigung ihrer Lebensbedingungen abzuwenden. Ihre Forderungen zielen auf Umverlagerung des Durchgangsverkehrs, Schaffung verkehrsverdünnter Zonen durch verkehrseinschränkende Maßnahmen oder auf kostspielige Lärmschutz-

maßnahmen wie Untertunnelung oder Schutzwälle.
Wird ihnen der Durchgangsverkehr aufgezwungen, weichen
sie, soweit es ihnen möglich ist, der damit verbundenen
einschneidenden Verschlechterung ihrer Lebensbedingungen dadurch aus, daß sie in die Ballungsrandzonen und
das weitere Umland ziehen. Damit tragen sie nun wiederum zum Anwachsen des Verkehrsaufkommens bei und befinden sich somit hinsichtlich ihrer ursprünglichen Inte-
ressenposition auf der Gegenseite, indem sie nun gezwungen sind, ebenfalls in die Forderung nach einem Ausbau
der Verkehrsnetze einzustimmen.

Eine solche notwendigerweise unvollständige und verkürzen-
de Beschreibung der auf die Verkehrsplanung bezogenen Interessen enthält keine moralische Wertung. Vielmehr muß
davon ausgegangen werden, daß es sich bei den jeweiligen
Interessen um Positionen handelt, die sich aus den jeweiligen Standorten der an der Stadtentwicklung beteiligten Akteure zwingend ergeben. Allerdings werden die Interessen nur selten eindeutig geäußert. Jedermann vertritt
- meist gleichzeitig - unterschiedliche und oft widersprüchliche Interessen. Dies macht eine systematische Beschreibung der unterschiedlichen Interessensgruppen und
eine eindeutige Zuordnung der Bürger einer Stadt zu diesen Gruppen unmöglich. Für die Darstellung der Art der
Konflikte, die der Verkehrsproblematik zugrunde liegen,
ist es aber zunächst durchaus ausreichend, sich auf die
primären Interessen zu beschränken, die das Handeln der
verschiedenen am Entwicklungsprozeß beteiligten Akteure
bestimmen. Da es sich bei diesen Interessen, wie gesagt,
nicht um beliebige, sondern in der Regel zwingende, nämlich ökonomisch determinierte Positionen handelt, kann
schon aus grob vereinfachten Skizzen eine hinreichend zu-
treffende Anschauung davon gewonnen werden, wie unterschiedlich die Interessenpositionen sind, mit denen es
die Verkehrsplanung zu tun hat und wie widersprüchlich
die an die planende Verwaltung gerichteten Forderungen
und Erwartungen sind. Manche dieser Widersprüche könnten
- jedenfalls auf kurze Sicht - bei Einsatz entsprechender
Finanzmittel aufgehoben werden. Angesichts der Situation
der öffentlichen Hand ist diese Möglichkeit jedoch nur in

unzureichendem Maße gegeben. Es bleibt immer ein erheblicher Rest an Konflikten, der auf die kontroversen Gruppen verteilt werden muß. Die Problematik besteht somit darin, bestimmen zu müssen, welcher Gruppe welcher Anteil des nicht zu bewältigenden Konfliktes hinzunehmen zugemutet werden soll. Daraus entstehen die Schwierigkeiten, die im Falle unseres Beispiels als das Problemfeld Verkehr wahrgenommen werden.

Die Feststellung, daß die kommunalen Problemfelder aus gesellschaftlichen Konflikten resultieren und als Problemfelder überhaupt erst dadurch wahrgenommen werden und in das Blickfeld der politischen Führung und das Aufgabenfeld der planenden Verwaltung rücken, ist, wie später noch auszuführen ist, von grundlegender Bedeutung für eine realistische Einschätzung der Chancen, die in einer integrierten Stadtentwicklungsplanung für die Bewältigung der genannten kommunalen Problemfelder liegen.

4. Faktoren, die die Stadtentwicklung bestimmen und ihr Systemzusammenhang

Wie schon angedeutet, weist eine Beschreibung der Probleme der Verdichtungsräume nur dann Wege zu deren Lösung, wenn sie die Interessen heraustreten läßt, die die Fehlentwicklungen und Problemlagen determinieren und damit zugleich die Frage beantworten hilft, ob und - wenn ja - in welcher Weise diese Interessen steuernd beeinflußt werden können. Ihre Kenntnis und Kalkulation ist somit zugleich Voraussetzung für die Entwicklung entsprechender organisatorischer Konzepte für die planende Verwaltung.

Eine systematische Darstellung der wichtigsten auf die Stadtentwicklung einwirkenden Interessen kann hier nicht geleistet werden. Statt dessen soll zunächst auf die "Entwicklungsfaktoren" zurückgegriffen werden, die schon länger Gegenstand der Stadtforschung sind[1]. Der Begriff

_____

1) Vgl. Anhang: Literaturübersicht zur 2. Argumentationsebene

"Entwicklungsfaktor" soll hierbei in Anlehnung an die
Darstellung sozio-ökonomischer Bestimmungsfaktoren verwandt werden, die soeben von Hans Heuer vorgelegt worden
ist.
Heuer führt die kommunalen Problemfelder auf Entwicklungsprozesse zurück, die in erster Linie ökonomisch determiniert sind. Zielgerichtete Stadtentwicklungsplanung, die
notwendig ist, um "die drohende Gefahr der Zerstörung
städtischer Lebensqualität abzuwenden", hält er nur für
möglich, wenn "mindestens zwei Voraussetzungen erfüllt
sind:

- Es müssen die Einflußgrößen bekannt sein, die den städtischen Entwicklungsprozeß in einer an den Gesetzen der
  Marktwirtschaft orientierten Gesellschaft determinieren
  und

- die Städte müssen über geeignete Instrumente verfügen,
  die die städtische Entwicklung entsprechend den jeweiligen Zielvorstellungen zu beeinflussen vermögen".

Entsprechend seiner Hypothese, "daß die Bestimmungsfaktoren der Stadtentwicklung vor allem im wirtschaftlichen Bereich zu suchen sind", konzentriert sich die Arbeit darauf,
"einen systematischen Überblick über die Determinanten des
wirtschaftlichen Entwicklungsprozesses der Städte und
deren wechselseitiges Zusammenwirken zu geben".

Im Hinblick auf die damit vorliegende Darstellung der
sozio-ökonomischen Determinanten der Stadtentwicklung
kann an dieser Stelle auf eine Beschreibung der einzelnen
Faktoren verzichtet werden. Es soll im weiteren statt
dessen näher auf den Systemzusammenhang der Entwicklungsfaktoren eingegangen werden. Ist es schon unter Planern
in der Verwaltung durchaus umstritten, ob es überhaupt
möglich ist, die einzelnen Entwicklungsfaktoren so beschreiben zu können, daß sie einer rationalen Beeinflussung zugänglich werden, so wird die Möglichkeit, die
Wechselwirkungen zwischen den Entwicklungsfaktoren in
ihrem Gesamtzusammenhang darstellen zu können, in aller
Regel schlicht bestritten und entsprechende Ansätze als
von vornherein zum Scheitern verurteilte Unterfangen ab-

getan. Zu dieser Einschätzung haben gewiß auch einige dieser Ansätze selbst beigetragen. Vielfach waren sie in ihrem theoretischen Anspruch so hoch angesetzt, daß sie an
der Fülle der zu berücksichtigenden Faktoren - über die
vielfach ebenfalls nur unzureichende Kenntnisse zur Verfügung standen - scheitern mußten oder daran, daß ihre
Ergebnisse nicht in die Sprache und Erfahrungswelt der
praktischen Planer und Politiker zu übersetzen und auf
deren Handlungsebene zu transformieren waren. Wenn die
Entwicklungsfaktoren in ihrem Systemzusammenhang eine so
entscheidende Rolle für eine zielgerichtete Stadtentwicklungsplanung spielen und die Kenntnis dieses Zusammenhangs
eine fundamentale Voraussetzung für die Integration der
vielfältigen kommunalen Planungsaktivitäten ist, so muß
allen bisherigen Erfahrungen zum Trotz nach neuen Möglichkeiten gesucht werden, den Systemzusammenhang so beschreiben zu können, daß er der Integration der kommunalen Planung zugrunde gelegt werden kann. Im folgenden
soll der Versuch unternommen werden, einen Entwurf dieses Systemzusammenhangs aus den Kenntnissen und Erfahrungen zu skizzieren, die jedem in der kommunalen Praxis
stehenden Planer vertraut sind.

Es bedarf keiner besonderen Erwähnung, daß ein vollstän-
diges Systemmodell kommunaler Entwicklungsmechanismen
in diesem Rahmen nicht entwickelt werden kann. Die im
folgenden behandelten Bereiche haben vielmehr exemplarische Funktion: Sie sollen an konkreten Beispielen verdeutlichen, wie bei der Formulierung eines solchen Systemzusammenhangs vorgegangen werden kann, welche Informationen Voraussetzung sind, welcher Grad von Abstraktheit,
Konkretheit oder Feinkörnigkeit sinnvoll sein kann. Sie
sollen - mit anderen Worten - einen Einstieg in die systematische Darstellung lokaler Entwicklungsprobleme und der
diese verursachenden Zusammenhänge liefern, der am konkreten Fall durch die planende Verwaltung zu überprüfen,
ggf. zu revidieren und in den hier nicht behandelten Bereichen auszubauen sein wird.

Aus der Gesamtheit der die Entwicklung bestimmenden Faktoren und Mechanismen erscheinen drei Bereiche als beson-

ders entwicklungsrelevante Teilbereiche:

- Wirtschaft - Bevölkerungsentwicklung

- Boden- und Baumarkt - Wohnungsmakrt - Siedlungsstruktur - Verkehr

- Konsum - Versorgung.

Im Sinne eines Systemansatzes können sie als "Schleifen"
von Kausalbeziehungen verstanden werden. An dem Beispiel
des Teilbereichs Boden- und Baumarkt - Wohnungsmarkt -
Siedlungsstruktur und Verkehr, der die unmittelbarsten
Verbindungen zu den Aufgaben der planenden Verwaltung
aufweist, werden im folgenden diese Kausalbeziehungen
thesenhaft aufgezeigt.

Für sich betrachtet gehören die darzustellenden Tatbestände zu erheblichen Teilen zum Grundwissen der jeweiligen
Bereiche der planenden Verwaltung. Ihre Darstellung könnte
daher sehr leicht als überflüssig, ihr Neuigkeits- und
Erkenntniswert als gering eingestuft werden.

Wenn diese Zusammenhänge hier dennoch dargestellt werden,
dann primär aus dem methodologischen Grunde, die systemhaften Zusammenhänge zwischen - zum Teil hinreichend bekannten - Einzeltatbeständen beispielhaft zu demonstrie-
ren und damit Wege zu einer Überbrückung der - im nächsten Kapitel noch näher zu behandelnden - ressortgeglie-
derten Betrachtung von Teilproblemen und damit zugleich
der vergleichenden Bewertung der in den untersuchten
Großstädten vorgefundenen Ansätze zu weisen. Dies sollte
bei den folgenden Ausführungen berücksichtigt werden.

Beispiel:
Bau- und Bodenmarkt - Wohnungsmakrt - Siedlungsstruktur -
Verkehr

a) Standortentwicklung
   Wirtschaftswachstum, steigende Produktivität und die
   Durchsetzung sozialstaatlicher Prinzipien erfordern
   sowohl im Bereich der Produktion wie der Reproduktion
   ständig wachsenden Kapitaleinsatz.

Voraussetzung - und zugleich Folgen - sind:

- Kapitalkonzentration, vor allem auch überlokaler
  Art;

- Entidentifizierung des Kapitals mit lokalen Belangen;

- Infrastrukturkonzentration als unmittelbare Folge
  davon sowie als Folge steigender Bedürfnisse und
  Ansprüche in den Bereichen Bildung und Ausbildung,
  soziale Dienste etc.

Standortentscheidungen von Betrieben müssen sich infolge wachsender Dimensionen in zunehmendem Maße an
der Infrastrukturversorgung potentieller Standorte
orientieren, die ihrerseits nur durch wachsenden Kapitaleinsatz der öffentlichen Hand zu beeinflussen
sind.

- Wachsender Kapitaleinsatz für die Infrastruktureinrichtungen hat infolgedessen eine Konzentration auf
  besonders günstige Standorte zur Folge.

- Anstelle eines verhältnismäßig umfangreichen und
  ubiquitär verteilten Standortangebots tritt als Konsequenz eine Verknappung von Standortangeboten mit
  höchsten Ausstattungsqualitäten in wenigen Zentren.

Diese generellen Tendenzen der Entwicklung von Stand-
ortansprüchen sind im wesentlichen von externen Faktoren bestimmt. Sie sind von einzelnen Gemeinden nicht
oder nur sehr reduziert zu steuern. In sehr begrenztem
Umfang lassen sie sich durch Maßnahmen der Regionalplanung, der Landesplanung sowie der Bundesraumordnung
beeinflussen.

b) Bodenmarkt
Zunehmende Ungleichheit im Ausstattungsgrad mit technischer und sozialer Infrastruktur führt zu einer
überproportionalen Nachfrage nach Standorten in best-
ausgestatteten Räumen durch finanzstarke Investoren.
Langfristig steigende Bodenpreise in diesen Lagen sind

unter heutigen Bedingungen des Bodenmarktes eine notwendige Folgeerscheinung.

Bei wachsender Knappheit vergleichsweise attraktiv aus-
gestatteter Flächen verstärkt sich in diesen Gebieten
die Monopolsituation von Grundstückseigentümern. Dies
gibt diesen die Möglichkeit, nach Maßgabe der Zwangsläufigkeit des zu erwartenden Konzentrationsprozesses
und der wachsenden Privilegiertheit ihrer Angebote
künftige Renditeerwartungen in die Preisbildung einzu-
beziehen. Ergebnis ist, daß die Bodenpreise nicht nur
proportional zu der ihrer Ausstattung entsprechenden
Knappheit, sondern darüber hinaus nach Maßgabe der zu
erwartenden Zwangsläufigkeit weiterer Verknappungen
steigen. Diese Entwicklung hat rückwirkend die Konzentration solcher Funktionen in den fraglichen Lagen
zur Folge, die infolge ihrer Rendite je Flächeneinheit
vorweggenommene Bodenwertsteigerungen bereits in der
Gegenwart zu verkraften vermögen (Kauf- und Warenhäu-
sern; flächenintensive Nutzungen; Büro- und Dienst-
leistungsfunktionen etc.).

Die Konzentration von Investitionen an solchen hoch
qualifizierten Standorten bewirkt überproportional steigende Bodenpreise und erzwingt dadurch eine immer in-
tensivere Flächennutzung. Ergebnis war in der Vergangenheit und wird mit einiger Sicherheit auch in der Zukunft
eine Konzentration von Arbeitsplätzen in den gut ausgestatteten Räumen bei gleichzeitiger Arbeitsplatz- und
Bevölkerungsabnahme in den weniger gut ausgestatteten
Räumen sein. Bei einer solchen Entwicklung entsteht auch
ohne regionale Bevölkerungszuwanderung ein laufender Bedarf an Infrastruktur, allein durch innerregionale Umverteilung. Der Zwang zur Konzentration wird verschärft,
Möglichkeiten zu dezentralisierender Gegensteuerung werden weiter eingeschränkt.

Die aufgezeigte Entwicklung würde - bei gleichbleibenden
Rahmenbedingungen, wie etwa der derzeitigen Bodenordnung,
- einem Grenzwert zusteuern, der sich daraus ergibt,

- daß die Gemeinden bei ständig wachsenden Bodenprei-
  sen relativ abnehmende Mittel für Infrastruktureinrichtungen selbst zur Verfügung haben;

- daß sich die Standortqualitäten auch in den best-
  versorgten Gebieten infolge funktionaler Überlastung
  relativ verschlechtern müssen.

Hieraus resultiert die Notwendigkeit

- entweder einer Politik der Neuorientierung auf neue,
  noch nicht verbrauchte Standorte - bei planmäßiger
  Entlastung der traditionellen Standorte

- oder eine durchgreifende Veränderung der Entwick-
  lungsbedingungen, z. B. eine Novellierung des Boden-
  rechts, als Voraussetzung für die Möglichkeit, Bodenwertsteigerungen in wirksamem Ausmaß abschöpfen
  zu können. Damit könnten die Kommunen in die Lage
  versetzt werden, im Interesse der in traditionellen
  Standorten ansässigen Kapitalgruppen deren Anforderungen entsprechende Standortbedingungen längerfristig zu sichern.

c) Wohnungsmarkt
  Die Nachfrage auf dem Wohnungsmarkt ist in erster
  Linie gekennzeichnet durch zwei Entwicklungstendenzen:

- Wachsender Wohnflächenbedarf/Einwohner infolge wachsender Ansprüche an Größe und Qualität der Wohnungen und sich ändernder Sozialstruktur (Einfamilien-
  haushalte etc.).

- Verlagerung der Nachfrage auf Ballungsräume im Rahmen des allgemeinen Konzentrationsprozesses.

Die Folge davon ist eine langfristig wachsende Nachfrage nach Wohnungen in den Entwicklungsräumen (vom
Angebot bestimmter Markt), insbesondere nach mietpreisgünstigen Wohnungen. Die Befriedigung dieser Nachfrage liegt nicht nur im Interesse der Mieter, sondern
auch im Interesse der auf die Entwicklungsräume (Ak-
tivräume)orientierten Betriebe, die hier einen Sog auf
den Arbeitsmarkt ausüben.

Auf das Angebot auf dem Wohnungsmarkt in den Entwicklungsräumen mit hoher Standortqualität wirken
sich die Determinanten des Boden- und Baumarktes
wechselseitig verstärkend aus:

- Die Bodenpreise lassen Wohnungsneubau in qualitativ
  hochwertigen, gutausgestatteten Lagen - auch in
  traditionellen Wohngebieten (innere Stadtbereiche)
  - nur noch in beschränktem Umfang für Gruppen mit
  hohem Einkommen zu; hinzu tritt, daß die Baumarkt-
  entwicklung mietpreisgünstigen Wohnungsneubau in
  zunehmendem Maße nur noch in Form von Großbaumaßnahmen zuläßt.

- Als künftige Standorte für mietpreisgünstigen
  Wohnungsneubau kommen folglich vor allem in Betracht:
  die Randgebiete zentraler Zonen und ökonomisch weniger wertvolle, zur Flächensanierung geeignet erscheinende Altbaugebiete.

Das Ergebnis ist die Herausbildung von unterschiedlichen Marktgesetzen unterliegenden Teilmärkten, die
kaum miteinander in Beziehung stehen:

- Altbauwohnungen, häufig in privatem Einzelbesitz
  oder auch im Besitz der öffentlichen Hand; niedrige,
  politisch "eingefrorene" Mieten erlauben kaum oder
  nur bei hohen öffentlichen Zuschüssen (Wohngeld,
  Sozialhilfe, Zuschüsse zu Erneuerungs- und Sanie-
  rungsmaßnahmen) eine Modernisierung; Mieter sind
  meist nicht in der Lage oder nicht bereit, das Ri-
  siko zu tragen, aus eigenen Mitteln zu modernisieren; der Bestand an diesen Altbauwohnungen ist daher vom Verfall des Wohnwertes bedroht; er wird zudem absolut und relativ immer kleiner. In guten
  Geschäftslagen ist er der Gefahr von Zweckentfremdung ausgesetzt.

- Genossenschaftswohnungen und Wohnungen im Besitz
  der öffentlichen Hand aus der Zeit nach dem 1. Welt-
  krieg.

- Alte Klein- und Einfamilienhäuser in den Stadtrandgebieten.

- Öffentlich geförderter Mietwohnungsbau in Groß-
  siedlungen.
- Freifinanzierte Neubaumietwohnungen.
- Eigentumswohnungen.

Angesichts der Bau- und Bodenpreisentwicklung wird
die wachsende Nachfrage nach mietpreisgünstigen
Wohnungen in Entwicklungsräumen immer weniger durch
privatwirtschaftliche Bautätigkeit befriedigt werden können; als Folge geht die Aufgabe, Wohnungen zu
einkommensgerechten Mieten bereitzustellen, immer
mehr auf die öffentliche Hand über.

Hierfür geeignete Flächen sind tendenziell nur noch
über Sanierung oder in Randzonen der Entwicklungsräume zu finden. In beiden Fällen sind hohe Kosten für
Infrastrukturausstattung bzw. für Ordnungsmaßnahmen
und Sozialplanung erforderlich. Infolge des beschränk-
ten Investitionsvermögens der öffentlichen Haushalte
werden die wachsenden Ansprüche an eine öffentlich geförderte Wohnungsbautätigkeit langfristig immer weniger befriedigt werden können. Folge: Die Schere zwischen der mit dem Konzentrationsprozeß wachsenden
Nachfrage nach mietpreisgünstigen Wohnungen und dem
entsprechenden Angebot wächst.

Der privatwirtschaftlich betriebene Wohnungsbau nimmt
in Entwicklungsräumen ab. Er konzentriert sich auf
den Bau von Eigentumswohnungen in Form von kleineren
Bauobjekten, verstreut und unkontrolliert, vorzugsweise in guten Wohnlagen.

Der Bau von Einfamilienhäusern kommt in den Konzen-
trationszonen der Verdichtungsräume zum Erliegen. Wer
Wert auf eine solche Wohnform legt, ist an das weitere Umland verwiesen.

d) <u>Raumrelevante Entwicklungen</u>
   Bei der gesteigerten Nachfrage nach einerseits immer
   besser ausgestatteten, andererseits relativ immer knapper werdenden zentralen Flächen setzen sich in zunehmendem Maße diejenigen Nutzungen - vorwiegend des
   tertiären Sektors - durch, die aus den Standortbedingungen die höchsten Erträge erwirtschaften können oder
   die aufgrund ihrer Filialstruktur in der Konkurrenz um
   Spitzenpreise mithalten können. Hinzu kommen kleinere
   Spezialbetriebe, die eine Ergänzungsfunktion zu den
   Großbetrieben haben. Folgen dieser Entwicklung sind:

   - Traditionelle Nutzungen werden aus den gut erschlos-
     senen Bereichen verdrängt. Dies sind vor allem Woh-
     nungen, insbesondere für mittlere und niedrige Ein-
     kommen sowie kleinere Versorgungsbetriebe wie Einzel-
     handel für den Tagesbedarf, Kleingewerbe, Gaststät-
     ten etc.

   - Die vorhandene Infrastruktur in den Verdrängungsge-
     bieten - Schulen, Kindergärten u. ä. - wird nicht
     mehr ausgelastet.

   - Für die Versorgung der von der Verdrängung betroffe-
     nen Einwohner und Arbeitsplätze sind hohe Ersatzin-
     vestitionen an anderer Stelle erforderlich, die von
     der öffentlichen Hand erbracht werden müssen.

   Neben dem erwähnten Verdrängungsprozeß ist eine zentrifugale Standortentwicklung zu berücksichtigen, die auf
   sich ändernde Standortansprüche zurückzuführen ist:
   die freiwillige Verlagerung von Betrieben des produzierenden Sektors in das Umland aus produktionstechnischen
   Erfordernissen. Gründe hierfür sind:

   - Fehlende oder unzureichende Erweiterungsmöglichkeiten
     an traditionellen Standorten in zentralen Lagen für
     wachsenden Flächenbedarf infolge sich ändernder Pro-
     duktionsbedingungen (Automation, wachsendes Produk-
     tionsvolumen, Erreichbarkeit).

   - Unzureichende relative Erträge der zentralen Flächen.

   - Restriktionen und Auflagen für Umweltschutz.

Folgen dieser Entwicklungen sind:

- Das Entstehen von Industriegürteln in den Außenbereichen der Verdichtungsräume, vorzugsweise in Zonen
  guter Erreichbarkeit.

- Steigendes Verkehrsaufkommen durch Pendler (Stamm-
  kräfte, die noch an ihren alten Wohnstandorten ge-
  blieben sind) und durch Wirtschaftsverkehr. Die Kosten für die zusätzlich erforderliche Infrastruktur
  (Straßen, Energieversorgung, Kanalisation) belasten
  die öffentlichen Haushalte. Die wachsenden Umweltbe-
  einträchtigungen (Luftverschmutzung, Lärm, Verkehrs-
  unfallgefahr, Verkehrsstauungen) hat die Allgemeinheit zu ertragen. Steuerungsmöglichkeiten durch eine
  wirksame Regionalplanung sind vorerst nicht in Sicht.

Zur Sicherung ausreichender - qualifizierter - Arbeits-
kräfte an den neuen Betriebsstandorten werden Wohnungen erforderlich, die teilweise von den Firmen selbst
zur Verfügung gestellt oder finanziell gefördert werden. Hieraus resultiert:

- Intensive Siedlungstätigkeit in den Außenbereichen
  der Verdichtungsräume als Funktion privatwirtschaftli-
  cher Interessen von Einzelbetrieben.

- Wachsende Bodenpreise auch im Umland verursachen auf
  der nächst niedrigeren Zentralitätsstufe die gleichen
  Probleme wie in den zentralen Zonen. Kleinere Gemeinden übernehmen sich bei der notwendigen Infrastrukturausstattung, eine oft katastrophale Versorgung der Bevölkerung zwingt zu zusätzlichem Einsatz von Landes-
  mitteln und schränkt damit einen zielgerichteten Einsatz von Maßnahmen einer geordneten Regional- und Landesplanung weiter ein.

- Das Problem wird durch Gewinnerwartungen bei Bauer-
  wartungsland und damit durch Interessenübereinstimmung
  von verlagerungswilligen Betrieben und Grundstückseigentümern - die zugleich in der Regel in den Gemein-
  deräten besonders stark vertreten sind - verschärft.

- Qualifizierte, leistungsfähige Bevölkerungsgruppen

werden aus den traditionellen Wohngebieten abgezogen,
Randgruppen bleiben zurück und verstärken dort die
Unausgewogenheit der Sozialstruktur.

Mit zunehmender Inanspruchnahme der zentralen Stadtge-
biete durch finanzkräftige Nutzungen wird die ursprünglich ansässige Wohnbevölkerung verdrängt. Bei der Suche
nach neuen Wohnungen ist sie auf die genannten Teil-
märkte und deren Bedingungen angewiesen.

Für einkommensschwache Bevölkerungsgruppen muß öffentlich geförderter Wohnungsbau geschaffen werden, der angesichts der dargestellten Bedingungen des Boden- und
Baumarktes nur in Form von Großbaumaßnahmen und in Gebieten mit niedrigen Grundstückspreisen möglich ist.
Das bedeutet, daß der öffentlich geförderte Wohnungsbau nach Maßgabe der sich räumlich ausbreitenden Bo-
denpreissteigerung immer weiter in das Umland ausufert.
Folgen sind:

- Wachsende Belastungen für die ohnehin schon durch
  niedrigere Einkommen benachteiligten Gruppen (lange
  Fahrzeiten, höhere Fahrkosten, wesentlich höhere
  Neubaumieten, schlechtere Versorgung, zerstörte soziale Bindungen);

- Zersiedelung wertvoller Erholungsgebiete im Nahbereich;
  ökologische Überforderung der sich verdichtenden Räume;

- erhebliches zusätzliches Verkehrsaufkommen zwischen
  Wohnstandorten einerseits und Arbeitsplätzen, zentralen Versorgungseinrichtungen und Freizeit- und
  Erholungseinrichtungen andererseits, deren Konzentration in den zentralen Bereichen der Verdichtungsräume
  fortschreitet.

e) Verkehr
   Die dargestellten Entwicklungstendenzen - zentripetale
   Tendenzen des tertiären Sektors, zentrifugale Standort-
   verlagerungen des produzierenden Sektors sowie umfang-
   reicher Teile des Wohnens in die Randzonen und in das

weitere Umland - haben ein massenhaftes Anwachsen des
Verkehrsaufkommens zur Folge:

- Weitaus am meisten nimmt der Berufsverkehr zu. Dieser
  Spitzenverkehr zu Stoßzeiten zwischen zentral konzen-
  trierten Arbeitsplätzen und immer weiter nach außen
  verdrängten Wohnstandorten wirft die bei weitem gra-
  vierendsten Verkehrsprobleme auf.

- Ebenfalls von erheblicher Zunahme ist der Verkehr zu
  zentralen Versorgungseinrichtungen (Einkauf für den
  längerfristigen Bedarf, Dienstleistungen, Ausbildungs-
  und kulturelle Einrichtungen, Behörden), die ihrerseits starken Konzentrationsprozessen unterliegen,
  betroffen.

- Bei wachsender Freizeit nimmt die Fahrtenhäufigkeit
  in Erholungsgebiete zu, wobei infolge der dargestellten Zersiedelungsentwicklung in zunehmendem Maße immer längere Anfahrtswege in Kauf genommen werden
  müssen.

- Die wachsende räumliche Trennung von Dienstleistungsbetrieben und produzierendem Gewerbe sowie die differenzierten Standortbedürfnisse der einzelnen Betriebs-
  arten führen zu einer erheblichen Ausweitung des
  Wirtschaftsverkehrs.
  Im Interesse weiter Bereiche der Wirtschaft und im
  Interesse der individuellen Bedürfnisse des größten
  Teils der Bevölkerung muß der wachsende Verkehrsbe-
  darf zunächst soweit irgend möglich durch den Individualverkehr befriedigt werden.

Folge dieser Tatbestände: Die Kapazität des zur Verfügung stehenden Straßennetzes ist unzureichend.

Ausbaumaßnahmen machen Eingriffe in das historisch entstandene Stadtgefüge erforderlich, führen zu Umweltbe-
einträchtigungen und belasten die öffentlichen Kassen.
Darüber hinaus sind solche Maßnahmen, da sie - etwa infolge fortschreitender Abwanderung aus den lärmbelaste-
ten städtischen Bereichen - sogleich wieder zusätzli-
chen Verkehr induzieren, ohne längerfristigen und durch-

greifenden Effekt.

Die Forderungen nach einem ausreichenden Verkehrsange-
bot läßt sich nur durch Ausbau von Massenverkehrsmit-
teln erfüllen. Die hierfür derzeit in Betracht kommen-
den Verkehrssysteme wie U- und Schnellbahnen sind sehr
grobmaschig. Sie erschließen nicht wie der individuelle
Pkw Flächen ubiquitär, sondern immer nur Fußgängerein-
zugsbereiche von Haltepunkten. Für ihren Ausbau sind
erhebliche, nur langfristig zu leistende Investitionen
erforderlich.

Dies bedeutet, daß ein auf wenige Teilflächen konzen-
triertes hochleistungsfähiges Transportsystem die bestehenden Standortdisparitäten verschärft, und zwar
durch

- eine drastische Veränderung des Erreichbarkeitsge-
  füges,

- die notwendige Konzentration der zur Verfügung stehenden öffentlichen Mittel auf die solchermaßen be-
  vorzugten Zonen.

Die Argumentationskette schließt sich: durch Konzentrationsprozesse verschärfte Disparitäten der Standortqualität führen zu Umstrukturierungs- und Verdrän-
gungsprozessen. Die daraus resultierenden Verkehrsprobleme zwingen zum Bau hochleistungsfähiger Transport-
systeme, die nur durch eine weitere Konzentration des
Einsatzes öffentlicher Mittel geschaffen werden können.
Dadurch werden wiederum Standortdisparitäten verschärft und neue Impulse für den Konzentrationsprozeß
und seine Folgeprobleme ausgelöst.

Die die Stadtentwicklung bestimmenden Faktoren und die
zwischen ihnen bestehenden Wechselbeziehungen treten
nicht als konstante Verhältnisse in Erscheinung. Intensität und Richtung des jeweiligen Einflusses können
durchaus starken Änderungen unterworfen sein. Diese
Änderungen werden entscheidend von den Interessen, die
auf diese Faktoren einwirken, und von den Durchsetzungs-

möglichkeiten und -strategien, die den Vertretern der jeweiligen Interessen zur Verfügung stehen, bestimmt. Die Beziehung zwischen den Entwicklungsfaktoren und den auf die Stadtentwicklung einwirkenden Interessen kann gerade darin gesehen werden, daß die Interessen die Bewegungskräfte darstellen, die die Veränderungen bei den Entwicklungsfaktoren und ihren jeweiligen gegenseitigen Beziehungen bestimmen.

Diesem Zusammenhang kann im Rahmen dieser Arbeit nicht weiter nachgegangen werden. Er kann hier nur als Hypothese formuliert werden. Als solche wird er im Kapitel II.3 wieder aufgenommen, wo er für die Erklärung vorfindlicher Verwaltungsstrukturen und für die Beurteilung der Möglichkeiten und Kriterien einer integrierten Gesamtplanung unmittelbar von Bedeutung wird.

5. Steuerbarkeit der Entwicklungsfaktoren

Gemeinsames Merkmal der im Beispiel des vorausgehenden Abschnitts herausgearbeiteten entwicklungsbedeutsamen Faktoren ist, daß diese im kommunalen Rahmen nur sehr beschränkt oder überhaupt nicht der Steuerung zugänglich sind, sondern - wenn auch in unterschiedlichem Maße - als externe Faktoren wirksam werden. Dieser Umstand ist in erster Linie auf die enge Einbindung der kommunalen Planung in übergreifende Bezüge und Zusammenhänge der Gesellschafts- und Wirtschaftsordnung zurückzuführen. Diese Einbindung in die gesamtgesellschaftlichen Entwicklungsmechanismen und Tendenzen sowie die daraus resultierende ständig zunehmende Einengung des kommunalen Handlungsspielraumes ist gerade in jüngster Zeit in einer Reihe wichtiger Veröffentlichungen klar herausgearbeitet worden. Auf sie wird im 3. Abschnitt der Literaturübersicht ("Zu den sozio-ökonomischen Rahmenbedingungen von Stadtplanung") eingegangen. Lediglich einige besonders bedeutsame Tatbestände seien im folgenden thesenartig hervorgehoben:

- Wesentliche der entwicklungsrelevanten Faktoren sind
in der Gesetzeslage begründet, in welcher das Gesell-
schafts- und Wirtschaftssystem fixiert ist. Diese Gesetzeslage ist nur auf der Ebene der Gesetzgebung ver-
änderbar. Wie sich in den letzten Jahren gezeigt hat,
sind die Chancen einer Beeinflussung der Entwicklungsfaktoren auf diesem überaus langwierigen Wege durch
die Gemeinden äußerst gering. Typische Beispiele für
die Grenzen und Möglichkeiten der kommunalen Einflußnahme bieten die für die städtischen Entwicklungsprobleme besonders relevanten Bereiche Bodenordnung und
Finanzverfassung. Die Mitwirkung der Gemeinden bei der
Gesetzgebung geschieht mittelbar, vornehmlich über die
kommunalen Spitzenverbände. Wie aber gerade die jahre-
langen Auseinandersetzungen um die Bodenreform oder die
Finanzreform gezeigt haben, lassen sich nachhaltig Erfolg versprechende Änderungen, die notwendigerweise
immer mit Umverteilungen von Privilegien verbunden sind
und Eingriffe in Interessenpositionen verlangen, nur
auf dem Wege über eindeutige politische Mehrheitsent-
scheidungen herbeiführen.

Zu der Aufgabe, die hierfür erforderlichen Mehrheiten
zu gewinnen, können die Gemeinden mittelbar allerdings
einen gewissen Beitrag leisten, indem sie die Ursachen,
das Ausmaß und die weitreichenden Auswirkungen der kommunalen Fehlentwicklungen erforschen und der betroffenen Öffentlichkeit verständlich machen. In diesem Sinne
waren in München etwa die Untersuchungen über die Ausländerproblematik, die Umweltschutzproblematik oder die
aus altem, verbindlichem Baurecht resultierende Problematik angelegt. Auf Grundlagen dieser Art, zu denen
auch Planspiele, wie sie etwa zur Novellierung des BBauG
oder zum StBauFG durchgeführt wurden, zu zählen sind,
lassen sich konkrete Vorschläge zur Veränderung der externen Entwicklungsfaktoren und entsprechende Initiativen zur Novellierung von Gesetzen erarbeiten, die den
Gemeinden u. U. durchaus mehr Einfluß einräumen könnten,
als nach dem derzeitig zu beobachtenden Trend zu erwarten ist.

- Weitere wesentliche Randbedingungen kommunaler Planungen werden durch die Festlegungen und Maßnahmen der vorgeordneten Planungs- und Verwaltungsebenen von Bund und Ländern gesetzt. Deren Programme, die von Interventionen in die Wirtschaftsstruktur und das Investitionsverhalten der freien Unternehmen bis hin zu baulichen Einzelbaumaßnahmen reichen, tragen immer mehr zur Einengung des kommunalen Handlungsspielraumes bei. Die übergeordneten Planungen im Bereich des Verkehrs und der technischen Infrastruktur (z. B. Autobahnen, Massenverkehrssysteme, Pipelines etc.), die Übernahme von ehemals kommunalen Aufgaben durch den Staat (z. B. Polizei - Verstaatlichung) und ein Dotationswesen, das die gemeindlichen Möglichkeiten der Prioritätensetzung grundsätzlich in Frage stellt, sind Indikatoren der Situation. Hinzu tritt die zunehmend zu beobachtende Tendenz der Aufsichtsbehörden der Kommunen, auch im Detailbereich Einfluß auf planerische Entscheidungen der Gemeinden zu nehmen.

- Ein dritter wesentlicher Tatbestand liegt in den mangelnden Möglichkeiten der Einzelgemeinden in den Verdichtungsräumen, Entwicklungen zu steuern oder mitzubeeinflussen, die durch Maßnahmen von Gebietskörperschaften im Verflechtungsbereich erfolgen und daher als externe Einflußfaktoren objektiv wirksam werden.

Im Rahmen regionaler Planungsgemeinschaften und - verbände wird - meist unter erheblichen Schwierigkeiten - versucht, solche externen zu internen, also beeinflußbaren Faktoren zu machen, indem für die Verdichtungsräume neue Meinungsbildungs- und Entscheidungsebenen etabliert werden, in die alle Gebietskörperschaften einbezogen sind, von deren Planungsmaßnahmen für die Nachbargemeinden externe Effekte ausgehen. In der Praxis haben solche neuen Entscheidungsebenen jedoch in der Regel entweder eine Lösung dieses Problems nicht erbracht oder in der Tendenz zu einer Verfestigung der Koordinationsaufgabe auf einer neuen, von den lokalen Entscheidungsgremien abgehobenen und von dieser daher nur noch mittelbar beeinflußbaren Verwaltungsebene geführt. Folge ist, daß auch nach Einrichtung dieser In-

tegrationsebene, sofern sie wie in den meisten Verdichtungsräumen keine unmittelbare Vollzugskompetenz hat,
Planungen der einzelnen Gemeinden, auch wenn sie Auswirkungen über ihre eigenen Grenzen hinaus haben, weitgehend unkoordiniert erfolgen, d. h. die Nachbargemeinden keine oder nur sehr geringe Möglichkeiten und
Kompetenzen der Einflußnahme haben.

Alle diese Feststellungen können jedoch nicht zur Konsequenz haben, daß in den Kommunen auf eine Einflußnahme
auf die durch die beschriebenen Faktoren ausgelösten Probleme verzichtet wird. Sie dürfen insbesondere nicht be-
deuten, daß die Gemeinden darauf verzichten, im Rahmen
ihrer Möglichkeiten auf die Natur und Wirkungsweise der
entwicklungsbestimmenden Faktoren selbst Einfluß zu nehmen.

Solche Möglichkeiten sind vor allem dort zu suchen, wo die
Gemeinden den ihnen verbleibenen Handlungsspielraum bisher nicht voll in Anspruch genommen haben. Auf zwei
wichtige Ansatzpunkte ist in diesem Zusammenhang besonders
hinzuweisen: den gezielten Ausbau der Stadtforschung als
Grundlage für eine Verbesserung rationaler und integrierter Planungsentscheidungen und die nachdrückliche und
ernsthafte Förderung von Ansätzen zu einer Demokratisierung der Planung.

II. Interne Schwierigkeiten der kommunalen planenden Verwaltung bei der Lösung der Probleme der Stadtentwicklung

Mit fortschreitendem Problemdruck in den großstädtischen Verdichtungsräumen wuchs die Einsicht, daß die öffentliche Verwaltung weder über ein zureichend differenziertes Grundlagenwissen verfügt, das Voraussetzung für erfolgversprechende und gezielte Lösungsansätze wäre, noch über wirksame Instrumente und Ressourcen, diese Probleme zu lösen, gewünschte Bedingungen herbeizuführen oder auch nur in nennenswerter Weise zu fördern.

Die vorausgehende Analyse hat deutlich gemacht, daß eine Einflußnahme auf die Faktoren, die Ursache des Problemdrucks in den Verdichtungsräumen sind, durch die großen Gemeinden nur in sehr beschränktem Maße und in den kleineren Gemeinden kaum möglich ist. Eine solche Einflußnahme würde, wie dargestellt, voraussetzen, daß nicht nur ein hohes Maß an Koordination zwischen den Gemeinden erfolgte, um gleichgerichtete Wirkungen zu erzielen; sie setzte vielmehr tiefgreifende Veränderungen an den Strukturen des ökonomischen Systems, der Verteilung der Finanzen, der Planungsgesetze etc. - kurz: der gesellschaftlichen Randbedingungen gemeindlichen Planungshandelns in ihrer Totalität, voraus.

Es sind jedoch nicht nur die externen Faktoren, auf deren Wirkungsweise es zurückzuführen ist, wenn die Kommunen, insbesondere die Großstädte, immer weniger in der Lage sind, mit den wachsenden Entwicklungsproblemen fertigzuwerden. Zum nicht unerheblichen Teil sind es auch interne Schwierigkeiten der kommunalen Verwaltung, die problemadäquaten Lösungen entgegenstehen. Auf einige grundsätzliche, vorwiegend in der Struktur der Verwaltung begründete Schwierigkeiten soll im folgenden eingegangen werden.

Zu den Schwierigkeiten dieser Art gehören vornehmlich:

- der Mangel an Grundlageninformationen über die Problemfelder und deren Systemzusammenhang;

- eng hiermit verbunden der Mangel an entsprechend qualifiziertem Fachpersonal

- und ein Verwaltungsaufbau, der es zumindest erschwert,
  wenn nicht ausschließt, die Probleme aus ihrem Zusammenhang heraus anzugehen.

1. Grundlageninformation

Grundvoraussetzung eines koordiniert-gezielten Abbaus von
Problemlagen oder deren antizipatorischer Vermeidung wären ausreichend differenzierte Grundlageninformationen
über den Systemzusammenhang der Entwicklungsprobleme, deren Verursachungsfaktoren und die Wirkungsweise steuernder
Einflußnahmen.

In der zweiten Hälfte der sechziger Jahre begann eine Reihe
wissenschaftlicher Disziplinen, u. a. ausgelöst durch Forderungen aus dem kommunalen Raum, sich mit der Erforschung
der Problemlagen der Verdichtungsräume und deren Zusammenhänge zu befassen. Dies gilt vornehmlich für den Bereich
der Sozialwissenschaften (Stadtsoziologie, politische Wissenschaft, Stadt- und Sozialgeographie, Psychologie), in
geringerem Maße auch für die Wirtschaftswissenschaften und
die Naturwissenschaften, letztere vor allem im Bereich der
Umweltforschung. Eine Reihe wissenschaftlicher Institute
entstanden oder verlagerten ihre Forschungsschwerpunkte
im Sinne einer Aufhellung der spezifischen Problemlagen
der Städte. Aber auch eine Reihe von Kommunen selbst begann mit dem Aufbau von Forschungskapazitäten, um dem
wachsenden Bedarf an Grundlageninformationen gezielt und
problemorientiert gerecht zu werden. Zu diesen Aktivitäten
und Initiativen gehört auch der Aufbau von Planungsinfor-
mationssystemen, mit deren Hilfe einerseits statistisches
Datenmaterial problemorientiert aufbereitet, vorgehalten,
fortgeschrieben und für Zwecke der Planung zugänglich gemacht werden, andererseits planungsrelevantes Datenmaterial aus dem laufenden Verwaltungsprozeß gewonnen werden
sollte.

Die Bilanz dieser Entwicklung nach Ablauf von knapp einem
Jahrzehnt zeigt jedoch, daß ein erheblicher Mangel an
Grundlageninformationen für planerische Entscheidungen in
den Gemeinden nach wie vor besteht.

- Obgleich die Forderung nach mehr "Stadtforschung" und
  einer engeren Zusammenarbeit zwischen den einschlägigen
  wissenschaftlichen Disziplinen über mehrere Jahre hin
  - vornehmlich Ende der sechziger und Anfang der siebziger Jahre - in großer Breite erhoben wurde, wurde eine
  wissenschaftlich-systematische Erarbeitung von Planungs-
  informationen nur in sehr wenigen Städten und fast ausschließlich in Großstädten aufgenommen. Eine im Jahre
  1973 durch den Stifterverband für die Deutsche Wissenschaft durchgeführte Untersuchung weist aus, daß unter
  den Kommunen lediglich die Stadt München einen eigenen
  Haushaltsansatz für Stadtforschung hatte.

- Infolge einer unrealistischen Einschätzung der Möglichkeiten der Wissenschaften im Planungsprozeß wurden vornehmlich im politischen Bereich Erwartungen aufgebaut,
  die unweigerlich zu Enttäuschungen führen mußten. In
  dem Maße, in dem offenbar wurde, daß bessere Grundlageninformation darüber hinaus unbequem werden konnte,
  indem sie Planungsentscheidungen in ihren Konsequenzen
  transparenter machten und damit zu ungeliebter Rationalität zu zwingen begannen, wuchs die Neigung, bestehende
  Tendenzen zur Verwissenschaftlichung zurückzuschrauben.
  Folge war, daß in den sechziger Jahren begonnene Ansätze
  zerfielen oder in die Unverbindlichkeit zurückgenommen
  wurden.

- Infolge objektiver Schwierigkeiten einer Integration in
  den Planungsprozeß, wie sie Voraussetzung für wirkungs-
  volle und streng problemorientierte Grundlagenarbeiten
  wäre, entstand nur selten eine kontinuierliche Zusammenarbeit zwischen freien Forschungsinstitutionen und kommunalen Planungsinstitutionen. Mangelnde Arbeitskontinui-
  tät, ein zäher und oft nur knapp dotierter Mittelfluß
  und das Fehlen kompetenter Partner in den kommunalen
  Planungsbehörden veranlaßte nicht selten freie Institutionen zum Rückzug aus dem kommunalen Arbeitsfeld.

- Aufgrund bestehender Einstellungsregelungen bestanden nur geringe Möglichkeiten, qualifiziertes wissenschaftlich ausgebildetes Fachpersonal in den kommunalen Dienst hereinzunehmen.

- Aufgrund fehlender Mittel, fehlenden Personals und des laufenden Problemdrucks war nur in Ausnahmefällen eine systematische und auf Kontinuität angelegte Beschaffung wissenschaftlich gesicherten Grundlagenmaterials möglich. Wo Grundlagenarbeiten stattfanden, geschah dies weit überwiegend zu ad-hoc-Problemen, jedoch ohne eine dauernde Verbesserung der Informationslage und eine Klärung des Zusammenhangs der Problemfelder einzuleiten.

2. Fachpersonal

Ein erheblicher Mangel an speziell qualifiziertem Fachpersonal, der wesentliche Ursache in den eng definierten Rekrutierungsbedingungen und Aufstiegskriterien des öffentlichen Dienstes hat, die zumal im städtischen Dienst unmittelbarer öffentlicher und politischer Kontrolle unterliegen und daher noch rigider als auf anderen Planungsebenen gehandhabt werden, dürfte nach allen Beobachtungen im kommunalen Raum ein weiterer wesentlicher Grund für die derzeit vorfindliche mangelhafte Struktur des Planungsprozesses sein. Ein teils unkritisches Handhaben vorhandener Instrumente und Praktizieren überkommener Verfahrensweisen, fehlende Bereitschaft zur Innovation, eine weit verbreitete Abneigung gegen einen Dialog mit der Öffentlichkeit, fehlende Bereitschaft zur Kooperation über die Grenzen der formalen Zuständigkeit hinaus sind häufig festzustellende Tatbestände. Sie unterbinden oder erschweren eine umfassende und differenzierte Sicht der Probleme und der Mängel der derzeitigen Verwaltungsstruktur und damit übergreifende Planungs- und Lösungsansätze, wie sie der Struktur der Probleme angemessen wären.

3. Verwaltungsaufbau und Verwaltungsstruktur

Unzureichende Planungsgrundlagen und ein Mangel an Personal, das der Komplexität der Aufgaben- und Problemfelder
entsprechend qualifiziert ist, treffen zusammen mit einer
Verwaltungsstruktur, die durch ihre Gliederung in sowohl
in sich wie auch nach außen relativ geschlossene Ressorts
ungeeignet ist, Entwicklungsprobleme aus ihrem größeren
Zusammenhang heraus anzugehen; sie erklären sich jedoch
zugleich auch aus dieser Struktur.

Unbeschadet lokaler Besonderheiten hat dieser Verwaltungsaufbau zum Prinzip

- die ressortmäßige Abgrenzung von Teilbereichen des Auf-
  gabenfeldes und deren Zuweisung an ebenfalls abgegrenz-
  te, mit einem mehr oder minder hohen Grad von Selbständigkeit ausgestattete Verwaltungskörper;

- innerhalb dieser Teil-Verwaltungskörper (Referate, Dezernate) eine hierarchische Gliederung und je eigene
  Loyalitäten.

Dieser arbeitsteilig gegliederte und hierarchisch·organi-
sierte Verwaltungsaufbau unterscheidet sich grundlegend
von der in Kapitel I.3 aufgezeigten Struktur der kommunalen Problemfelder. Aus diesem Widerspruch resultieren
grundsätzliche Schwierigkeiten der Verwaltung, den an sie
gerichteten Erwartungen und Forderungen gerecht zu werden.

3.1 Schwierigkeiten, die sich aus der komplexen Struktur der kommunalen Problemfelder und der arbeitsteilig organisierten Verwaltungsgliederung ergeben

Im Kapitel I.3 wurde festgestellt, daß die kommunalen Problemfelder erst dann als solche wahrgenommen werden, wenn
ungenügend abgestimmte und unvereinbare Interessen aufeinander treffen und zu Konflikten führen. Damit ist bereits
ein Hinweis gegeben auf eine wesentliche Ursache für die
Schwierigkeiten, die sich ergeben, wenn mit traditionellen
Planungen einzelner nur für Teilaspekte zuständiger Fach-

ressorts der komplexen Problemstruktur adäquate Lösungen
gefunden werden sollen. Dies soll wiederum am Beispiel
Verkehr veranschaulicht werden:
Hauptaufgabe der traditionellen Verkehrsplanung war es –
zumindest in den fünfziger und sechziger Jahren – bedarfs-
gerechte Straßennetze zu schaffen. Für diese Aufgabe hat
die Verkehrsplanung – lange vor den meisten anderen Pla-
nungsverwaltungen – exakte Verfahren zur Bedarfsermittlung
und zur Umlegung des prognostizierten Bedarfs auf das
Straßennetz als Dimensionierungsgrundlagen entwickelt.
Mit den solchermaßen vergleichsweise rational und schwer
widerlegbar begründeten Unterlagen hat sie die erforderlich erscheinenden Maßnahmen zur Beseitigung von Verkehrs-
engpässen – oft rigoros – durchzusetzen vermocht. Heute
wird in allen Großstädten festgestellt und in der Öffentlichkeit kritisiert, daß damit in der Regel nur das Verkehrsproblem in andere, oft noch kritischere kommunale
Problemfelder transformiert wurde, wie etwa die Problemfelder Zerstörung der Stadtgestalt, Verdrängung traditioneller Wohnbevölkerung und Verödung der Innenstädte,
sinkende Umweltqualität u. a. m. Dabei ist es der Verkehrsplanung meist nicht einmal mit rigorosen Maßnahmen gelungen, das isoliert angegangene Problem Verkehr zu lösen.
Vielmehr hat sie in Unkenntnis der die Verkehrsproblematik insgesamt bestimmenden Faktoren dazu beigetragen, immer wieder neuen Verkehr zu produzieren (vgl. hierzu auch
Abschnitt I.4).

Dadurch, daß es ihr lange Zeit gelungen ist, dem wachsenden Verkehrsaufkommen entsprechenden Straßenraum zu schaffen und damit die Zugänglichkeitsverhältnisse in den Ballungsräumen aufrecht zu erhalten, hat sie bewirkt, daß

- die Standortattraktivität der zentralen Zonen immer mehr
  zunahm, da diese ja von immer mehr Einwohnern problemlos
  erreicht werden konnten;

- die Zersiedelung in den Randbereichen überhaupt möglich
  wurde.

Damit hat sie wesentliche Voraussetzungen für die Umstruk-
turierungs- und Segregationsprozesse geschaffen, die ihrer-

seits notwendigerweise ein erhebliches Anwachsen des Verkehrsaufkommens zur Folge haben mußten.

Gerade die Erfahrungen auf dem Verkehrssektor, daß in die Entscheidungen über die Gesamtentwicklung so bedeutungsvollen Verkehrsplanungen nur die unmittelbar mit der Planungsaufgabe im engen Ressortrahmen zusammenhängenden Faktoren berücksichtigt und wesentliche Auswirkungen auf weitere betroffene Bereiche außer Acht gelassen wurden, haben wesentlich zu der allgemeinen Forderung nach integrierter Planung beigetragen.

Es wäre jedoch falsch, die Verantwortung für die in allen Großstädten mehr oder weniger beklagten Auswirkungen einer besonders effizienten aber auch einseitig orientierten Verkehrsplanung, wie das vielfach geschieht, nur auf die beschränkte Sicht der Fachplaner zu schieben.

Hält man sich vor Augen, unter welchem Auftrag die Verkehrsplanung in den Großstädten gehandelt hat und welche Erwartungen sie zu erfüllen hatte, so muß man einräumen, daß die Verkehrsplanung der vergangenen Jahrzehnte durchaus nach besten Kräften ihrem Auftrag nachgekommen ist und daß es nicht angebracht ist, alle negativen Auswirkungen, die aus der Vernachlässigung des Gesamtzusammenhangs kommunaler Entwicklungsfaktoren resultieren, ihr anzulasten. Weder war die Verkehrsplanung von ihrer Aufgabenstellung in der arbeits- und kompetenzgeteilten Verwaltung her dazu aufgerufen, die Gesamtheit der Entwicklungsfaktoren zu erfassen und abwägend zu berücksichtigen, noch war ihr ein Gesamtrahmen vorgegeben, in den sie ihre für erforderlich gehaltenen Planungsmaßnahmen hätte einordnen können.

Man stellt die Verkehrsplanung - dies gilt analog für alle durch Ressortzuständigkeiten begrenzten sektoralen Planungen - vor nicht zu lösende Aufgaben, wenn man ignoriert, daß auch heute noch ihre eigentliche Aufgabe darin besteht, den Erfordernissen des Verkehrsaufkommens entsprechende Verkehrsnetze zu schaffen. Mit einer solchen Aufgabenstellung deckt sie aber im Hinblick auf den o. g.

Systemzusammenhang aller die Verkehrsproblematik bestimmenden Entwicklungsfaktoren nur einen Teilaspekt ab. Ihrer
Aufgabe und ihrer Zuständigkeit entsprechend muß sie sich
auf die Forderungen nach einem funktionierenden Verkehrs-
netz konzentrieren, Verkehrsengpässe frühzeitig erkennen
und rechtzeitig geeignete Maßnahmen zur Beseitigung bestehender oder zu erwartender verkehrlicher Mißstände
treffen.

Diese Aufgabe hat sich allerdings insofern gewandelt,
als mittlerweile die einer allzu unangefochtenen und rigorosen Verkehrsplanung entgegenstehenden Gesichtspunkte
deutlicher gesehen werden und damit Rahmenbedingungen für
die Verkehrsplanung abgeleitet werden können, die von der
Verkehrsplanung anerkannt und die in die konkreten Planungen einbezogen werden müssen.

3.2 Schwierigkeiten, die sich aus den unterschiedlichen
gesellschaftlichen Interessen und ihren Beziehungen
zur arbeitsteilig organisierten Verwaltungsgliederung
ergeben

Die im vorangegangenen Abschnitt begründete Notwendigkeit,
die einzelnen Planungen arbeitsteilig organisierter Fachressorts in ein einheitliches Rahmenkonzept einzufügen,
stößt neben den dargestellten organisatorischen Schwierigkeiten auf Barrieren, die auf die unterschiedlichen, von
der Stadtentwicklungsplanung berührten und auf sie einwirkenden Interessen zurückzuführen sind. Wiedersprüchli-
ches Verwaltungshandeln, so wurde gesagt, ist nicht nur
eine Folge unzureichender Grundlagenkenntnisse, sondern
auch Ausdruck der oft nur schwer zu vereinbarenden oder
widersprüchlichen Anforderungen, die von den verschiedenen
Bevölkerungsgruppen und aus den unterschiedlichsten Interessenpositionen an die Verwaltung gestellt werden. Für
die Wahrnehmung der unterschiedlichen Belange sind jeweils
bestimmte Fachressorts mit bestimmten Planungsaufgaben zuständig. Es ergibt sich aus einer solchen Aufgabenteilung
zwangsläufig, daß die einzelnen Fachressorts zu den ihnen
zugewiesenen Aufgaben und damit zu den Gruppen, auf deren

Bedürfnisse und Forderungen diese Aufgaben zurückgehen, besonders intensive Beziehungen haben. Im Konflikt zwischen widersprüchlichen Interessen sind die Träger sektoraler Planungen damit notwendigerweise Partei: ihr Erfolg oder Versagen wird an den Forderungen der Gruppen gemessen, deren Interessen durch die jeweilige Planung abgedeckt werden sollen.

- So wird die Schulplanung von den Eltern etwa danach beurteilt, ob es ihr gelingt, Klassenstärken zu reduzieren oder Schichtunterricht abzubauen.

- Die Stadtplanung wird etwa von den Bauinteressenten (Bauherren, Architekten, Bauunternehmern) u. a. danach beurteilt, wie zügig sie in der Lage ist, auf einem Grundstück Planungssicherheit zu schaffen.

- Die Verkehrsplanung wird von den Verkehrsteilnehmern danach beurteilt, wie schnell und komfortabel ihre Verkehrsbedürfnisse befriedigt werden, von den Grundstücksnutzern etwa nach der Erreichbarkeit ihrer Grundstücke. Niemand wird hingegen den Erfolg einer Straßenplanung primär danach beurteilen, wieviele alte Fassaden, mietpreisgünstige Wohnungen oder alte Bäume durch sie erhalten wurden. Die Wahrung dieser Interessen liegt, sofern sie als öffentliche Aufgaben anerkannt sind, im Zuständigkeitsbereich anderer Ressorts.[1]

So widersprüchlich die Interessenkonstellationen bei den jeweiligen Entwicklungsproblemen, so widersprüchlich sind auch die Positionen, Haltungen und Ziele der einzelnen Ressorts. Jedermann sichtbar wird dies bei den jährlichen

---

1) Vgl. hierzu: W. Siebel, Entwicklungstendenzen kommunaler Planung, Schriftenreihe des Bundesministers für Raumordnung, Bauwesen und Städtebau Nr. 03.028, 1974, S. 50
H. Degenkolbe, G. Fehl, Informationen für die Siedlungsentwicklung, Planungsmethodik 2, RWTH Aachen, 1974 im Auftrag des Deutschen Instituts für Urbanistik, Berlin, Seite 14/15

Haushaltsberatungen. Nicht immer so vor den Augen der
Öffentlichkeit findet diese Situation auch in der Behandlung der laufenden Geschäfte ihren Ausdruck. Eifersüchti-
ger Streit um Zuständigkeiten, zurückgehaltene Information, unkoordinierte Doppelarbeit, Reglementierungen innerhalb der Ressorthierarchien sind bekannte Beispiele
für die allzu häufig anzutreffenden Mittel, mit denen
diese Auseinandersetzungen geführt werden. Sie sind jedoch nicht nur zu interpretieren als eigennütziges, auf
Macht und Einfluß ausgerichtetes Handeln von Verwaltungen, die darüber ihre eigentliche Aufgabe oft aus den
Augen verloren zu haben scheinen. Auf diesen zweifellos
häufig anzutreffenden Tatbestand wird im folgenden Abschnitt noch näher eingegangen. An dieser Stelle soll die
These aufgestellt und erläutert werden, daß die bekannten Auseinandersetzungen zwischen den kommunalen Fachressorts primär bereits in der Struktur der kommunalen Problemfelder, d. h. - wie in Kap. I.3 dargestellt - in widersprüchlichen gesellschaftlichen Interessenspositionen
begründet sind.

Wie grundlegend für das eigene Aufgabenverständnis der
Fachverwaltungen diese Zuordnung von gesellschaftlichen
Interessenspositionen und Verwaltungstätigkeit ist, wird
sichtbar, wenn es einmal notwendig wird, die Planungsaktivitäten eines Fachressorts in umgekehrter Richtung,
d. h. gegen die traditionell von ihm wahrgenommenen Interessen einzusetzen. Als typisches Beispiel hierfür wurde
bei den Expertengesprächen in einer Reihe von Großstädten
die Rolle der Stadtplanung in den letzten Jahren genannt.
In den von den Wachstums- und Umstrukturierungsprozessen
besonders betroffenen Stadtbereichen, in der City und vor
allem in den Cityrandgebieten, hat sich dort die Aufgabe
der Stadtplanung vielfach in das Gegenteil dessen umgekehrt, was traditionell als ihre Aufgabe angesehen worden
war. Aufgabe der Stadtplanung war seit jeher gewesen, für
eine zu erwartende Entwicklung - die als naturwüchsig angesehen wurde und nur möglichst rechtzeitig und genau ab-
geschätzt werden mußte - die erforderlichen Bauflächen im
Sinne einer geordneten städtebaulichen Entwicklung festzu-
legen und in Bauleitplänen entsprechendes Baurecht zu

schaffen. In der Regel geschah dies durch Neuausweisung von Baurecht auf der grünen Wiese oder durch Umwidmung bestehenden Baurechts in höherwertigeres. So wurden beispielsweise in den Ballungsräumen vielfach weite Bereiche der Innenstädte im Flächennutzungsplan als Kerngebiete ausgewiesen und damit die Voraussetzungen für eine der wachsenden Nachfrage entsprechende ökonomischere Büronutzung geschaffen. Die Umsetzung der Flächennutzungsplanausweisung in verbindliches Baurecht durch Aufstellung von Bebauungsplänen wurde meist ausgelöst durch Initiativen von Bauherrn mit entsprechend konkreten Bauabsichten.

Als etwa seit Beginn der siebziger Jahre die negativen Auswirkungen der Konzentrationsprozesse in den Ballungsräumen und vor allem die Umstrukturierungsprozesse in deren Kernzonen zum dominierenden öffentlichen und politischen Problem wurden, wurde der Stadtplanung die neue Aufgabe zugewiesen, zur Eindämmung der durch die Umstrukturierungsprozesse ausgelösten Verschlechterung der Lebensbedingungen in den innerstädtischen Bereichen die Inanspruchnahme des ehemals erteilten Baurechts weitgehend wieder einzuschränken.

Abgesehen davon, daß die Stadtplanung für diese Aufgabe nur mit unzureichenden Planungsinstrumenten ausgestattet war, - das Bundesbaugesetz ist primär für Neuausweisung von Baurecht, für "Stadtausbau", nicht aber für den "Stadtumbau" konzipiert - führte diese Umorientierung der Stadtplanung zu tiefgreifenden Konflikten innerhalb der planenden Verwaltung und vielfach zu krisenhaften Entwicklungen im Selbstverständnis und Aufgabenverständnis der Planer. Eine wesentliche Rolle spielte dabei das gestörte Verhältnis zu den Akteuren der baulichen Entwicklung, das beispielsweise seinen typischen Ausdruck darin fand, daß der Vorwurf der "Bauverhinderungsbehörde", der bis dahin vornehmlich an die Baugenehmigungsbehörden gerichtet war, nun immer mehr auf die Stadtplanung überging. Kennzeichnend für die traditionelle Klientelbeziehung ist auch die Beobachtung, daß die Umorientierung und die Einstellung auf die neuen Aufgaben - vorwiegend des Bewahrens - umso schwerer fiel, je unmittelbarer der Aufgabenbereich eines

Planers dem Kontakt zu den von der Stadtplanung betroffenen und auf diese wiederum einwirkenden Interessensgruppen ausgesetzt war. Hierin mag auch einer der Gründe
zu sehen sein, weshalb in manchen Großstädten der Aufgabenbereich der Bauleitplanung, einst das bevorzugte Tä-
tigkeitsfeld ambitionierter Kommunalpolitiker, heute eher
als lästige Pflichtaufgabe angesehen und in ihrer Bedeutung stark reduziert wird. Zumindest in den genannten
innerstädtischen Bereichen wirft sie gegenwärtig eben mehr
Probleme auf, als sie zu lösen vermag und bringt statt
Erfolg und Zustimmung von seiten der die bauliche Entwicklung tragenden Gruppen vorwiegend Vorwürfe und Konflikte.

Nach dem Gesagten entspricht es der besonderen Affinität
der Fachressorts zu den jeweiligen speziellen Interessensgruppen und ist daher auch durchaus folgerichtig, wenn die
Vertreter der Fachressorts auch in internen Auseinandersetzungen im Sinne der von ihnen wahrzunehmenden Aufgaben,
d. h. aber zugleich auch der dahinterstehenden Gruppenin-
teressen, Partei ergreifen und für die Durchsetzung der
Interessen sich mit allem Nachdruck einsetzen. Insofern
sind die Auseinandersetzungen um Haushalt und Personal
eine politische Notwendigkeit.

Damit sind aber auch die Konflikte, die sich aus den
schwer vereinbaren oder widersprüchlichen Anforderungen
an die planende Verwaltung ergeben, in den internen Entscheidungsprozeß hineingezogen und zu einem grundlegenden
Problem aller integrierten Planung geworden.

Die Konflikte zwischen kontroversen Zielen verschiedener
Ressortaktivitäten werden in der Regel durch Kompromisse
gelöst. Sie haben den Charakter von Waffenstillstands-
abkommen nach Maßgabe der Stärke der jeweiligen politischen Positionen, d. h. in der Regel des Drucks und der
Durchsetzungsmöglichkeiten der durch die Fachressorts re-
präsentierten Interessen.

Der integrative Aspekt bei entwicklungsrelevanten Entscheidungen dieser Art beschränkt sich meist darauf, dafür zu sorgen, daß sich die Gesamtheit der vorgesehenen

Maßnahmen in den vorgegebenen Rahmen der Ressourcen -
Finanzen und Flächen, in Ausnahmefällen auch städtisches
Personal - einfügen.

Damit ist jedoch noch keine bessere Einflußnahme auf die
Entwicklung im Sinne einer Gesamtplanung garantiert.
Im Gegenteil: ihre Möglichkeiten werden auf diese Weise
noch weiter eingeschränkt, indem die knappen Ressourcen
entsprechend den widersprüchlichen Interessen auch widersprüchlich eingesetzt werden und sich daher oft in ihrer
Wirkungsweise aufheben. In der Praxis sieht der Kompromiß
zwischen kontroversen Interessen oft so aus, daß jeweils
beiden Gruppen entsprochen wird: Einerseits werden z. B.
die Verkehrsverhältnisse und die Erreichbarkeit, d. h. die
Attraktivität der Innenstädte und ihrer Randbereiche
durch den Ausbau der Verkehrsnetze weiter verbessert,
gleichzeitig werden auf der anderen Seite steigende Mieten für die Wohnbevölkerung, die in diesen Gebieten gehalten werden soll, um eine Verödung der Innenstädte zu
vermeiden, durch Wohngeld subventioniert, mietpreisgün-
stiger Altwohnungsbestand durch Zweckentfremdungsverord-
nungen geschützt und zur Entlastung des Nachfragedrucks
tertiärer Nutzungen auf die Innenstadtbereiche Stadtteilzentren in den Randbereichen geschaffen (Hamburg City-
Nord, Polyzentrisches Konzept des Münchener Stadtentwicklungsplanes).

Damit sind jedoch die Konflikte nicht aufgehoben. Je besser die Innenstädte mit Verkehrsinfrastruktur ausgestattet
sind, je besser ihre Standortvorteile genutzt werden könnten, umso geringer ist die Neigung von Investoren, in
Randbereichen zu bauen und umso heftiger wird der Widerstand gegen Steuerungsinstrumente nach Art der Zweckentfremdungsverordnung[1].

Diese Widersprüche kommunaler Planungsaktivitäten sind
keineswegs immer auf unzureichende Kenntnisse der Zusam-

---

1) Vgl. hierzu etwa die Bemühungen um eine Aufhebung der
   Zweckentfremdungsverordnung in Bayern

menhänge, sondern oft auf die objektive Unmöglichkeit zurückzuführen, unter den gegebenen Bedingungen und politischen Kräfteverhältnissen kontroverse Ansprüche zu einem
konsistenten Gesamtentwicklungsprogramm zu integrieren.
Die Praxis, nicht lösbare Konflikte auf die beteiligten
Interessensgruppen nach Proporz aufzuteilen und diesen
entsprechende Abstriche an ihren Zielen zuzumuten, wird
aus dem "Gemein-" bzw. "Gesamtwohl" abgeleitet, das einseitige Entscheidungen verbietet.

Der Begriff des Gemeinwohls spielt für das Aufgabenverständnis einer integrierten Planung seit jeher eine wichtige Rolle. In den sechziger Jahren bestimmte er bei vielen idealistischen Planern das Motiv ihres Handelns und
ihres Engagements. Insofern war er eine wichtige Voraussetzung für die Bemühungen um Ansätze für eine integrierte Entwicklungsplanung überhaupt. Den in diesem Zusammenhang konzipierten Forschungsprogrammen lag vielfach auch
die Überzeugung zugrunde, durch ein Mehr an Kenntnissen
über Ursachen und Zusammenhänge der Entwicklungsfaktoren
das Gesamtinteresse exakter fassen zu können[1].

---

1) Vgl. hierzu etwa das Forschungsprogramm der Landeshauptstadt München aus dem Jahr 1969 zur Fortschreibung
   des Stadtentwicklungsplanes, Anlage 1, Seite 1:
   "Die Verwirklichung des Auftrags, ein auf längere Zeit
   vorausblickendes Entwicklungskonzept für eine Stadt zu
   schaffen, muß
   - die Kräfte und Tendenzen, die in der Eigenart und
     Struktur der lebenden Stadt wurzeln und deren Entwick-
     lung bestimmen und

   - die Kräfte und Tendenzen, die aus der Gesamtgesell-
     schaft und ihrer Entwicklung in die Stadt hineinwirken

   erkennen, erforschen und analysieren, um

   - Wert- und Zielvorstellungen zu entwickeln, die in
     Übereinstimmung mit oder in Abweichung von allgemeinen
     und besonderen Entwicklungstendenzen in der Stadt
     verwirklicht werden sollen."

Mit wachsender Einsicht in die Gesetzmäßigkeiten der kommunalen Entwicklungsprozesse und die ihnen zugrunde liegende Struktur gesellschaftlicher Konflikte wurde der Begriff Gesamtwohl immer mehr ausgehöhlt. Wo er heute im Zusammenhang mit integrierter Entwicklungsplanung verwandt wird, trägt er eher zur Verschleierung von Widersprüchen und zur Entpolitisierung bei, indem er dazu dient, sich der Verpflichtung zu entziehen, gegenüber den einzelnen Interessenpositionen Rechenschaft abzulegen. Kennzeichnend für diese Art seines Gebrauchs ist, daß der Begriff "Gesamtwohl" als Leerformel verwandt wird. In der Regel fehlt eine konkrete Beschreibung seines Inhalts, die begründen könnte, warum der jeweils gewählte Kompromiß tatsächlich der beste war, allzu oft dient gerade dieser Umstand dazu, Interessenspolitik betreiben zu können.

Eine solche Art der Verwendung des Begriffs "Gemeinwohl" oder der entsprechend gebrauchten Synonyme ist insbesondere auf längere Sicht bedenklich. Sie verdeckt nämlich die eigentliche Struktur der kommunalen Problemfelder.

Ist man nicht bereit, die Struktur der Problematik der kommunalen Entwicklungsplanung zur Kenntnis zu nehmen und sich ihr zu stellen begibt man sich der Chance, langfristig Rahmenbedingungen zu erreichen, die eine bessere, d. h. integrierte Gesamtentwicklungsplanung ermöglichen könnten. Hierdurch werden insbesondere die Wege verstellt, die über die Bildung von politischen Mehrheiten zu einer Änderung der die Stadtentwicklung bestimmenden externen Faktoren führen könnten.

3.3 <u>Schwierigkeiten, die sich aus den autonomen Interessenslagen der arbeitsteilig organisierten Fachressorts ergeben</u>

Die im vorausgehenden dargestellten allgemeinen, gesellschaftlichen Bedingungen des Planens werden auf vielfache und tiefgreifende Weise überformt: einerseits durch Prozesse und Mechanismen, die sich innerhalb der Fachressorts als sozialer Systeme mit all den für soziale Organisationen

charakteristischen Interaktionen zwischen Einzelnen und
Gruppen vollziehen und durch die Verpflichtung auf ein
gemeinsames Dienstrecht nur in ihren krassesten Ausprägungen und an der Oberfläche gebrochen oder kanalisiert werden; andererseits durch soziale Prozesse, die sich zwischen den einzelnen Ressorts, zwischen diesen und den politischen Entscheidungsgremien etc. entfalten.

Über die Struktur solcher Prozesse und ihre Auswirkungen
auf das Verwaltungs- und Planungshandeln liegen verwert-
bare empirische Ergebnisse nicht vor. Auch die vorliegende Studie bot nur ganz am Rande Raum, solche zu beschaffen. Die Soziologie des Verwaltungshandelns konzentrierte
sich im hier angesprochenen Bereich vornehmlich auf Zusammenhänge zwischen den je spezifischen Wertsystemen der
Verwaltungsorganisationen oder einzelner Teile oder Repräsentanten derselben auf der einen und Entscheidungsprozes-
sen auf der anderen Seite, einen Bereich also, der im
vorausgehenden Abschnitt bereits behandelt wurde; soziolo-
gische und sozialpsychologische Vorgänge in Planungs- und
Entscheidungsapparaten oder die Bedeutung der Leitung und
Außenvertretung dieser Organisationen durch Personen mit
spezifischem Rollenverständnis oder spezifischer Persön-
lichkeitsstruktur und ihr Einfluß auf Planungs- und Entscheidungsprozesse hingegen sind ziemlich unerforscht; sie
sind jedoch - wie die tägliche Beobachtung von Verwaltungs-
und Planungsprozessen zumal auf höherer Entscheidungsebene
belegen - gleichwohl für deren Ergebnisse wesentlich mit-
bestimmend.

In diesem Zusammenhang können somit nur einige erste Ansätze für Thesen formuliert werden, sozusagen als Merkpo-
sten für ein komplexes Bündel fast unbekannter, zumindest
kaum kalkulierter und kalkulierbarer, jedenfalls politisch
nur sehr wenig bestimmbarer Größen, die Verwaltungs- und
Planungsprozesse tiefgreifend mitbestimmen und die der
empirischen Durchleuchtung dringend bedürften.

Die Beziehungen zwischen einzelnen arbeitsteilig organisierten Verwaltungsteilen sind weithin geprägt durch ein
Verhältnis der Konkurrenz und Rivalität.

Im Außenverhältnis äußert sich diese Haltung in einer
teils extremen Beschränkung und Formalisierung der Kommunikation mit anderen Verwaltungsteilen, einem rigiden In-
sistieren auf den gemäß Aufgabengliederungsplan zugewiesenen Zuständigkeiten, einer Kanalisierung der dienst-
lichen Kontakte zwischen den einzelnen Verwaltungsteilen,
die bis zur Delegation dieser Funktion auf bestimmte Personen und die gezielte und bewußte Unterbindung anderwei-
tiger unmittelbar-persönlicher Dienstkontakte reichen
kann. Diese negativen Formen der Kooperation und Kommunikation können bis zum Boykott einzelner Aktivitäten anderer Dienststellen reichen, wofür ein reichhaltiges und
subtiles Inventar an Hilfsmitteln zur Verfügung steht.

Im Innenverhältnis der einzelnen Verwaltungsteile findet
dieses externe Konkurrenzverhältnis seinen Niederschlag
in einem je spezifischen Loyalitätszwang, in der Folge im
Streben nach relativer Autonomie (beispielsweise durch
den Aufbau je eigener Datengrundlagen, einer je eigenen
Infrastruktur, vor allem den Ausbau des eigenen Personal-
körpers) und in einem Gruppenbewußtsein, daß der Aufnahme
von Ideen und Aufgaben von außen, die nicht unmittelbare
Weisungen darstellen, wenig entgegenkommt.

Das häufig in vielen Jahrzehnten entstandene und verfestig-
te Selbstverständnis einzelner Verwaltungsteile und eine
aus diesem Verständnis häufig resultierende Haltung des
Beharrens und der Abwehr von Innovationen hemmt flexibles
Eingehen auf neue Aufgaben, steht der offensiven Suche
nach Problemlösungen im Wege, verleitet durch einseitige
und eingeengte Interpretationen der Handlungsrichtlinien,
im Sinne des Selbstverständnisses zu isoliertem Vorgehen
und unterbindet oder erschwert damit die Kooperation und
Kommunikation über Ressortgrenzen hinweg.

Die Zwänge zur Profilierung der politischen Repräsentanten
einzelner Verwaltungsteile (Dezernenten, Referenten) vor
allem im Interesse ihrer Wiederwahl bestimmen oder verändern die Arbeitsschwerpunkte und Handlungsziele dieser
Verwaltungsteile vielfach im Sinne jeweils öffentlich-
keitswirksamer und auf die Fristen von Wahlperioden aus-

gerichteter Schwerpunkte.

Das Konkurrenzdenken zwischen einzelnen Verwaltungsteilen
und dessen Autonomiestreben werden durch den Profilie-
rungsdrang der politischen Spitzen bestätigt und verstärkt,
indem dieser sich der genannten Mechanismen bedient. Er
bindet damit zugleich erhebliche Teile des Innovations-
potentials der Verwaltung.

Die Konkurrenzverhältnisse zwischen einzelnen Verwaltungsteilen setzen sich fort in Konkurrenzverhältnissen zwischen einzelnen Berufssparten (z. B. im traditionellen
Konkurrenzverhältnis zwischen Technikern und Verwaltungsbeamten), die ihrerseits quer durch Ressortgrenzen verlau-
fen. Das Profilierungsstreben der politischen Repräsentanten setzt sich fort im Profilierungs- und Aufstiegsstre-
ben der Dienstkräfte auf den verschiedensten Ebenen.
Dies ist eine wesentliche Voraussetzung dafür, daß der
Verwaltungsapparat in so starkem Maße im Sinne der Profilierung seiner jeweiligen politischen Repräsentanten ver-
fügbar wird. Zugleich findet das individuelle Profilierungsstreben einzelner Dienstkräfte oder Verwaltungsteile
hierin seine Basis. Erhebliche Verformungen des Aufgaben-
verständnisses und der Handlungsweisen sind die notwendige Folge.

Spezifische Auswirkungen auf den Arbeitsablauf und die Be-
tonung oder Vernachlässigung von einzelnen Aufgabenberei-
chen resultieren zudem aus dem öffentlichen Dienstrecht
und seinen Hierarchie-, Laufbahn- und Disziplinarbestimmun-
gen, die für Verwaltungsvollzugsaufgaben geschaffen, nunmehr jedoch durch ihre Anwendung im planerischen, d. h.
im politischen Bereich der Bewältigung eben dieser Aufgaben im Wege stehen.

Schließlich sind von wesentlicher Bedeutung für Arbeitsweise, Aufgabensicht und die Bestimmung von Handlungszielen die Persönlichkeitsbilder und die subjektiven Präfe-
renzen und Anschauungen vor allem der leitenden Persönlich-
keiten in den Verwaltungs- und Planungsapparaten.

Wie schon angedeutet, muß sich die vorliegende Studie hier
auf einige sehr grobe und vorläufige Hinweise beschränken. Zusammenfassend und unbeschadet lokaler Besonderheiten kann jedoch festgestellt werden, daß die Strukturen
der planenden Verwaltung den vorausgehend beschriebenen
Mechanismen und Prozessen, die die Struktur und Zielrichtung des Planungs- und Entscheidungsprozesses entscheidend
mitbestimmen und überformen, nicht nur Raum geben, sondern
diese auch unmittelbar provozieren. Einwirkungen auf die
beschriebenen Mechanismen im Sinne einer integrierten Entwicklungsplanung müssen relativ wirkungslos bleiben angesichts der horizontalen und vertikalen Durchgängigkeit
dieser Strukturen. Die weithin fehlende Fähigkeit der Verwaltung zu einer konsequent-rationalen Selbstorganisation
findet hier eine ihrer Erklärungen.

Eine Organisation der kommunalen Entwicklungsplanung, die
Problemlösungen aus dem übergreifenden Systemzusammenhang
herzuleiten bemüht ist und ihre Vorgehensweise entsprechend ressortübergreifend bestimmen will, findet somit
in dieser Dimension eine weitere entscheidende Barriere.

ZWEITER TEIL

Ansätze und Erfahrungen integrierter Entwicklungsplanung
in Großstädten der Bundesrepublik

I. Übersicht über die Vorgehensweisen bei der Lösung von
   Stadtentwicklungsproblemen

Bei einer Analyse der methodischen und verwaltungsorganisatorischen Bemühungen der Großstädte zur Bewältigung der
Stadtenwicklungsprobleme erwies es sich als zweckmäßig,
zu unterscheiden zwischen

- den sich zumeist auf eine spezifische Problemerkenntnis
  gründenden Konzepten für einen theoretischen Ansatz, also den Zielen und dem Problembezug und

- den faktisch ergriffenen verwaltungsorganisatorischen
  Maßnahmen.

Obwohl sich beide Aspekte nicht scharf voneinander scheiden
lassen, erscheint eine solche Differenzierung nützlich. Mit
ihrer Hilfe kann veranschaulicht werden, daß eine generelle
Diskrepanz zwischen Zielen, Problembezug und Problemerkenntnis, also dem gedanklichen Ansatz einerseits und der Verwaltungsorganisation, also dem methodischen Vorgehen andererseits, eine wichtige Dimension darstellt, die bei der
Analyse der einzelnen Ansätze herausgearbeitet werden soll.

Eine Analyse dieser Diskrepanz ist auf theoretische Weise
allein nicht darzustellen; sie bedarf des direkten Bezugs
zur Praxis, da nur hier die im Rahmen der kommunalen Planung vornehmlich relevante Frage beantwortet werden kann,
ob und ggf. mit welchen Abstrichen theoretisch entwickelte
Ansätze praktische Relevanz und Anwendung finden können.
Im folgenden wird deshalb zunächst lediglich ein Überblick
über die theoretisch-methodischen Ansätze zur Entwicklungsplanung gegeben, dem dann eine Darstellung der faktischen
organisatorischen Vorgehensweisen folgt. Eine Analyse der
Diskrepanzen ist demzufolge erst im Anschluß an die im

folgenden Kapitel wiedergegebenen Beschreibungen der einzelnen Ansätze in den ausgewählten Großstädten sinnvoll
möglich.

Jede Übersicht über Ansätze zur Entwicklungsplanung ist
von subjektiven Werturteilen geprägt. Um die Gefahr von
Fehleinschätzungen so gering zu halten, wie es die Materie
erlaubt, werden im folgenden lediglich einige bedeutsam
erscheinende Kriterien angeführt, nach denen Ansätze zur
Entwicklungsplanung beurteilt werden können. Aus ihnen können jeweils voneinander abweichende Bewertungsschemata
aufgebaut werden. Angesichts der Vielgestaltigkeit der
Entwicklungsplanung und der zahlreichen Gesichtspunkte,
unter denen solche Ansätze bewertet werden können, muß
hier auf eine Einordnung einzelner Fälle verzichtet werden.

Als wichtigste Kriterien für die Beurteilung von Ansätzen
zur kommunalen Entwicklungsplanung werden angeführt:

- Welches sind die Ziele des Ansatzes; vor allem: sind
  sie auf die Lösung von Problemen orientiert?

- Wie ist der Ansatz konzipiert? Geht er die Probleme in
  ihrem größeren Zusammenhang oder pragmatisch an?

- Werden problemverursachende Faktoren und Verwirklichungs-
  strategien planerischer Ziele in Verbindung gesehen?

- Erfolgt eine Integration von Planungsgrundlagen, Planungen und Maßnahmen; das betrifft also sowohl eine "horizontale" Abstimmung zwischen den Ressortplanungen wie
  eine "vertikale" Abstimmung von Globalzielen, Ressourcen
  und konkreten Vollzugsmaßnahmen (integriertes Vorgehen)?

Diese Kriterien sind noch zu erläutern, damit sie auf die
im folgenden im einzelnen dargestellten Ansätze zur Entwicklungsplanung in ausgewählten Großstädten bezogen werden können.

- Ziele und Problemorientierung
  In einigen Städten mit starkem Entwicklungsdruck sind
  die Probleme des wirtschaftlichen und sozialen Wandels

teilweise in so krasser Ausprägung in Erscheinung getreten, daß sich die Stadtverwaltungen genötigt sahen, die
Ursachen der Entwicklungsprobleme zu ergründen, um mit
einer Problemlösung an den Wurzeln ansetzen zu können.

Solche grundsätzlichen, auf eine Beeinflussung oder gar
einen Wandel der problembestimmenden Faktoren abzielenden
Ansätze sind deshalb vor allem in außergewöhnlich problematischen Entwicklungssituationen entstanden. Sie
sind insoweit deutlich von jenen zu unterscheiden, die
beispielsweise aus der Zielsetzung eines einheitlichen
Verwaltungshandelns hervorgegangen sind und die folglich ohne explizite und tiefere inhaltliche Begründung
und ohne auf einen übermäßigen Problemdruck reagieren
zu müssen, lediglich Kooperationsregelungen vorsehen, die
die gewünschte Einheit des Verwaltungshandelns im Planungsbereich sicherstellen sollen, ohne daß dadurch ausdrücklich zuvor definierte Probleme gelöst werden sollen.

In dieser Dimension des inhaltlichen Bezugs oder des
Problembezugs sind damit zwei extreme Positionen skizziert. Auf der einen Seite das erklärte Ziel der Veränderung oder Verbesserung einzelner oder aller als problematisch in Erscheinung getretenen Lebensbedingungen, auf
der anderen Seite ein scheinbar inhaltlich wertfreies
administratives Vorgehen.

- Konzeptionelle Breite
  Die konzeptionelle Breite des Ansatzes ist eine Beurteilungsdimension, anhand derer systematische Ansätze von
  pragmatischen unterschieden werden können. Mit den im
  ersten Teil angesprochenen Problemfeldern ist die mögliche Breite kommunaler Entwicklungsprobleme skizziert.
  Bei den untersuchten Ansätzen zur Entwicklungsplanung
  sind solche festzustellen, die alle kommunalen Probleme
  als in ihren Ursachen systemhaft verknüpft sehen und
  folglich davon ausgehen, daß die Probleme gleichzeitig
  in ihrer vollen Breite bedacht und analysiert werden müssen, um bei der Festlegung planerischer Maßnahmen deren
  Sekundärfolgen erkennen und abschätzen zu können.

Die pragmatische Variante dieser Beurteilungsdimension
geht davon aus, daß ein Überblick über die Gesamtheit
der Entwicklungsprobleme nicht erfaßbar oder darstellbar ist, wenn ein systemhafter Zusammenhang zwischen den
Problemen überhaupt erkannt wird und konzentriert folglich die planerischen Aktivitäten auf das jeweils dring-
lichst erscheinende Problem. Eine Gefahr dieses pragmatischen Ansatzes liegt darin, daß die Maßnahmen lediglich auf die offenkundigen Erscheinungsformen der Probleme abstellen, also an den Symptomen kurieren. Die Berücksichtigung der Problemwurzeln, also der die Probleme
bestimmenden Faktoren in ihrem systemhaften Zusammenwirken kann auf diese Weise nicht adäquat erfolgen. Folglich
bleiben auch Nebenfolgen planerischer Maßnahmen unberücksichtigt.

- Vollzugsorientierung
  Hier soll die Beurteilungsdimension beschrieben werden,
  die zwischen abstrakten und konkreten Ansätzen zu unterscheiden erlaubt. Ressortübergreifende Planungsaufgaben
  sind gerade bei den Städten seit Jahrzehnten etabliert:
  Beispielsweise die gemäß BBauG heute als vorbereitende
  Bauleitplanung bezeichnete Aufgabe der Gemeinden soll neben anderen Belangen auch die Erfordernisse aller Fach-
  dezernate in Bezug auf deren Flächenbedarf berücksichtigen.

Allerdings hat der Flächennutzungsplan keine unmittelbare
Rechtsverbindlichkeit für den Einzelnen; erst durch die
Umsetzung in Bebauungspläne wird er rechtsverbindlich.
Die Planungsgrundlagen, die traditionell für die vorbereitende Bauleitplanung zusammengetragen wurden, sind
nicht bis in die Ursachen kommunaler Entwicklungsprobleme
vorgedrungen. Aus beiden Gründen hatte die Flächennutzungsplanung als eine Form von "Querschnittsplanung" in
der Vergangenheit nur einen sehr mittelbaren Einfluß
auf die effektive Stadtentwicklung.

An diesem Beispiel der traditionellen Flächennutzungsplanung wird deutlich, daß sich Planungskonzeptionen auf
die Fertigung eines Planes beschränken können, ohne daß

damit unmittelbar Maßnahmen zu ihrem Vollzug verbunden
sind und ohne daß auf die Ursachen der Probleme explizit näher eingegangen werden muß.

Diese praktischen Beispiele zeigen, daß Ansätze zur Entwicklungsplanung unterschiedliche Schwerpunkte haben
können, und zwar

- im Bereich der Grundlagenforschung

- der Herstellung von Plänen

- des Ergreifens von ad-hoc-Maßnahmen.

Auch Kombinationen einzelner dieser drei Schwerpunkte
oder aller drei treten auf.

- Der Integrationsgrad des Ansatzes
  Der Integrationsgrad des Ansatzes soll die Art und das
  Ausmaß der intendierten Integration anzeigen, die zwischen den Fachplanungen in ihren unterschiedlichen Konkretisierungsstufen vorgesehen ist.

Jeder Fachplanung liegen Annahmen über die zukünftige
Entwicklung beispielsweise der Bevölkerung oder der Arbeitsplätze zugrunde. Jede Fachplanung geht von der Verfügbarkeit über finanzielle und personelle Ressourcen
und häufig auch von der Verfügbarkeit über Bauflächen
aus. Jede Fachplanung sieht Maßnahmen vor, wie z. B. den
Bau von Straßen, Schulen, die Einrichtung von sozialen
Diensten, die Einrichtung oder Verbesserung von öffentlichen Verkehrsmitteln usw.

Die Beurteilungsdimension "Integrationsgrad" soll vor
allem Anhaltspunkte dafür liefern, ob - und wenn ja auf
welche Weise und mit welchem Wirkungsgrad - diese Konkretisierungsstufen der Fachplanungen aufeinander abgestimmt werden. Die Skala der in der Praxis anzutreffenden Ansätze reicht von der Abstimmung in den einzelnen
Teilbereichen, also

- abgestimmten Globalzielen und gemeinsamen Grundlagen
  für alle Fachplanungen

- funktionierender Investitionsplanung, Personalplanung
  und Flächennutzungsplanung

- vollabgestimmter Maßnahmenplanung

bis zum vollintegrierten Planungsansatz, der neben den
vorgenannten Abstimmungen auch die Verbindungen zwischen
den genannten Planungsebenen dadurch berücksichtigt,
daß alle Einzelplanungen und Maßnahmen gemeinsamen, zuvor definierten Globalzielen dienen, also einander nicht
derart zuwiderlaufen, daß sie sich in ihren Wirkungen
und Nebenwirkungen wechselseitig aufheben oder beein-
trächtigen, sondern wo immer möglich wechselseitig
stützen.

Analysiert man die Ansätze zur Entwicklungsplanung in den
Großstädten im Hinblick auf die vier genannten Beurtei-
lungsdimensionen, so ergibt sich eine deutliche Struktur.
Drei klar voneinander unterscheidbare Gruppen von Ansätzen
sind zu erkennen:

- systematische,

- pragmatische und

- kooperative.

Diese drei Ansätze werden in ihrer idealtypischen Form
im folgenden skizzenhaft anhand der dargestellten Beurtei-
lungsdimensionen beschrieben.

- Der systematische Ansatz
  versucht zunächst, die Komplexität der Gesamtproblematik
  zu erfassen. Da dies ohne festen Bezugspunkt nicht möglich ist, liegt ihm immer ein spezifischer Einstieg, in
  aller Regel ein gesellschaftspolitisches Engagement,
  d. h. die Absicht zugrunde, problematische Lebensverhältnisse verbessern zu wollen.

Das systematische Bemühen um gedankliche Erfassung der
gesamten Entwicklungsproblematik führt wegen der bei diesem Ansatz deutlich werdenden Nebenfolgen notwendigerweise zur Einsicht in das Erfordernis einer gleichzeitigen Berücksichtigung aller wesentlichen Probleme in

ihrem Zusammenhang. Der Anspruch, von der grundsätzlichen Problemerkenntnis zu konkreten Maßnahmen zur Problembewältigung vorzudringen, ergibt sich in seiner
konkreten Ausprägung aus der erklärten Absicht, die Lebensverhältnisse verbessern zu wollen. Die durch praktische Erfahrungen und theoretische Überlegungen gewon-
nene Einsicht in die wirkungslosen, also negativen Folgen unkoordinierten Planungshandelns führt im Rahmen dieses Ansatzes dazu, daß eine Vollintegration aller Planungen im oben beschriebenen Sinne zum Zwecke der Zielverwirklichung angestrebt wird. In der Praxis zeigen
sich jedoch bei den Versuchen, eine solche volle Integration zu verwirklichen, Schwierigkeiten. Vor allem die
dazu erforderliche Kooperationsbereitschaft der Fachressorts bleibt in aller Regel beim systematischen Ansatz hinter den Erwartungen und hinter der für eine Vollintegration erforderlichen Intensität zurück.

- Der pragmatische Ansatz
  stellt das jeweils aktuellste Planungsproblem in den Vordergrund seiner Überlegungen und Aktivitäten. Er ist um
  die möglichst effektive und reibungslose Bewältigung
  der zumeist auf politischer Ebene explizit gestellten
  Aufgabe bemüht. Dabei wird die Komplexität der gesamten
  Entwicklungsproblematik keineswegs in allen Fällen ver-
  kannt, jedoch nicht angemessen berücksichtigt. Das Auf-
  spüren möglicher Nebenfolgen vorzuschlagender Planungsmaßnahmen würde zwangsläufig ein Eindringen in den Systemzusammenhang der die Entwicklung bestimmenden Faktoren, also ein Erfassen der Problemursachen erfordern.
  Dafür ist jedoch beim pragmatischen Ansatz kein Raum;
  die auf politischer Ebene gesetzten Konditionen, Spielräume und Fristen für die Erledigung der Aufträge sehen
  dafür in der Regel weder Zeit noch Mittel vor. Es können
  deshalb nur solche Problembereiche berücksichtigt werden, deren Verknüpfung mit dem Auftrag evident ist. Die
  heutigem Standard entsprechende planerische Behandlung
  von Entwicklungsproblemen sieht eine Bestandsaufnahme,
  eine Problemanalyse, alternative Planungsvorschläge und
  auch einen möglichen Maßnahmekatalog vor. Gelegentlich
  werden auch Zielsysteme mitgeliefert, die den parlamen-

tarischen Gremien den Zugang aus der Welt ihrer politischen Zieldiskussionen zum praktischen Planungsproblem erleichtern sollen. Eine umfassende formale Abstimmung solcher planerischen Ausarbeitungen mit allen für die Sachproblematik zuständigen Stellen ist selbstverständlich und findet auch, gefördert durch den politischen Auftrag, meist reibungslos statt. Nach der parlamentarischen Behandlung des jeweiligen Problemlösungsvorschlages wird er den zuständigen Stellen zum Vollzug überwiesen, womit das Problem als gelöst gilt; man kann sich dem nächsten zuwenden.

Die Problematik des pragmatischen Ansatzes ist darin zu sehen, daß eine Verbindung zwischen einzelnen Problemfeldern oder der Systemzusammenhang der problembestimmenden Faktoren nicht mit der ihnen zukommenden Bedeutung gewürdigt wird und deshalb weder eine Gewähr für eine wirksame Problembewältigung noch für eine Kontinuität der Entwicklungsplanung oder gar für die Verwirklichung genereller Ziele gegeben ist. Solche Auswirkungen sind beispielsweise daran zu erkennen, daß die parlamentarischen Gremien sich häufig genötigt sehen, ihre Beschlüsse zu revidieren.

- Der kooperative Ansatz
  geht von der Vorstellung aus, daß die Verwaltung insgesamt bereits über ein sehr weit entwickeltes Problemverständnis verfügt, daß es folglich kaum nötig ist, systematisch Grundlagenforschung zu betreiben, daß sich vielmehr die Probleme der Stadtentwicklung bereits durch eine vernünftige Kooperation aller Beteiligten lösen lassen. Die Konzeption dieses Ansatzes zielt folglich darauf, eine sinnvolle Kooperation zu organisieren. Inhaltliche Überlegungen stehen dabei nicht im Vordergrund. Die Ziele der Stadtentwicklung werden von den zuständigen politischen Gremien gesetzt, das Problemverständnis ist durch die Repräsentanten der Verwaltung gegeben: es konkretisiert sich in der Kooperation. Ebenso ergeben sich Breite und Tiefe der bei der Planung zu berücksichtigenden Gesichtspunkte aus dem Problemverständnis der Beteiligten.

Hier liegt das Schwergewicht eindeutig im Bereich der
Abstimmung, also der Dimension "Integration". Die Einheit des Verwaltungshandelns ist das dominierende Ziel
dieses Ansatzes, er baut auf die Kooperations- und Ver-
ständnisbereitschaft der beteiligten Personen. Auch bei
diesem Ansatz stehen naturgemäß die als die dringlich-
sten angesehenen Probleme auf den Tagesordnungen an erster Stelle; aber anders als beim pragmatischen Ansatz
können auch Probleme von geringerer Priorität mitbehan-
delt werden. Der kooperative Ansatz schafft keinen
grundlegenden Wandel, löst keine prinzipiellen Probleme;
er erbringt auch kaum Innovationen; aber er bewältigt
einen Großteil der Planungs- und Ordnungsaufgaben auf
wirksame Weise, weil der Vollzug der beschlossenen Maßnahmen und ein Mindestmaß an Reibungsverlusten gewährleistet sind.

Eine Zuordnung der einzelnen konkreten Planungsansätze
der Großstädte zu den geschilderten Idealtypen verbietet
sich. Die Wirklichkeit zeigt sich differenzierter.

II. Vergleichende Analyse von Ansätzen zur Entwicklungs-
    planung in ausgewählten Großstädten der Bundesrepublik

1. Anmerkungen zur Methode und zum Ablauf der Expertengespräche

Zwischen den sachlich-inhaltlichen Problemen der Stadtentwicklung und den sich aus ihnen ergebenden funktionalen
Planungsaufgaben der Städte einerseits und den jeweils
ergriffenen verwaltungsorganisatorischen Schritten zur Bewältigung dieser Probleme andererseits bestehen beträchtliche Diskrepanzen. Bereits hier kann zusammenfassend festgestellt werden, daß die verwaltungsorganisatorischen Maßnahmen in aller Regel nur eingeschränkt geeignet sind,
alle Sachprobeleme befriedigend zu bewältigen.

Um diese Zusammenhänge in ihren lokalen Ausprägungen in
Erfahrung zu bringen, wurden schriftlich vorbereitete Expertengespräche bei einer Auswahl von Großstädten durchgeführt. Auf diesem Wege sollten die Problemschwerpunkte im
Bereich der kommunalen Entwicklungsplanung von kompetenter Seite, also bei den betroffenen Städten selbst und
von den für die Bewältigung der in Mitte stehenden Aufgaben hauptsächlich zuständigen und verantwortlichen Experten festgestellt werden.

Zum Zwecke einer leichteren Vergleichbarkeit der Situationen der einzelnen Städte wurde ein Fragenkatalog zusammengestellt, der zur Vorbereitung der Expertengespräche zusammen mit der Bitte um einen Gesprächstermin den Städten
zugesandt wurde. Mit dem Anschreiben[1], das dieses Ersu-
chen beinhaltete, wurde zugleich um vorherige schriftliche Stellungnahme zu 10 typischen Problemfeldern der Entwicklungsplanung und die sie erläuternden Einzelfragen gebeten. Auf diese Weise sollten die Expertengespräche vom
Ballast eindeutig und ohne Schwierigkeiten vorab zu beant-
wortender Fragen befreit und dadurch Raum gewonnen werden

---

1) Musteranschreiben siehe Anhang

- 66 -

für eine vertiefte Diskussion über eine Bewertung der her-
ausragenden Sachprobleme und der als notwendig erachteten
und vorgesehenen verwaltungsorganisatorischen Maßnahmen zu
ihrer Bewältigung.

Nur im Expertengespräch erschien es uns möglich, herauszuarbeiten, inwieweit und welche Beziehungen gesehen werden
zwischen den Sachproblemen bzw. -aufgaben der Stadtentwicklung und den für erforderlich gehaltenen bzw. eingeschla-
genen Vorgehensweisen und organisatorischen Maßnahmen.

Ein Vorteil solcher Expertengespräche besteht darin, daß
durch sie aktuelle, z. T. auch informelle Informationen
vermittelt werden können, die für eine schriftliche Festlegung ungeeignet, wohl aber zum Verständnis einzelner
wichtiger Vorgänge durchaus notwendig sind. Nachteilig für
den beabsichtigten interkommunalen Vergleich wirkt sich
die Methode der Expertengespräche dadurch aus, daß die Re-
sultate nicht frei von subjektiven Einschätzungen der befragten Experten sind.

Da aber gerade solche Experten befragt wurden, die an entscheidender Stelle der befragten Städte verantwortlich wirken, erschienen uns die dadurch möglicherweise entstehenden
Verzerrungen der Eindrücke nicht als eine unzulässige Abweichung von einem "objektiven" Bild der Verhältnisse
und somit als unerwünscht; vielmehr stellte sich im Ver-
laufe der Expertengespräche heraus, daß die Auswahl der
Gesprächspartner kaum als zufällig, sondern eher als symp-
tomatisch für die Situation der Entwicklungsplanung in der
betreffenden Stadt anzusehen ist. Die aus den subjektiven
Maßstäben der Experten resultierenden Verzerrungen können
deshalb im Sinne einer Akzentuierung der festgestellten Befunde interpretiert werden.

Bei der Entscheidung für das Verfahren des Expertengesprächs war darüber hinaus auch der Umstand von Bedeutung,
daß allgemein anerkannte und objektivierbare Maßstäbe für
die Beurteilung von Ansätzen der Entwicklungsplanung nicht
zur Verfügung stehen. Die in der Literatur angebotenen Be-

trachtungsrahmen[1]) geben keine für einen solchen Vergleich hinreichend konkrete Vergleichsbasis ab.

Da eine vergleichende Analyse der Ansätze zur Entwicklungsplanung ohne einen theoretischen Bezugsrahmen jedoch nicht darstellbar erscheint, ist zunächst als Arbeitshypothese von dem Bezugsrahmen ausgegangen worden, der den im Abschnitt I dargestellten Thesen zugrunde liegt. In Gesprächen mit den Experten war deshalb auch der Bezugsrahmen selbst zu diskutieren und zu überprüfen. Mit den Expertengesprächen sollten zugleich Argumente für oder gegen seine Tauglichkeit sowie ggf. Modifikationserfordernisse in Erfahrung gebracht werden.

Zusammengefaßt bestand die Aufgabe der Expertengespräche in folgendem:

- Zum Verständnis der jeweiligen Organisationsformen der Entwicklungsplanung war es erforderlich, nicht nur die offiziellen Begründungen, sondern auch informelle Hintergrundinformation zur Kenntnis zu bekommen. Solche Informationen sind nur auf dem Gesprächswege zu erhalten.

- Daneben galt es, den theoretischen Bezugsrahmen der Thesen zur Stadtentwicklung zu überprüfen.

- Die Problemdarstellung in den einzelnen Städten und ihre Beurteilung durch die zuständigen Stellen war eine Aufgabe, die sich zwar auch auf dem Wege einer schriftlichen Stellungnahme hätte erledigen lassen; indessen hat es die Mehrzahl der angeschriebenen Stellen vorgezogen, auch diesen Komplex im Expertengespräch abzuhandeln.

Das Schwergewicht des Interesses lag der Fragestellung der Arbeit entsprechend auf den Konsequenzen, die aus einer Erkenntnis der Sachproblematik im Hinblick auf die methodische Vorgehensweise wie auf die dafür jeweils gefundene Organisationsform gezogen wurden.

---

1) Siehe Literaturanalyse im Anhang

Dem Schwerpunkt der Fragestellung entsprechend kam es weniger auf die lückenlose Darstellung aller Problemfelder an; dennoch waren zur Klärung der jeweiligen Problemsicht neben einer groben Übersicht über die gegebene Entwicklungssituation einige exemplarische Vertiefungsfragen hierzu vorgesehen.

Fragebogen

Der zur Vorbereitung und Entlastung der Expertengespräche verschickte Fragebogen[1] baut auf einer Darstellung der sachlichen Entwicklungsprobleme auf. Zehn typische Problemfelder der Stadtentwicklung wurden aufgeführt. Ausdrücklich wird darauf hingewiesen, daß sich hinter dieser Auflistung keinerlei Anspruch auf eine Systematik der Entwicklungsprobleme verbirgt. Diese zehn Problemfelder wurden detailliert erläutert durch eine Reihe von Einzelfragen, deren Beantwortung als wünschenswert im Sinne einer Verdeutlichung der anstehenden Probleme, nicht aber als unerläßlich vorgestellt wurde.

Der Fragebogen ist in Matrix-Form aufgebaut. Auf der einen Achse ist der Katalog der Probleme nach Problemfeldern aufgeführt. In der zweiten Dimension sind, ausgehend von Angaben zum jeweiligen Tatbestand der einzelnen Problemsituation, Phasen des Planungsprozesses dargestellt. Die Skala reicht von der Frage nach dem Vorhandensein bzw. der eingeleiteten Beschaffung von Grundlageninformationen zu jeden der mit den Problemfeldern bezeichneten Entwicklungsprobleme bis zur Frage nach den getroffenen bzw. beabsichtigten Planungsmaßnahmen zur Lösung der vorbezeichneten Probleme. Mit diesen Fragen nach der Sachbehandlung der Probleme sollten die von den befragten Städten jeweils gesehenen Aufgaben interkommunal vergleichbar erfaßt werden. Insbesondere wurde Wert darauf gelegt, festzustellen, ob die zwischen den Einzelproblemen bestehenden systemhaften Zusammenhänge gesehen und - wenn ja - auf der Ebene planerischer Maßnahmen Konsequenzen hieraus gezogen werden. Die damit angesprochene Frage der Koordinierung von Teil-

---

1) Muster des Fragenkatalogs im Anhang

untersuchungen bzw. Einzel- und Fachplanungen untereinander ist als wichtiger Indikator für den Integrationsgrad der Entwicklungsplanung in der jeweiligen Stadt anzusehen und somit als Kriterium dafür zu werten, inwieweit integriertes Planungshandeln erfolgt.

Dem Aufbau des Fragebogens liegt die Vorstellung zugrunde, daß eine integrierte Entwicklungsplanung zwei Anforderungen zugleich entsprechen muß:

- Sie muß umfassend sein, d. h. alle wesentlichen Bereiche der Stadtentwicklung gleichermaßen bedenken und

- sie muß effektiv wirksam werden, d. h. sie kann sich nicht in Analysen erschöpfen, sondern muß Maßnahmen ergreifen, die untereinander koordiniert sind.

Der Aufbau des Fragebogens folgt diesen Vorstellungen durch seinen Matrix-Aufbau. Die Erfassung der durch die jeweiligen Experten als Exponenten der jeweiligen lokalen Planungsansätze gesehenen Problemfelder lassen die Breite und die Koordination des Vorgehens erkennen; auf der zweiten Achse sind die Arbeitsschritte von theoretischen Voruntersuchungen über die Ausarbeitung planerischer Vorstellungen bis zur Bestimmung und Abstimmung von Maßnahmen zur Entwicklungssteuerung und ihr Vollzug aufgeführt.

Abb. 1

	Bevölkerung und Beschäftigung	Wirtschaft und Arbeitsmarkt	sozio-ökonomische Umstrukturierungen	wachsende Flächenansprüche Zersiedelung – Verdichtung	Verkehrsprobleme	Wohnungsprobleme	Versorgung mit öffentlichen und privaten Leistungen	Randgruppenprobleme	Freizeit	Umweltprobleme, Stadtgestalt	Probleme der Planung und Verwaltung
	Problemfelder – Breite des Planungsansatzes										
Konkretisierungsstufen planerischer Vorstellungen											
Grundlagenforschung											
Bestandsaufnahmen											
Problemanalysen											
Zielbestimmung											
Planungsvorstellungen											
Maßnahmenkatalog											
Vollzug											

Die Darstellungsform (siehe Abb. 1) erschien insbesondere
geeignet, das Ausmaß der stattgefundenen bzw. vorgesehenen
Koordinierung in allen Planungsphasen wie die effektive
Berücksichtigung aller Problembereiche dadurch zu veran-
schaulichen, daß solche Koordinierungen durch entsprechende horizontale Verbindungslinien zwischen den einzelnen
Problemfeldern und den für sie jeweils hauptsächlich zuständigen Stellen kenntlich gemacht werden. Über welche
Konkretisierungsstufen sich eine Planung erstreckt, könnte man sich in horizontalen Linien veranschaulicht vor-
stellen.

Typische Fachplanungen sind häufig aus eingeschränkter
Ressortsicht aufgestellt. Sie sind zumeist untereinander
nicht im einzelnen abgestimmt, werden dafür aber in Bezug
auf die zu ergreifenden Maßnahmen in aller Regel sehr
konkret. Sie treten im beschriebenen idealtypischen Koor-
dinatensystem vorwiegend durch vertikale Verbindungslinien in Erscheinung.

Eine in allen Teilen abgestimmte integrierte Entwicklungsplanung, die auch konkrete Maßnahmen ergreift, zeigt in
diesem Diagramm eine Netzstruktur. Auf die Problematik
der Abstimmungsbereiche, insbesondere auf die Rolle der
Ressourcen wird an dieser Stelle nicht näher eingegangen.

Schriftliche Anfrage, Ablauf und Ergebnisse
Unter Beifügung des Fragenkatalogs wurden 14 der größten
Städte der Bundesrepublik im Juni 1974 angeschrieben und
um Stellungnahmen gebeten[1].

Die Fragebogenaktion sollte nicht allein die Expertengespräche vorbereiten, sondern zugleich eine Vergleichsbasis zwischen den Städten auf der Ebene der konkret an-
liegenden Probleme schaffen.

Eine Beschaffung der für eine solche Vergleichsbasis erforderlichen Angaben und Daten hat sich auf schriftlichem

1) Das Musteranschreiben siehe Anhang

Wege als nahezu undurchführbar erwiesen, obwohl die benötigten Informationen den Stadtverwaltungen vorliegen. Diese aufzufinden, zugänglich zu machen und aufzubereiten ist jedoch bereits für gut informierte Dienstkräfte der betreffenden Stadt mit einem Arbeitsaufwand von etwa 3 - 5 Arbeitstagen verbunden. Für nicht der jeweiligen Stadtverwaltung angehörende Gutachter ist für diese Arbeit ein erheblich größerer Aufwand erforderlich, sofern sie überhaupt Zugang zu dem Quellenmaterial erhalten. Die Beantwortung der Fragen, die von den Städten nicht bearbeitet wurden, konnte deshalb auch nicht durch die Autoren erfolgen.

Eine systematische Zusammenstellung der wichtigsten Probleme der Stadtentwicklung und die quantifizierte Beschreibung ihrer lokalen Ausprägungen anhand geeigneter statistischer Daten mag als wichtiges und interessantes Basismaterial für die Analyse der funktionalen Aufgaben und verwaltungsorganisatorischen Probleme der Großstädte erscheinen, notwendig ist eine solche systematische und lückenlose Bestandsaufnahme für den beabsichtigten Zweck jedoch nicht. Die im Rahmen der Expertengespräche vermittelten Situations- und Problembeschreibungen haben zwar gröbere und akzentuiertere Informationen erbracht, als sie auf der Grundlage einer vollständigen Bearbeitung der Fragebogen durch die Städte selbst hätten zusammengetragen werden können; für den unmittelbaren Zweck der Arbeiten waren die in den Gesprächen vermittelten Angaben jedoch ausreichend.

Da die Zuständigkeit für Fragen der Stadtentwicklung in den Städten unterschiedlich geregelt ist, wurden die ersten Anschreiben, obwohl einzelne zuständige Stellen und Personen durchaus bekannt waren, bewußt lediglich "An die Stadtverwaltung der Stadt ..." adressiert. Das Forschungsprojekt wurde im Betreff genannt.

In nahezu allen Fällen antworteten die Planungsstäbe, sofern bei der jeweils angeschriebenen Stadt ein solcher eingerichtet war. Zu den Expertengesprächen wurden dann häufig auch Vertreter der Stadtplanung hinzugezogen.

Bei den Stadtstaaten Berlin, Bremen und Hamburg wurden neben den Senatskanzleien, denen die Planungsleitstellen
dort organisatorisch zugeordnet sind, auch die für Bauwesen zuständigen Ressorts, in Hamburg darüber hinaus das
für grundsätzliche Organisationsfragen und Planungsinfor-
mationssysteme zuständige Senatsamt für den Verwaltungs-
dienst gesondert angeschrieben. Hier haben der Planungsstab und das genannte Querschnittsamt auf die Baubehörde
als alleinigem Gesprächspartner verwiesen, deren Vertreter sich dann später seinerseits allerdings überfragt erklärte. Ein anderer Stadtstaat hat nicht nur die Fragen
detailliert beantwortet, sondern darüber hinaus in zwei
Expertengesprächen die dortige Entwicklungssituation aus-
führlich erläutert. Solche Hinweise auf die beiden hinsichtlich ihres Ertrages für die Studie extremen Ergebnisse der Befragungsaktion sollen zeigen, wie unterschiedlich die je erzielten Ergebnisse zu bewerten und interpretieren sind.

Expertenbefragung
Die Gespräche fanden in den Monaten November 1974 bis
Juli 1975 statt. Aus terminlichen Gründen konnten dann
von den ursprünglich vorgesehenen 14 Gesprächen nur 12
stattfinden. Dieser Umstand bedeutet insofern keinen wesentlichen Gehaltsverlust der gesamten Untersuchung, als
mit den besuchten Städten bereits die Bandbreite der vor-
findlichen Planungsansätze abgedeckt ist. Grundlegend
neue Einsichten hätte eine Verbreiterung der Untersuchungs-
basis nicht erbringen können.

Zur Vorbereitung der Gespräche wurden den Gesprächspartnern neben dem Fragenkatalog noch ein Gesprächsleitfaden
zugesandt, der die Stationen der Befragung aufzeigen sollte, aber keine weiteren Fragen enthielt.

Zum Verständnis der im folgenden Abschnitt enthaltenen
Kurzdarstellungen der Planungsansätze in den besuchten
Städten ist es sinnvoll, sich die Bedingungen, unter denen
die Gespräche stattgefunden haben, zusammenfassend zu
vergegenwärtigen.

Normalerweise haben die Autoren zu zweit an den verein-
barten Terminen teilgenommen. Nach einvernehmlicher Abstimmung über den beabsichtigten Gesprächsablauf ist es
in allen Fällen gelungen, die zu Gesprächsbeginn zumeist
abwartende Haltung der meisten Experten aufzulösen und zu
den wichtigsten Punkten des Leitfadens vorzudringen. Insgesamt kann festgestellt werden, daß die Expertengespräche selbst in einer nach den Ergebnissen der schriftlichen Vorbereitung unerwarteten Weise erfolgreich verlau-
fen sind. Die anfängliche Zurückhaltung ist in dem Maße
gewichen, wie die Experten den Eindruck gewinnen konnten, daß ihre Aufgaben, ihre Probleme und ihre Anliegen
verstanden wurden. Einen solchen Eindruck zu vermitteln
war indessen nur dadurch möglich, daß die Autoren selbst
in vergleichbaren Funktionen tätig sind bzw. waren und
deshalb wohl als "Insider" angesehen wurden.

Die Einzelergebnisse der Expertengespräche werden im folgenden Abschnitt gerafft dargestellt. Die Ansätze zur
Entwicklungsplanung in den einzelnen Städten sind - sofern es die Gesprächergebnisse erlauben - gegliedert in

- eine Situationsbeschreibung, die in etwa den Problemfeldern des Fragekatalogs entspricht;

- den Lösungsansätzen zur Entwicklungsplanung, wobei zwischen dem theoretisch-inhaltlichen Vorgehen und den organisatorischen Maßnahmen unterschieden wird;

- eine Zusammenfassung der bei der Verwirklichung des
  Planungsansatzes entstandenen Konflikte und der bei
  ihrer Lösung gewonnenen Erfahrungen.

Die Berichte sind allen Gesprächspartnern zur Stellungnahme zugesandt und von diesen korrigiert worden. Insofern
können sie als authentisch angesehen werden. In wenigen
Punkten allerdings, in denen die Korrekturwünsche von den
Gesprächsergebnissen, wie sie von den Befragern verstanden worden waren, wesentlich abwichen, haben die Verfasser es sich erlaubt, ihren im Expertengespräch gewonnenen
persönlichen Eindruck wiederzugeben.

2. Kurzdarstellung der Ansätze zur Entwicklungsplanung

strukturiert nach

- Problemfeldern,

- Lösungsansätzen
  - inhaltlich
  - organisatorisch

- Erfahrungen und Konflikte.

(1) Bericht über das Expertengespräch in Berlin

Ort und Zeit: Senatskanzlei - Planungsleitstelle
am 18. Dezember 1974
Gesprächspartner: Dr. Henning Schran
Vorbereitung: Der Fragebogen wurde nicht bearbeitet.

A) Problemfelder

Bevölkerung
Die Einwohnerzahl Berlins nimmt seit Jahren ab. 1973
betrug sie noch 2.047.948 Einwohner. Nach Prognosen
des Senats wird damit gerechnet, daß sie 1982 auf ca.
1,935 und 1990 auf ca. 1,760 Mio sinken wird.

Diese Entwicklung ist mit erheblichen Strukturverschiebungen verbunden:

- Der heute schon sehr hohe Anteil an über 65-jährigen (ca. 22%) wird vorerst noch steigen. Erst ab
  1980 wird wieder eine Abnahme erwartet.

- Der hohe Anteil an Kindern und Jugendlichen wird
  ebenfalls abnehmen; der "Kinderberg", der derzeit
  in der Sekundarstufe I seinen Gipfel hat, wird sich
  abbauen.

- Der Anteil der Ausländer, der z. Z. ca. 8% beträgt,
  wird weiterhin ansteigen durch das Nachholen von
  Familienangehörigen und durch die hohe Geburtenquote. Es wird mit einer Entwicklung auf einen An-

teil von 11% Ausländer an der Gesamtbevölkerung gerechnet.

Aus der Bevölkerungsentwicklung und den Strukturverschiebungen ergeben sich Probleme wie:

- unausgewogene Versorgung mit sozialer Infrastruktur
  (z. B. durch Verschiebung des Kinderbergs);

- Probleme des Arbeitsmarkts: durch nachziehende Fa-
  milienangehörige von Gastarbeitern, durch den Abbau
  des Altenbergs und durch die Verlagerung des Kinderbergs in den Sektor der Berufstätigen nimmt der
  Anteil der Erwerbstätigen zu. Dadurch bleibt die
  Zahl der im erwerbsfähigen Alter stehenden relativ
  konstant trotz der insgesamt abnehmenden Bevölkerungszahl. Verknappung des Arbeitsplatzangebotes
  und ein unausgewogener Arbeitsmarkt müssen als Folge dieser Entwicklung befürchtet werden:

- zunehmende Segregationserscheinungen durch den
  wachsenden Ausländeranteil. Gettobildungen haben
  bereits in einem Ausmaß stattgefunden, daß sich
  der Senat genötigt gesehen hat, für 3 Stadtbezirke
  einen Zuzugsstop zu erlassen;

- Überfremdung der Schulklassen in einigen Stadtbezirken durch den stark wachsenden Anteil an Gast-
  arbeiterkindern.

Arbeitsplatzsituation
Die durch die Bevölkerungsentwicklung und die mit die-
ser einhergehenden Strukturverschiebungen ausgelösten
Probleme werden verschärft durch eine ungünstige
Struktur der vorhandenen Arbeitsplätze. Diese ist ge-
kennzeichnet durch

- einen hohen Anteil produzierendes Gewerbe,

- große Flächenbeanspruchung,

- einen hohen Anteil wenig qualifizierter Arbeitskräf-
  te.

Die Arbeitslosenquote ist gegenwärtig verhältnismäßig
niedrig. Längerfristig fehlen jedoch Arbeitsplätze
auf den Gebieten qualifizierter Dienstleistungen, Forschung und Industrieverwaltung.

Wohnsituation
Nach einer Wohnungsbedarfsprognose für den Zeitraum
1972 - 1985 fehlen ca. 185.000 Wohneinheiten.

Der vorhandene Wohnungsbestand ist stark überaltert:
von den rd. 1,050 Mio Wohnungen sind ca. 44% vor 1918
errichtet.

Nach dem 1. und 2. Stadterneuerungsprogramm des Senats
sind rd. 111.000 Wohnungen sanierungsbedürftig. Hiervon wird nur ein kleiner Teil als modernisierungsfähig
eingestuft (im 1. Sanierungsprogramm nur 10 - 15% von
insgesamt 56.000 Wohneinheiten).

Die rigorosen Vorstellungen und Festsetzungen des 1.
Stadterneuerungsprogramms haben dazu beigetragen, die
Zahl der sanierungsbedürftigen Wohnungen noch zu erhöhen: die vorhandenen Sanierungsmittel reichten für
eine zügige Sanierung der umfangreich ausgewiesenen
Sanierungsgebiete nicht aus. Da andererseits die Haus-
eigentümer in diesen Gebieten nicht mehr für Instand-
haltungsmaßnahmen investierten, wurde der Verslummungs-
prozeß zusätzlich verstärkt.

Derzeit findet ein Umdenken von Flächensanierung zu
Modernisierung statt. Eine systematische Abwägung zwischen den unterschiedlichen Gründen der Sanierung -
tatsächlich unzumutbare Bausubstanz, - ungleichwertige
Wohnverhältnisse in den verschiedenen Stadtbezirken,
freie Kapazität der Bauwirtschaft und suboptimale ökonomische Flächennutzung - wir nicht durchgeführt.

Verwaltungsreform
Unter einer Reihe weiterer Problembereiche wurde vor
allem die Verwaltungsstruktur und Organisation genannt:

- Zunehmende Widersprüche zwischen auf Gesetzesvoll-
  zug ausgerichteter hierarchischer Organisationsstruktur und der zunehmenden Komplexität und Vielfalt neuer Verwaltungsaufgaben, vor allem von Ent-
  wicklungs- und Planungsaufgaben.

- Traditionelle Einstellungen und Verhaltensweisen
  der in der Verwaltung Tätigen, insbesondere im Hinblick auf kooperatives Arbeiten und bürgernahes de-
  mokratisches Verwaltungshandeln.

- Die Aufgabenverteilung zwischen Bezirks- und Haupt-
  verwaltung:
  Hieraus ergeben sich nicht nur Probleme einer effizienten Aufgaben- und Kompetenzabgrenzung, sondern
  auch Chancen einer bürgernahen differenzierten Auf-
  gabenerledigung.

B) Lösungsansätze

Inhalt
Seit 1970 bestehen "ressortübergreifende Planungsteams", 1972 wurde bei der Senatskanzlei die "Planungsleitstelle" eingerichtet.

Die Besonderheit des Berliner Lösungsansatzes besteht
darin, daß man sich darauf beschränkt, für komplexe
Problembereiche ressortübergreifende mittel- und langfristige Planungskonzepte zu erarbeiten.

Die Themen für ressortübergreifende Planungen werden
in der Regel bestimmt aufgrund von Vorschlägen der
Haupt- und Bezirksverwaltungen, systematischen Pro-
blemabfragen durch die Planungsleitstelle sowie aufgrund von Initiativen des Abgeordnetenhauses. Für die
Auswahl maßgebende Gesichtspunkte waren bisher vor
allem: Kritische Problemlagen, fachliche Dringlichkeit, politische Breitenwirkung, Realisierungschancen.

Bisher wurden u. a. folgende Themen bearbeitet:

- Planung und Errichtung von Mittelstufenzentren in
  Serienbauweise,

- Planung der schulischen und außerschulischen Erziehung von Minderjährigen im Elementar- und Primarbereich,

- Umweltschutz,

- Eingliederung ausländischer Arbeitnehmer und ihrer Familien,

- Methoden der Wohnungsbauplanung,

- Bereitstellen von Gewerbeflächen,

- Neustrukturierung des Krankenhauswesens,

- Nahverkehr,

- Neustrukturierung der sozialen Dienste,

- Sekundarstufe II (Oberstufenzentren),

- Verhütung und Bekämpfung der Kriminalität,

- Krankenhausmodernisierungsprogramm,

- Freizeitwert Berlin.

Organisation
Organisatorisch versteht sich die ressortübergreifende Planung als "Planungssystem" zur Kooperation und Koordination in konzeptioneller und inhaltlicher Hinsicht als Ergänzung zu den bestehenden Abstimmungsinstrumenten wie Finanzplanung, Personalplanung und Bauleitplanung.

Innerhalb des Systems wird unterschieden in zeitweilige Einrichtungen (ressortübergreifende Teams und Planungsausschüsse) und ständige Einrichtungen (Planungskommission, Planungsbeauftragter und Planungsleitstelle).

Die ressortübergreifenden Teams werden aus Vertretern der beteiligten Ressorts und Bezirksverwaltungen zusammengestellt. Sie arbeiten unter Anleitung und in den Räumen der Planungsleitstelle (ca. 2 Tage in der Woche). Ihnen zugeordnet ist ein Planungsausschuß, der sich aus den Chefs der beteiligten Ressorts und

Vertretern des Rats der Bezirksbürgermeister sowie
aus je einem Mitglied der im Abgeordnetenhaus vertre-
tenen Parteien zusammensetzt. Seine Aufgabe ist vor
allem die Koordination und Abstimmung der beteiligten Institutionen untereinander auf entscheidungsbe-
fugter Ebene. Für die Arbeit der Planungsteams ist
er darüber hinaus dadurch von besonderer Bedeutung,
daß er Loyalitätskonflikte der Teammitglieder zwischen Planungsteam und Ressorthierarchie abfängt.

Für die Koordination der ressortübergreifenden Planungen mit den Vollzugsverwaltungen ist in allen
Ressorts die Funktion des "Planungsbeauftragten"
geschaffen worden. Aufgabe des Planungsbeauftragten ist es, die ressortübergreifenden Planungspro-
gramme mit allen ressortinternen Vorgängen zu koordinieren, die ständige Verbindung von Ressortspitze
und ausführenden Verwaltungseinheiten mit den Planungsteams herzustellen und neue Themen und Projekte für integrierte Planungen zu initiieren.

Der Abgleich von Konflikten zwischen ressortinternen und ressortübergreifenden Planungen ist eine wesentliche Funktion der Planungskommission. Sie besteht aus den Planungsbeauftragten der Sentatsver-
waltungen und er Planungsleitstelle (kleine Planungskommission) sowie aus den Senatsdirektoren und Vertretern des Rats der Bürgermeister (große Planungskommission). Sie ist nach Aufgabenstellung und Kompetenz ihrer Mitglieder das Gremium, das für den Gesamtzusammenhang und den Abgleich aller ressortübergreifenden Planungen zuständig ist. Zu ihren Aufgaben
zählt insbesondere die Auswahl der zu bearbeitenden
Themen.

Innerhalb des Berliner Planungssystems kann die Funktion der Planungsleitstelle am ehesten als Geschäftsstelle beschrieben werden. Sie stellt für die Planungsteams und den Planungsausschuß die technischen
und organisatorischen Arbeitsvoraussetzungen und erarbeitet die wissenschaftlichen und methodischen

Grundlagen. Darüber hinaus erstellt sie gemeinsam mit
den Planungsbeauftragten eigene Berichte zu Themen,
wie z. B. Beteiligte und Betroffene bei der Planung,
zum Verfahren der Planung und der Stadtentwicklung in
Berlin, zur Weiterentwicklung des Planungssystems.
Hierzu gehört auch die Veröffentlichung: "Perspektiven
der Stadtentwicklung".

Als Geschäftsstelle für die Planungskommission erarbeitet sie die Entscheidungsgrundlagen für die Auswahl
neuer Projekte und hat damit wesentlichen Einfluß auf
die Weiterentwicklung des Berliner Planungssystems.

C) Erfahrungen und Konflikte

Die unmittelbaren Ergebnisse der ressortübergreifenden
Planungen werden projektweise sehr unterschiedlich bewertet: Das Spektrum reicht von Projekten, die als gescheitert angesehen werden (z. B. Wohnungsbau), über
solche, die einen wesentlichen Beitrag zur besseren
Problemsicht geleistet haben (z. B. Ausländer, Kran-
kenhauswesen), bis zu erfolgreich abgeschlossenen (z.
B. Nahverkehr und Planung der schulischen und außerschulischen Erziehung von Minderjährigen im Elementar-
und Primarbereich).

Insgesmat war die Arbeit starkem Klimawechsel unterworfen: Nach deutlichen Vorbehalten in der Anlaufphase
bei den um ihre Autonomie besorgten Ressorts folgte
in Verbindung mit intensiven Lernprozessen und ersten
Erfolgserlebnissen eine Phase der Konsolidierung.

In dem Maße, in dem die vorliegenden Erfahrungen und
Erkenntnisse konsequent weiter verfolgt werden, dabei
notwendigerweise immer mehr grundlegende gesellschafts-
politische Probleme berührt und strukturverändernde
Maßnahmen diskutiert werden, sinken die Erfolgschancen
(vgl. Neustrukturierung sozialer Dienste) und wird die
erreichte Konsolidierung in Frage gestellt. Durch die
vor kurzem fertiggestellten "Perspektiven der Stadtentwicklung", die aus einer Art Zwischenbilanz der bisherigen Arbeiten abgeleitet sind, ist diese grundsätz-

liche Problematik des Berliner Planungssystems nur
oberflächlich und vorübergehend überdeckt.

Dafür werden die mittelbaren, indirekten Wirkungsmöglichkeiten und Erfolge des Berliner Planungssystems
positiv beurteilt. Die Zahlreichen zeitweiligen Mitglieder der Planungsteams haben in fruchtbaren Lernprozessen ihr Problem- und Planungsverständnis in der Regel erheblich weiter entwickeln können. Sie bilden
eine an Zahl und Effizienz zunehmende Schicht qualifizierter und kooperationsbereiter Mitarbeiter in allen
Senatsverwaltungen.

Vielfach in entgegengesetzte Richtung verläuft die
Entwicklung allerdings bei den Planungsbeauftragten,
die anfangs stark für ressortübergreifende Kooperation
engagiert waren, sich im Laufe der Zeit jedoch immer
mehr auf ihre ressortinternen Interessen orientiert
haben.

Das Konzept des "Berliner Planungssystems" einer ressortübergreifenden Planung, das in Inhalt und Verbind-
lichkeit bewußt offen und flexibel gehalten wird und
dessen Schwäche wohl in der Bestimmung der relevanten
Arbeitsthemen für die Planungsteams liegt, ist geprägt
von der verfassungsmäßigen Aufgaben- und Kompetenzver-
teilung der Berliner Verwaltung. Von besonderer Bedeutung ist dabei die unmittelbare Verantwortlichkeit
der Ressortchefs (Senatoren) gegenüber dem Parlament,
- der Regierende Bürgermeister hat keine Richtlinien-
kompetenz - und die divergierenden Interessen der Bezirksverwaltungen.

(2) Bericht über die Expertengespräche in Bremen

Ort und Zeit: Senatskanzlei - Planungsleitstelle
       31. Oktober und 14. Dezember 1974

Gesprächspartner: die Herren
       Theilen, Leiter der Planungsleit-
             stelle
       Markus, Planungsleitstelle
       Dr. Haubold, Planungsleitstelle
       Schwarz, Planungsleitstelle
       (am 14. 12. 1974)

Vorbereitung: Der voll beantwortete Fragebogen lag
       zum ersten Gespräch vor.

A) Übersicht

Die Entwicklung Bremens ist geprägt von der historischen Entwicklung als Hafen- und Handelsplatz und der
daraus resultierenden Sonderstellung als Stadtstaat sowie der solitären Lage inmitten eines relativ dünn besiedelten, vorwiegend agrarisch strukturierten Umlandes.

Der Bremer Verfassung liegt ein kollegiales Kabinetts-
prinzip zugrunde, woraus ein traditionelles Abstim-
mungserfordernis für alle wichtigen Vorhaben im Senat
resultiert.

Dennoch wurde angesichts der auch in Bremen zu ver-
zeichnenden ständigen Aufgabenerweiterung, die ein-
drucksvoll durch eine Zunahme der Bediensteten der
Stadt von rd. 20.000 Mitarbeiter im Jahre 1960 auf rd.
34.000 Mitarbeiter im Jahre 1975 dokumentiert wird,
der Zwang zu einer Intensivierung der Planungstätigkeit,
die notwendigerweise zu neuen Kooperationsformen führte, größer.

Ende der sechziger Jahre wurde deshalb mit den Arbeiten
an einem Stadtentwicklungsprogramm begonnen, das 1970
als Entwurf vorgelegt wurde.

Die bei diesen Arbeiten gesammelten Erfahrungen führten
zu der Erkenntnis, daß nicht alle von der öffentlichen

Hand zu erfüllenden Aufgaben im Rahmen der städtebaulichen Planung zu lösen und deshalb neue Organisationsformen für eine ressortübergreifende auf verschiedenen
Ebenen agierende Planung einzuführen sind.

Ein weiterer Grund, aus dem eine für Entwicklungsplanung zuständige Stelle erst spät eingerichtet wurde,
ist in der allgemeinen Nord-Süd-Drift von Kapital und
Bevölkerung zu sehen, die in den sechziger Jahren in
Bremen dazu geführt hat, daß die Entwicklungsprobleme
der Großstädte hier nicht so kraß wie an anderer Stelle
hervorgetreten sind. Die traditionelle Abstimmung aller
Pläne im kollegial organisierten Senat und der Umstand,
daß der Entwicklungsdruck der sechziger Jahre in Bremen
nicht so kraß negative Folgen wie in anderen Großstädten gehabt hat, sind also eine Erklärung für die relativ späte Reaktion auf die Erfordernisse einer integrierten Entwicklungsplanung.

B) Problemfelder der Stadtentwicklung aus der Sicht der
   Planungsleitstelle

Die Durchführung öffentlicher Investitionen hängt entscheidend von der Bevölkerungsentwicklung ab, soweit
die Investitionstätigkeit auf die Bedarfsbefriedigung
bestimmter Bevölkerungsgruppen zielt. Es ist deshalb
notwendig, über fundierte längerfristige Bevölkerungs-
prognosen zu verfügen. Für Bremen liegt zwar eine längerfristige Bevölkerungsprognose in Form der 4. koordinierten Bevölkerungsvorausschätzung vor. Diese Prognose
ist jedoch durch die nicht mehr realistischen Annahmen
über die Fruchtbarkeitsziffern und durch Verzicht auf
die Einbeziehung der Wanderungen überholt.

Im Rahmen der langfristigen Globalplanung erstellt deshalb eine Arbeitsgruppe unter Federführung der Planungsleitstelle eine neue Bevölkerungsprognose, die die vor-
aussichtliche Entwicklung bis zum Jahre 1985 erfassen
soll. Nach Darlegung des Prognoseansatzes wurden hypo-
thetisch allgemeine Probleme der Großstädte erörtert,
die bei sinkenden Einwohnerzahlen infolge Geburtenrück-

gangs und Wanderungsverlusten gegenüber dem Umland entstehen.

Im einzelnen handelt es sich hierbei um folgende Fragen:

- Ausnutzung vorhandener Infrastruktureinrichtungen

  Bei länger anhaltender Tendenz und einem bereits erreichten hohen Versorgungsgrad ist die Gefahr nicht
  auszuschließen, daß in absehbarer Zeit Schulen,
  Wohnungen, Kindergärten, Krankenhäuser etc. nicht
  mehr voll genutzt werden können. Die aufnehmenden
  Gemeinden im Umland sehen sich jedoch umgekehrt gezwungen, neue Infrastrukturinvestitionen durchzuführen. Die Umlandwanderungen sind unter diesem Gesichtspunkt aus der Sicht der Großstädte und gesamtwirt-
  schaftlich gesehen, negativ zu beurteilen.

- Veränderung der Finanzkraft

  Durch den Fortzug einer relativ gut verdienenden Bevölkerungsgruppe in das Umland sinken die Einnahmen
  der Einwohner abgebenden Gemeinden, während die aufnehmenden Gemeinden zusätzliche Steuereinnahmen erhalten, und zwar infolge der Mobilitätsstruktur jeweils überproportional.

  Dabei ist zu berücksichtigen, daß die Städte kaum in
  der Lage sind, entsprechend der Reduzierung der Einwohnerzahlen auch eine Ausgabenreduzierung im Infrastrukturbereich vorzunehmen. Eine Anpassung gelingt
  allenfalls in größeren Zeitabständen.

  Die Randgemeinden haben dagegen mit hoher Wahrschein-
  lichkeit nicht im gleichen Maße Ausgaben zu tätigen,
  wie die Städte. Dies gilt z. B. für Arbeitsplatzbe-
  schaffung im Rahmen einer Wirtschaftsstrukturpolitik,
  da die Mehrzahl der Erwerbstätigen ihren Arbeitsplatz
  in den Städten behält.

  Aus der Sicht der Städte ist auch diese Entwicklung
  negativ zu beurteilen, während sie von den Randgemein-

den begrüßt werden dürfte.

Zu diesem Ergebnis kommt auch ein von privater Seite
für Bremen in Auftrag gegebenes Gutachten.

- Stärkung der Wirtschaft der Umlandgemeinden

  Abgesehen von den steuerlichen Wirkungen ist durch
  zusätzliche Nachfrage der Zuwandernden nach Dienstleistungen auch eine Stärkung der Wirtschaftskraft
  der Gemeinden zu erwarten.

  Dieser Effekt könnte auch aus der Sicht der Städte
  positiv beurteilt werden.

- Soziale Disparitäten (Polarisation)

  Durch die Abwanderung einer gut situierten Einwohner-
  gruppe aus möglicherweise wenig attraktiven Wohngebieten könnten diese Gebiete in der relativ kurzen
  Zeit von einem Jahrzehnt zu Problemgebieten werden,
  die hohe soziale Kosten verursachen und eine soziale
  Polarisation verstärken.

  In den aufnehmenden Gemeinden werden derartige Kosten
  dagegen nicht entstehen.

Zusammenfassend ist festzustellen, daß über die Wir-
kungszusammenhänge der Stadtentwicklung noch zu wenig
bekannt ist. Deshalb ist es erforderlich, durch einge-
hende Analysen die Vorgänge zu untersuchen und hierbei
insbesondere nach Handlungsspielräumen zu suchen, um
unerwünschte Entwicklungen zu vermeiden.

Der Abwanderung der Bevölkerung ins Umland könnte möglicherweise durch eine Grundstückssubventionspolitik
entgegengetreten werden, sofern die Grundstückspreise
ein entscheidender Faktor für die Wanderungsbewegungen
sind. Hier stellt sich jedoch die Frage, ob es vertei-
lungspolitisch erwünscht ist, einer relativ gut verdienenden Bevölkerungsgruppe derartige Subventionen zu
gewähren.

Bei der Binnenwanderung, die nach Auffassung der Planungsleitstelle arbeitsplatzabhängig ist, werden Hand-
lungsmöglichkeiten nur dann gesehen, wenn es gelingt,
die Wirtschaftsstruktur Bremens auf längere Sicht zu
verbessern.

Bei der Suche nach Handlungsspielräumen dürfte neben
den Bemühungen, weitere Arbeitsplätze durch aktive
Industrieansiedlungspolitik zu schaffen, auch die Frage eine Rolle spielen, inwieweit es durch Stärkung der
Region gelingt, neue·Arbeitsplätze im tertiären Bereich zu gewinnen.

Bei den Bemühungen, neue Arbeitsplätze zu schaffen,
spielt auch der Tatbestand eine besondere Rolle, daß
die Frauenerwerbsquote in Bremen unter dem Bundesdurchschnitt liegt. Da jedoch noch keine Klarheit darüber
besteht, ob dieser Sachverhalt positiv oder negativ
zu bewerten ist, kann auch nicht mit Bestimmtheit angegeben werden, ob die Bereitstellung entsprechender Arbeitsplätze zu einer Zunahme der Erwerbstätigkeit der
Frauen führen würde.

Der Abwanderung ins Umland könnte u. U. auch durch
eine Änderung der Wohnungsbaupolitik (vor allem im sozialen Wohnungsbau) begegnet werden, indem noch stärker
als bisher Einfamilienhäuser gebaut bzw. gefördert werden und somit das Angebot an derartigen Häusern steigt.
Die Altbausanierung soll ohnehin verstärkt unterstützt
werden.

Beim Individualverkehr gibt es nur wenige neuralgische
Punkte zu den Verkehrsspitzenzeiten. Deshalb können in
verstärktem Maße Mittel für die Verbesserung des ÖPNV
eingesetzt werden.

Die Haushaltssituation ist auch in Bremen angespannt.
Der Haushalt umfaßte 1973 ca. 3,7 Mrd. DM, davon ent-
fielen rd. 43% auf Personalkosten und etwa 22 v. H.
auf Investitionen. Die gegenwärtig bestehende Situation
wird nachdrücklich durch den Tatbestand unterstrichen,

daß die Investitionsmarge unter sonst gleichen Bedingungen bis 1979 deutlich sinken wird.

Die ausgeprägte Sozialpolitik, die die Stadt seit der Zeit nach dem Kriege verfolgt, hat bewirkt, daß heute eine ausreichende Versorgung der Bevölkerung mit Einrichtungen der sozialen Infrastruktur und folglich kein übermäßig problematischer Investitionsdruck vorhanden ist. Dies gilt sowohl für den Wohnungsbau als auch für soziale Einrichtungen.

C) Vorgehensweise bei der Entwicklungsplanung

Inhalt

Bremen hat, wie gesagt, erst verhältnismäßig spät begonnen, eine ressortübergreifende Entwicklungsplanung einzurichten. Dabei war auch nicht unmittelbarer Problemdruck der auslösende Faktor, sondern eher die Absicht, den sich abzeichnenden Entwicklungen und Schwierigkeiten - wie z. B. der zu erwartenden Finanzknappheit bei wachsendem Finanzbedarf für die Verwirklichung der Sozial- und Bildungsreform - durch Ausschöpfung aller Möglichkeiten einer koordinierten planenden Verwaltung rechtzeitig zu begegnen.

Die Ausgangslage war zudem dadurch begünstigt, daß inzwischen aus anderen Großstädten einiges Anschauungsmaterial über die Erscheinungsformen der zu erwartenden Entwicklungen und ihre Probleme sowie Erfahrungen über Möglichkeiten und Grenzen der Steuerbarkeit dieser Entwicklungen vorlagen und auch schon weitgehend in der Fachliteratur analysiert und diskutiert worden waren[1].

Hieraus kann erklärt werden, wie es möglich war, für Bremen im Hinblick auf die Integration des Verwaltungshandelns die nahezu idealtypische Konzeption eines Planungssystems zu entwerfen - eines Planungssystems

---

1) vgl. hierzu auch die Literaurübersicht im Anhang

allerdings, dem die Prämisse zugrunde liegt, daß Verwaltungshandeln in der Regel rationales Handeln ist -. Bemerkenswert bleibt jedoch, daß es auch möglich war, eine solche Konzeption politisch beschließen zu lassen und mit der Verwirklichung zu beginnen.

Dem Planungsansatz liegt die Vorstellung zugrunde, daß eine systematische ressortübergreifende Entwicklungsplanung von den Wirkungszusammenhängen von "Einflußfaktoren", "Zielen" und "Ressourcenrahmen" auszugehen habe. Das aus dieser Einsicht abgeleitete Planungssystem besteht aus drei Elementen:

- der Aufgabenplanung,

- der Ressourcenrahmenplanung,

- der langfristigen Globalplanung.

Aufgabenplanung und Ressourcenrahmenplanung werden von den jeweils zuständigen Fachressorts durchgeführt. Die Koordination der Aufgabenplanung und die Abstimmung mit der Ressourcenrahmenplanung sowie die langfristige Globalplanung ist Aufgabe einer bei der Senatskanzlei neu geschaffenen "Planungsleitstelle".

Wesentliche Grundlage für das gesamte Planungssystem sind die "langfristigen Perspektiv-Projektionen" über die

- Bevölkerungsentwicklung,

- Entwicklung des Arbeitskräftepotentials,

- Entwicklung des Bruttoinlandprodukts,

- Entwicklung des Staatsanteils am Bruttoinlandprodukt.

Sie werden von ständigen Arbeitsgruppen aus Vertretern der interessierten Senatsbereiche unter Federführung der Planungsleitstelle erarbeitet.

Unter Aufgabenplanung wird die systematische Planung aller Aufgaben der jeweiligen Fachressorts verstanden. Sie umfaßt insbesondere die Katalogisierung aller Aufgaben, die Aufstellung einer breit angelegten Informationsbasis, die Zuordnung der Ressourcen zu den Aufgaben und die Bestimmung der Planungsrelevanz und Priorität der Aufgaben.

Die Ressourcenrahmenplanung beschränkt sich nicht nur auf die mittelfristige Finanzplanung, sondern umfaßt vor allem auch die Personalplanung im öffentlichen Dienst sowie die Flächenplanung.

Unter der langfristigen Globalplanung wird die Erarbeitung und regelmäßige Fortschreibung von globalen Leitdaten für sämtliche Planungsaktivitäten der Bremer Verwaltung verstanden. Die Leitdaten sind nach Zielvorgaben des Senats auf der Basis der Ergebnisse der langfristigen Perspektiv-Projektionen und unter Berücksichtigung der durch die Ressourcenrahmenplanung bestimmten Grenzen des Handlungsspielraumes aufzustellen. Dabei auftretende Zielkonflikte sollen in einer ersten Iterationsstufe bereits auf der Makroebene der Globalplanung abgeglichen werden.

Auf der Mikroebene der Aufgabenplanung sollen die Leitdaten sodann in differenziertere Prognosen umgesetzt und den Planungsmaßnahmen zugrunde gelegt werden. Auf der Mikroebene auftretende Zielkonflikte oder dem Planungsvollzug entgegenstehende Sachzwänge sind im Sinne einer Rückkoppelung innerhalb des Systems an die Globalplanung zurückzumelden und müssen dort durch entsprechende Modifikation der Leitdaten oder ggf. der politischen Zielvorstellungen aufgelöst werden.

Organisation
Mit dem Bremer Planungssystem wird nicht angestrebt, in die Verwaltungsstruktur, d. h. in die Ressortgliederung und ihren hierarchischen Aufbau oder in die Aufgabenverteilung verändernd einzugreifen.

Es ist vielmehr als eine Ergänzung der bestehenden Verwaltungsstruktur anzusehen, mit der beabsichtigt ist, die Kooperation und Koordination der einzelnen Senats-

bereiche zu verbessern und damit den gegebenen Handlungsspielraum der Verwaltung optimal auszuschöpfen.
Dafür sind folgende Institutionen geschaffen worden:

- Planungsbeauftragte in jedem Ressort,

- eine Planungsbeauftragtenkonferenz,

- ständige Ausschüsse für langfristige Globalplanung,
  Stadtentwicklung, Wirtschaftsstrukturpolitik und
  Konjunkturpolitik der öffentlichen Haushalte,

- eine Planungsleitstelle als Abteilung der Senatskanzlei.

Aufgabe der Planungsbeauftragten ist es, die Verbindung zwischen der zentralen Globalplanung und den Aufgaben der jeweiligen Senatsbereiche herzustellen. Zu
ihrem Aufgabenbereich gehört insbesondere, die Umsetzung der Leitdaten in die Programme der Fachressorts
vorzunehmen sowie Ressortplanungen zu initiieren und
koordinieren.

Die Koordination der Einzelplanungen im Hinblick auf
ein aufeinander abgestimmtes Vorgehen der Verwaltung
im Rahmen eines Gesamtplanungssystems ist in erster
Linie die Aufgabe der Konferenz der Planungsbeauftragten. Diese setzt sich zusammen aus den Planungsbeauftragten der Ressorts, den Leitern des statistischen
Landesamtes und des Rechenzentrums sowie Vertretern
der Planungsleitstelle. Den Vorsitz hat der Leiter der
Planungsleitstelle.

Die ständigen Ausschüsse sind ressortübergreifende
Planungsgruppen mit der Aufgabe, Prognosen - vor allem
die Perspektiv-Projektionen der langfristigen Globalplanung - durchzuführen und Handlungsgrenzen und Hand-
lungsalternativen zu bestimmen. Neben den ständigen
Planungsgruppen ist vorgesehen, auch Planungsgruppen
für zeitlich begrenzte Aufgaben zu bilden.

Die Planungsleitstelle ist die Zentrale des Gesamtplanungssystems. Zu ihrem Aufgabenbereich gehört die Er-

FORSCHUNGSINSTITUT FÜR SOZIOLOGIE
DER UNIVERSITÄT KÖLN
5 KÖLN 41
GREINSTRASSE 2
GERMANY

arbeitung der langfristigen Perspektiv-Projektionen,
die Unterstützung der Senatsbereiche bei der Aufgabenplanung und bei der Durchführung einzelner Planungsprozesse, die ressortübergreifende Koordination der
Ressortplanungen einschließlich der Abstimmung mit
dem Ressourcenrahmen bis hin zur Vorbereitung der politischen Beschlußfassung. Hierfür erarbeitet die
Planungsleitstelle ein einheitliches Berichtswesen und
eine Datenbankkonzeption.

Die Konzeption des Bremer Planungssystems sieht für
die Planungsleitstelle als Personalausstattung vor:
12 Mitarbeiter, davon 5 im höheren Dienst. Bemerkenswert erscheint in diesem Zusammenhang, daß als Berufsausbildung im höheren Dienst Diplom-Volkswirt oder
"erfahrender Verwaltungspraktiker" bevorzugt wird und
vorrangig die Kenntnis von Planungstechniken (Netz-
plantechnik, Systemanalysen u. ä.) sowie Kybernetik
und Informatik für erforderlich gehalten wird. Die
hohen Erwartungen, die auf das Planungssystem gerichtet sind, kommen auch in den Besoldungsgruppen der Mitarbeiter der Planungsleitstelle (im höheren Dienst
B 3 - Leiter - und A 15 - Referenten -) zum Ausdruck.

Wie bereits erwähnt, wurde das Planungssystem erst
1974 vom Senat beschlossen. Es befindet sich noch in
der ersten Aufbauphase. Aus diesem Grunde ist es zum
gegenwärtigen Zeitpunkt noch nicht möglich, über Erfahrungen zu berichten.

(3) <u>Bericht über das Expertengespräch in Düsseldorf</u>

Ort und Zeit: Stadtplanungsamt Düsseldorf
27. November 1974

Gesprächspartner: Oberbaudirektor Draesel

Vorbereitung: Der Fragebogen wurde nicht bearbeitet.

A) Übersicht

Die stadtplanerische Situation in Düsseldorf ist in
fachlicher wie in organisatorischer Hinsicht geprägt
durch das langjährige Wirken des prominenten ehemaligen Beigeordneten Prof. Tamms. In seinem Baudezernat
hat sich eine starke, ganz der stadtplanerischen Tra-
dition verbundene Stadtplanung relativ frei entfalten
können. So sah z. B. ein Aufbauplan aus der Mitte der
fünfziger Jahre die Bildung von Subzentren vor, die
kranzförmig um den historischen Stadtkern angeordnet
waren. Diese Leitvorstellungen der Stadtentwicklung
wurden mit Inkrafttreten des Bundesbaugesetzes in
einen Flächennutzungsplan umgesetzt, der bis heute verbindliches Leitbild der Stadtentwicklung Düsseldorfs
ist. Erst jetzt werden Bemühungen zu einer Überprüfung
der damaligen Zielvorstellungen und zur Formulierung
eines neuen Stadtentwicklungsplanes unternommen. Zu
diesem Zwecke ist eine Arbeitsgruppe Stadtentwicklung
als Stab beim Oberstadtdirektor eingerichtet worden.
Dieser 5köpfige Stab hat die Aufgabe, die gesamten, in
Bezug auf die Stadtentwicklung relevanten Aktivitäten
der verschiedenen Dezernate zu koordinieren. Das Mehrjahresinvestitionsprogramm hingegen wird von der Kämmerei geführt. Es hat sich nach Angaben des Gesprächs-
partners jedoch bis heute noch kein verbindlicher Beschluß für ein MIP in der Praxis herbeiführen lassen.
Die Stadtväter wollen sich ungern festlegen. Die Abstimmung der Dringlichkeit der Investitionen erfolgt
primär zwischen Kämmerei und Baudezernat. Zum Verständnis der entwicklungsplanerischen Situation der Stadt
Düsseldorf ist es ferner wichtig, den beträchtlichen
Wohlstand, den die Stadt Düsseldorf im Vergleich zu
anderen Städten aufzuweisen hatte, in Betracht zu zie-

hen. In der Folge dieser guten Finanzausstattung konnte die Stadt Düsseldorf mehr als andere Städte Infrastruktureinrichtungen finanzieren. So ist es erklärlich, daß krasse Unterversorung im infrastrukturellen Bereich, namentlich im Bereich der sozialen Infrastruktureinrichtungen, von unserem Gesprächspartner als gegenwärtig nicht gravierend bezeichnet werden.

B) Problemfelder

Die Bevölkerungsentwicklung Düsseldorfs ist geprägt von einem beachtlichen Einwohnerverlust. So hat Düsseldorf in den letzten 10 Jahren erhebliche Bevölkerungsverluste zu verzeichnen: 140.000 Deutsche, insgesamt jedoch nur 90.000 Einwohner. Als Erklärung dafür wird ohne nähere Hinweise unsererseits der Zusammenhang der Kausalfaktoren genannt, wie er bereits in den Hypothesen zu Bodenproblemen, Zersiedelung, Flächenwachstum, Wohnungsmarkt usw. von uns beschrieben worden ist; vor allem hat die Stadt-Umland-Wanderung hier beachtliche Ausmaße. Ein besonderer Akzent wird durch den Hinweis gesetzt, daß es vorwiegend die administrativen Schwierigkeiten in einer Großstadt wie Düsseldorf seien, die Investoren davon abschrecken, in einer solchen großen Stadt zu bauen. Die verwaltungsmäßigen Probleme, die die Investoren in der Großstadt zu überwinden haben, werden als erheblich größer angesehen als die in kleineren Umlandgemeinden, die um jeden Preis Wachstum anstreben und deshalb bereit sind, mit ihrem kleinen Verwaltungsapparat und durch persönlichen Einsatz der Spitzenbeamten jede Schwierigkeit schnellstmöglich aus dem Wege zu räumen.

Dieser Faktor wird von unserem Gesprächspartner als etwa gleichbedeutend mit dem Effekt eingeschätzt, den der geringere Bodenpreis im Umland im Vergleich zu dem in der Landeshauptstadt Düsseldorf bewirkt. Als Beispiel wird angeführt, daß von der Stadt Düsseldorf - Planungsamt nahezu für jeden Bebauungsplan heutzutage Lärmgutachten und ein Umweltbelastungsgutachten verlangt werden. Bei der Überlastungssituation der entsprechenden Gutachter bedeutet bereits dieses Verlangen der Aufsichtsbehörde eine Verzögerung von 1 - 2 Jahren.

Die Entwicklung Düsseldorfs ist in starkem Maße durch seine regionale Situation, durch seine Lage am Rande des größten Verdichtungsraumes der Bundesrepublik gekennzeichnet. Die regionalen Verflechtungen spielen wegen der Bedeutung Düsseldorfs als Oberzentrum für diesen Raum eine bestimmende Rolle. Den intensiven regionalen Verflechtungen entsprechend nimmt auch das Land Nordrhein-Westfalen erheblichen Einfluß auf die Stadtentwicklung. Dieses kommt insbesondere in den Standortprogrammen, in der Mitwirkung bei Verkehrsfragen zum Ausdruck. Die Gebietsreform in Nordrhein-Westfalen hat darüber hinaus zu erheblichen Veränderungen auch der großstädtischen Gebietsstruktur geführt.

Düsseldorf ist nicht allein wegen seiner Funktion als Landeshauptstadt des bevölkerungsreichsten Bundeslandes ein nachgefragter Standort für zahlreiche Konzernzentralen und andere Einrichtungen des tertiären Sektors von zentraler Bedeutung. Es ist Oberzentrum von weit überregionalem Rang. Durch die Expansion des tertiären Sektors ist der Schwund an industriellen Arbeitsplätzen kompensiert worden. Großzügige Kerngebietsausweisungen, die im Innenstadtbereich bereits vor dem Kriege vorgenommen wurden, sichern heute in Verbindung mit den allgemein geltenden Bestimmungen des Baurechts (§§ 34 und 173 BBauG) den Betrieben des tertiären Sektors die von ihnen benötigten räumlichen Ausdehnungsmöglichkeiten im Innenstadtbereich. Zur Verdrängungsproblematik ist vom Planungsstab eine Studie angefertigt worden. Als Hauptsorge wurde demzufolge auch das Verkehrsproblem bezeichnet. Da eine verbindliche, zwischen den unterschiedlichen Verkehrsträgern abgestimmte Konzeption zur Verlagerung des Individualverkehrs auf den öffentlichen Verkehr nicht vorlag, sieht man sich in Düsseldorf heute kaum koordinierten Planungen einzelner Streckenverbesserungen unterschiedlicher Verkehrsträger gegenüber. Hauptsächlich mit dem Individualverkehr läßt sich die weiter expandierende

Innenstadt nicht erschließen, wie die regelmäßigen
Verkehrsverstopfungen zu den Berufsverkehrszeiten
erkennen lassen.

Die Versorgung mit Wohnungen stellt sich in Düsseldorf
ähnlich der in den meisten Großstädten dar. Die Zahl
der in der Region leerstehenden, im freifinanzierten
Wohnungsbau errichteten Wohnungen wird von unserem Gesprächspartner auf rund 2.000 geschätzt. Dagegen seien
beim dafür zuständigen Amt der Stadt 8.000 bis 10.000
Wohnungsnotfälle registriert. Der soziale bzw. öffentlich geförderte Wohnungsbau sei in Düsseldorf durch
den Mangel an geeignetem stadteigenen Gelände behindert worden.

Lediglich die Trabantenstadt Düsseldorf-Garath konnte
auf städtischem Grund errichtet werden. Anders als
andere Städte hat Düsseldorf in der Vergangenheit, als
die finanzielle Situation noch nicht so beengt wie
heute war, nicht nur die Landesmittel für den sozialen
Wohnungsbau verteilt, sondern beträchtliche eigene För-
derungsmittel zugeschossen.

Sanierung nach dem Städtebauförderungsgesetz ist für
ein ehemaliges Gewerbegebiet geplant. Die Verwirklichung dieser Planung stagniert jedoch ebenso wie die
Objektsanierung, weil dafür die Landesgelder nicht
ausreichen.

Für die infrastrukturelle Versorgung hat die Stadt in
der Vergangenheit viel aufwenden können; so wird die
heutige Ausstattung als relativ gut bezeichnet. Der
Schulentwicklungsplan wurde im Auftrag der Stadt Düsseldorf von einem Institut erarbeitet. Wegen unzureichender Grundlagen, die die Einwohner- und Schülerzahl-
entwicklung betreffen, ist er inzwischen vom Rat der
Stadt zurückgezogen worden.

In dem beim Oberstandtdirektor vor etwa 2 1/2 Jahren
eingerichteten Planungsstab sind 5 Mitarbeiter des höheren Dienstes tätig, das Stadtplanungsamt beschäftigt
57 technische Bedienstete.

(4) Bericht über das Expertengespräch in Essen

Ort und Zeit: Amt für Stadtentwicklung
                      28. November 1974

Gesprächspartner: Prof Dr. Weis, Leiter des Amtes für
                                Stadtentwicklung
                    Herr Ullmann

Vorbereitung: Der Fragebogen wurde nicht bearbeitet.

A) Problemfelder

Bevölkerung

Zur Bevölkerungsentwicklung wurde auf die dafür einschlägigen Veröffentlichungen des Amtes verwiesen[1]. Aus der aktuellsten dieser Studien[2] sind die folgenden Feststellungen entnommen:

Essen hatte Ende 1973 eine Einwohnerzahl von 677.148 Personen; darunter befinden sich rd. 33.600 Ausländer = 5% der Gesamtbevölkerung. Die Einwohnerzahl nimmt seit rund 9 Jahren laufend ab. Die Bevölkerungsverluste erreichten in den Jahren 1966 und 1967 ihren Höhepunkt, verminderten sich bis 1970/71, um sich jedoch 1972 wiederum beachtlich zu vergrößern. Zur Zeit ist bereits wieder ein Rückgang der Einwohnerverluste zu beobachten.

Die Ursachen der hohen Einwohnerverluste des letzten Jahrzehnts in Essen sind:

- Die Zechenschließungen und der damit verbundene Rückgang der Arbeitsplätze im Bergbau und der bergbauabhängigen Industrie. Die erste Phase der Zechenschließungen erreichte in den Jahren 1966/67 ihren Höhepunkt und führte damit zu den höchsten Einwohner-

---

1) Stadt Essen - Amt für Statistik und Wahlen: Die Essener Bevölkerung nach Geschlecht und Geburtsjahren, Heft 3, Dezember 1972.

2) Stadtentwicklungsplan 1975 - 1985, Bericht zur Stadtentwicklung der Stadt Essen Nr. 13, Dezember 1974, S. 111ff.

verlusten. Die jüngste Phase der Zechenschließungen
ist 1972/73 durchgeführt worden; sie war gleichfalls mit hohen Verlusten an Arbeitsplätzen und
Einwohnern verbunden.

- Die Abwanderung von Einwohnern aus dem Ballungskern
  Essen in das ländliche Umland, vor allem in die süd-
  liche Randzone, zumeist unter Beibehaltung des Ar-
  beitsortes Essen.

- Der starke Rückgang der Geburtenzahlen ab 1967/68,
  der zu einem von Jahr zu Jahr steigenden Sterbeüberschuß geführt hat. Dieser Trend hält zur Zeit
  noch an.

Die genannten Ursachen wirken auch für die nähere Zukunft weiter fort. Demnach wird in den nächsten 10 Jahren mit einem Anwachsen der Bevölkerung in Essen nicht
gerechnet.

Ein Ausländerproblem wird bei einem Ausländeranteil
von nur 5% der Gesamtbevölkerung in Essen nicht gesehen. Problematische Konzentration von Ausländern in
einzelnen Stadtteilen sind auch nicht festzustellen.

Wirtschaft
Die wirtschaftliche Entwicklung Essens ist durch den
Bergbau bestimmt. Von den 1961 gezählten rd. 340.000
Beschäftigten sind 1971 nur noch rd. 298.000 übrig ge-
blieben. Die Zechenschließungen in den Jahren 1958 -
1970 in der ehemals größten Kohlenstadt des Kontinents
führten zur Auflösung von rd. 35.000 Arbeitsplätzen im
Bergbau und rd. 10.000 Arbeitsplätzen in der bergbauabhängigen Industrie.

Während 1939 2/3 der Beschäftigten im produzierenden
Sektor tätig waren, reduzierte sich dieser Anteil auf
63% im Jahre 1960, 56% im Jahre 1961 und 50% im Jahre
1970. Die darin zum Ausdruck kommende Bergbaukrise
wird noch deutlicher an der Veränderungsrate der Industriebeschäftigten; sie betrug für das Jahrzehnt
1950/1961 + 28%; in den Jahren zwischen 1961 und 1970

haben sich dagegen die Industriebeschäftigten in Essen um 23,5% vermindert.

Mit ihren Aktivitäten auf dem Gebiet der Wirtschaftsförderung bemüht sich die Stadt Essen um eine Verbesserung der Wirtschaftsstruktur, insbesondere um die Schaffung von neuen Arbeitsplätzen, nach Möglichkeit im teritiären Sektor. Dazu muß sie die für die Ansiedlung geeigneter Betriebe erforderlichen Bauflächen bereitstellen. Infolge des Mangels an dafür tauglichen stadteigenen Flächen muß sie die ehemaligen Zechengelände teuer von den Bergbaukonzernen erwerben. Wegen des Rückgangs der Bergbauindustrie und der damit verbundenen Minderung der Steuereinnahmen sind die finanziellen Möglichkeiten der Stadt Essen sehr beschränkt, eine aktive Wirtschaftsförderung zu betreiben.

Flächennutzung
Der forcierte und rasche Wiederaufbau der Stadt nach dem Kriege hatte nach heutigen Wertvorstellungen oft eine ungeordnete Zersiedelung der Stadt zur Folge. Der gültige Flächennutzungsplan stammt bereits aus dem Jahre 1958, er wurde 1961 nach dem Bundesbaugesetz in gültiges Recht übergeleitet. Zur Zeit wird an einem neuen Flächennutzungsplan gearbeitet. Dabei wird es eine vorrangige Aufgabe sein, Wohnungsbau und Infrastruktur auf Siedlungsschwerpunkte (vgl. Landesentwicklungsprogramm NW) auszurichten.

Eine Verdrängung von Wohnbevölkerung hauptsächlich durch Kaufhäuser wird in der Innenstadt beobachtet.

Die Essener-Oststadt mit 40.000 Einwohnern war die letzte größere Siedlungsmaßnahme der Stadt. Der öffentlich geförderte Wohnungsbau ist stark zurückgegangen. Er soll künfig besonders auf Siedlungsschwerpunkte konzentriert werden, wobei auch der Modernisierung und Rehabilitierung alter Wohnbausubstanz größere Bedeutung zukommen wird.

Verkehr
Die Erschließung des Stadtzentrums mit Individualverkehr führt zu den bekannten Problemen, deshalb soll
das öffentliche Nahverkehrssystem ausgebaut und verbessert werden. Einen Verkehrsverbund gibt es in Essen noch nicht, zur Zeit auch noch keinen Plan, einen
solchen einzurichten. Der Ausbau des ÖNV sieht eine
cityerschließende U-Bahn vor, von einer die City ring-
förmig umfahrenden Trasse zweigen in drei Richtungen
Zubringerlinien ab.
Weitere Probleme wurden nicht benannt.

Aus den verfügbaren Unterlagen geht hervor, daß das
Amt für Stadtentwicklung der Stadt Essen eine Reihe
von Teilentwicklungsplänen (insgesamt 8) erarbeitet
hat, die jedoch vom Rat erst zum Teil beraten und gebilligt worden sind. Es liegen vor: ein Schulentwicklungsplan, zwei Bäderleitpläne (Hallen- und Freibäder),
ein Kindergartenplan, zwei Sportleitpläne (gedeckte
und offene Anlagen), ein Spielplatzplan, ein Wirt-
schaftsentwicklungsplan sowie Untersuchungen zum Altenplan.

B) Lösungsansätze

Das in Essen eingerichtete "Amt für Stadtentwicklung"
ist im Dezernat des Oberstadtdirektors eingegliedert.
Es beschäftigt 12 Mitarbeiter, 6 davon im höheren
Dienst.

Die Entwicklungsplanung wird von gemischten Arbeitsgruppen betrieben, die jeweils fachspezifische Empfehlungen ausarbeiten. In ihnen arbeiten die an der Problematik beteiligten Dezernate der Stadtverwaltung z.
T. auch mit Vertretern öffentlicher Belange wie z. B.
der Industrie- und Handelskammer oder den Gewerkschaf-
ten zusammen.

In der Stadt Essen gibt es 9 Bezirksvertretungen, deren Mitglieder bei den Kommunalwahlen zusammen mit
den Ratsmitgliedern gewählt wurden.

Über Konflikte und Erfahrungen aus dem Bereich der
kommunalen Entwicklungsplanung in Essen wurde nicht
berichtet.

(5) <u>Bericht über das Expertengespräch in Frankfurt/Main</u>

Ort und Zeit: Stadtplanungsamt Frankfurt
17. Dezember 1974

Gesprächspartner: Die Herren Dr. Schliepe und Remmert

Vorbereitung: Bei Befragung keine, Fragebogen
wurde nachträglich bearbeitet.

A) <u>Problemfelder</u>

<u>Umstrukturierungsprozesse in den citynahen Innenstadt-
bereichen</u>
Die Entwicklung der Innenstadtgebiete rund um die
Frankfurter City wird bestimmt durch die wirtschaftliche Dynamik des tertiären Arbeitsplatzsektors und
die Bodenspekulation. Die Gebiete mit ehedem besonders hoher Wohnqualität sind heute gekennzeichnet
durch:

- Abwanderung bzw. Verdrängung der deutschen, vorwiegend einkommensstärkeren Bevölkerung in das Umland,

- hohen Ausländeranteil,

- wachsenden Anteil z. T. bereits leerstehender Büro-
gebäude,

- Zerstörung von historischem Stadtgefüge.

Diese Kennzeichen stellen in besonders problematischer
Ausprägung die Auswirkungen allgemeiner Entwicklungsprozesse und Problemlagen dar, die das gesamte Stadtgebiet und sein Umland betreffen. Die nachfolgend skizzierten Problemfelder sind in diesem Sinne zu sehen.

<u>Bevölkerung</u>
- Abnahme der deutschen Wohnbevölkerung. In den Jahren
1968 - 1972 sind jährlich ca. 8.000 bis 9.500 Einwohner, meist Familien mit Kindern und höherem Ein-

kommen, in die Region gezogen. Insgesamt wird bis 1985 eine Bevölkerungsabnahme von ca. 60.000 Einwohnern prognostiziert.

- Hoher Anteil an Ausländern (fast 17%). In mehreren Stadtvierteln besteht heute schon akute Gefahr von Gettobildung. In 4 Stadtbezirken beträgt der Geburtenanteil ausländischer Kinder über 44%, im Bahnhofsviertel sogar schon über 75%.

Wohnsituation
- Einer größer werdenden Halde unvermietbarer teurer Neubauwohnungen stehen gegenwärtig ca. 15.000 Anspruchsberechtigte für öffentlich geförderte Wohnungen gegenüber.

- Der Anteil öffentlich geförderter Wohnungen nimmt immer mehr ab: Von 62% im Jahre 1960 auf 15% im Jahre 1974.

- Mietpreisgünstige Altbauwohnungen wurden durch tertiäre Nutzungen verdrängt bei gleichzeitig wachsender Halde von Büroneubauten.

- Ein nicht unerheblicher Teil der mietpreisgünstigen Altbauwohnungen ist sanierungs- oder zumindest modernisierungsbedürftig.

Soziale Infrastruktur
- Die Freiflächenausstattung der allgemeinbildenden Schulen ist unzureichend (Fehlbestand: ca. 73 ha).

- Es fehlen Kindergartenplätze.

- In verschiedenen Stadtgebieten droht Überfremdung der Grundschulklassen durch den hohen Anteil ausländischer Kinder an den Schulanfängern.

Verkehr
- Als besonders problematisch wurde angesehen, daß noch kein offiziell anerkanntes Verkehrskonzept vorliegt. Am Generalverkehrsplan wird noch gearbeitet.

- Zentrales Problem der Verkehrsplanung ist die Bewältigung der hohen Zahl von Einpendlern aus dem Umland. Durch den Frankfurter Verkehrsverbund und vor
  allem durch den Ausbau der S-Bahn konnte eine Entlastung des Individualverkehrs erreicht werden. Dennoch sind weitere umfangreiche Ausbaumaßnahmen des
  Hauptstraßennetzes vorgesehen (A 8 - Alleenring),
  die teilweise durch alte, dicht besiedelte Wohnbe-
  reiche führen und zum Ziel der Verkehrsberuhigung in
  den Innenstadtbereichen im Widerspruch stehen.

Flächennutzung

- In der eigentlichen Innenstadt liegt die besondere
  Problematik in der auf hohe bauliche Ausnutzung gerichteten früheren Planungspolitik (z. B. auch beim
  sog. Fingerplan als Verdichtungskonzept entlang der
  U-Bahn) und den daraus überkommenen Schwierigkeiten.

- In den stadtnahen Randbereichen besteht ein Problem
  in der Funktionsbestimmung noch vorhandener Bauland-
  reserven: Sollen sie zur Entlastung für die Umstrukturierung bedrohten innerstädtischen Wohngebiete als
  Standorte für Büronutzungen herangezogen werden oder
  sind sie dem Wohnen vorzubehalten, insbesondere für
  öffentlich geförderten Wohnungsbau?

Regionale Verflechtungen

Besonders schwerwiegende Probleme ergeben sich aus den
vielfältigen und intensiven regionalen Verflechtungen
und den unzureichenden und vor allem an den Gemeinde-
grenzen endenden kommunalen Planungs- und Steuerungsmöglichkeiten.

Die Beziehungen zwischen Frankfurt und dem Umland werden u. a. bestimmt durch:

- die Abwanderung einkommensstarker und meist jüngerer
  Bevölkerungsgruppen aus Frankfurt,

- die Konzentration qualifizierter tertiärer Arbeitsplätze in der Kernstadt Frankfurt,

- zwischengemeindliche Wachstumskonkurrenz und unkoordinierte Bestimmung der Zuwachsgemeinden bei fehlender Abstufung von Standortqualitäten,

- bisherige Unterrepräsentation Frankfurts im Regionalen Planungsverband (RPU) und noch nicht vollzoge-
ne Einbindung der Frankfurter Planungspolitik in
den neugeschaffenen Umlandsverband.

Bisher sind keine problemadäquaten Lösungsansätze erkennbar: Das Konzept der Regionalstadt ist am Widerstand der Umlandgemeinden gescheitert. Der am 1. Januar 1975 gegründete Umlandverband wirft aller Voraussetzung nach neue Probleme der Aufgabenbestimmung auf.
So liegt z. B. die Kompetenz für die städtebauliche
Entwicklungsplanung bei den Gemeinden, die für vorbereitende Bauleitplanung beim Umlandverband und die für
verbindliche Bauleitplanung wiederum bei den Gemeinden. Voraussichtlich wird auch die Aufgabe der regionalen Raumordnungsplanung als staatliche Aufgabe noch
dem Umlandsverband übertragen.

B) Lösungsansätze

Inhalt

Die sozial und politisch kritische Entwicklung in den
citynahen Innenstadtbereichen Frankfurts machte in
ihrer Wirksamkeit über die üblichen Planungen hinausgehende Planungsverfahren und Maßnahmen erforderlich.
Unter dem Begriff "Neue Baupolitik" wurden für die besonders gefährdeten Innenstadtbereiche umfassendere
Entwicklungskonzepte unter aktiver Mitwirkung der Bevölkerung erarbeitet. Wichtigstes Planungsinstrument
sind die meist von freien Planungsbüros erstellten
Strukturpläne (jetzt: Stadtteilentwicklungspläne).
Diese haben eine vierfache Funktion: Sie bilden die
Orientierung für

- die Bauleitplanung,

- die Infrastrukturplanung,

- die Planung der städtebaulichen Gestaltung,

- die Beteiligung der Bevölkerung am Planungsprozeß.

Das Konzept der Strukturplanungen hat nach Ansicht der Stadtplanung bereits einen spürbaren Beitrag zur Konsolidierung der gefährdeten Gebiete geleistet: Auseinandersetzungen über die Zulässigkeit von Bauvorhaben werden in zunehmendem Maße vor Gericht entschieden, die Verhandlungsbereitschaft der Bauwerber gegenüber öffentlichen Interessen ist dadurch gewachsen, gleichzeitig ist eine Beruhigung auf dem Bodenmarkt zu beobachten, Spekulationsobjekte wurden vielfach wieder abgestoßen, die Zahl der Baugesuche ging stärker zurück, als dies aus der allgemeinen Bautätigkeitsentwicklung zu erwarten gewesen wäre.
Die der Bürgerbeteiligung zugedachte Rolle bei der Lösung der Probleme in den Innenstadtgebieten ist nicht eindeutig zu erkennen. Auf der einen Seite wurde die Bevölkerung zur Mitwirkung an alternativen Strukturplanentwürfen für ihren Stadtteil aufgerufen und in der Volkshochschule begleitende Seminare durchgeführt, um in entsprechenden Lernprozessen die Argumentationsfähigkeit der Bürger zu verbessern. Auf der anderen Seite konnte sich die Stadt nicht entschließen, das FORUM zu unterstützen.

Die Strukturplanungen für einzelne Stadtteile haben das Problem der "Zusammenschau" aufgeworfen und das Fehlen ihrer integrierenden Planungsebene besonders deutlich hervortreten lassen.

Gegenwärtig wird ein Konzept für eine kommunale Gesamtentwicklungsplanung vorbereitet, das Ansätze für die Koordination und den Abgleich der vielfältigen Einzelplanungen schaffen soll. Es ist vorgesehen, ein Amt einzurichten, das folgende Aufgabenschwerpunkte umfassen soll:

- Stadtforschung,

- Grundlagenarbeiten und Datenbasis,

- Umweltschutz,

- Erarbeitung integrierter Zielkonzepte und Koordination des Verwaltungshandelns durch Betreuung ressortübergreifender Projektgruppen.

Organisation

Nach der derzeit geltenden Aufgabenverteilung ist die
Behandlung ressortübergreifender Probleme Aufgabe der
Arbeitsgruppe für die "Magistratskommission für Fragen
der Stadtentwicklung und Regionalplanung", einer Arbeitsgruppe von 15 Amtsleitern und leitenden Mitarbeitern unter Vorsitz des Leiters des Hauptamtes. Die Arbeitsgruppe nimmt weniger konkrete Planungs- oder Ko-
ordinationsaufgaben als vielmehr generelle Aufgaben
wahr, wie z. B. die Behandlung von Fragen der Territo-
rialreform oder die Stellungnahmen zur Regionalplanung.

Als erste Ansätze für konkrete Entwicklungsplanungen
können die Strukturpläne für Teilbereiche der Stadt
angesehen werden. Sie wurden bisher meist von freien
Planungsbüros im Auftrag und unter Betreuung des Stadtplanungsamtes erstellt.

Organisatorisch ist vorgesehen, für den in Vorbereitung befindlichen Aufgabenbereich einer ressortübergreifenden Planung ein "Amt für kommunale Gesamtentwicklungsplanung" zu schaffen. Entsprechend seiner Aufgabenschwerpunkte soll dieses Amt aus 4 "Referaten" bestehen. Die Leitung soll einem Kollegium von 3 Amtsleitern übertragen werden (ein geschäftsführender Leiter für das Amt selbst und zwei weitere nebenamtliche
Amtsleiter aus dem Bereich Fläche und dem Bereich Finanzen).

Ergänzt wird das Amt für kommunale Gesamtentwicklungsplanung nach den derzeitigen Vorstellungen durch eine
Reihe ressortübergreifender Projektgruppen, deren Arbeit von dem neuen Amt betreut und untereinander koordiniert wird.

Unter Hinweis auf die Hessische Gemeindeordnung wird
betont, daß das Amt für kommunale Gesamtentwicklungsplanung nicht die Aufgabe und Kompetenz haben wird,
einen integrierten und mit den städtischen Ressourcen
abgeglichenen Gesamtentwicklungsplan aufzustellen. Lediglich im Rahmen der Betreuung der Projektgruppe

"mittelfristige Finanzplanung" kann eine Abstimmung
mit den übrigen Projektgruppen im Sinne eines Gesamt-
abgleichs angestrebt werden.

Das neuzugründende Amt soll dem Planungsdezernenten
zugeordnet werden.

C) Erfahrungen und Konflikte

Aus den Erfahrungen der Frankfurter Planungspraxis
wird bestätigt, daß die zentralen Frankfurter Entwicklungsprobleme untereinander in einem Zusammenhang stehen und daß inhaltliche und organisatorische Lösungsansätze sich an diesem Zusammenhang orientieren müßten.

Daß dies in Frankfurt bisher noch nicht versucht wurde
und daß demnach auch keine einschlägigen Erfahrungen
vorzuweisen sind, wird vor allem mit der für die Städte in Hessen geltenden Magistratsverfassung begründet,
wonach alle Verwaltungsaufgaben vom Magistrat als Kollegium erfüllt werden. Der Oberbürgermeister hat als
"primus inter pares" keine fachtechnische Gesamtver-
antwortung für die Stadtentwicklungspolitik. Hieraus
ergeben sich besondere Probleme für die Bestimmung des
Standortes innerhalb der planenden Verwaltung, an dem
eine systematische und integrierte Stadtentwicklungsplanung angesiedelt werden sollte.

Der Handlungsspielraum des vorgesehenen Amtes für kommunale Gesamtentwicklungsplanung wird ebenfalls wesentlich in dieser verfassungsbedingten Situation bestimmt
werden. Wieweit unter diesen Umständen dennoch Möglichkeiten für eine dem Namen dieses Amtes entsprechende Planungstätigkeit wahrgenommen werden können, ist
zum gegenwärtigen Zeitpunkt nicht abzusehen.

(6) Bericht über das Expertengespräch in Hamburg

Ort und Zeit: Baubehörde der Freien und Hansestadt
                    Hamburg - Abteilung für Grundsatz-
                    fragen der Planung
                    13. Dezember 1974

Gesprächspartner: Die Herren Dr. Lindemann und Vetter

Vorbereitung: Der Fragebogen wurde nicht bearbei-
                    tet.

A) Problemfelder

Die Probleme und die Situation der Entwicklungsplanung
in Hamburg waren im Rahmen des Expertengespräches besonders schwer zu erfassen. Die Größe der Stadt, insbesondere aber die besondere verfassungsmäßige Stellung
als Stadtstaat machen Aufgaben- und Organisationsstruktur gegenüber anderen Großstädten in der BRD unüber-
sichtlich und nur zum Teil vergleichbar und übertrag-
bar.

Insgesamt jedoch ergab das Gespräch, daß in Hamburg
die Entwicklung durch die gleichen Grundprobleme gekennzeichnet ist, wie in den anderen Verdichtungsräumen vergleichbarer Größenordnung. Auch hier wurden genannt:

- Bevölkerungsprobleme, z. B. die Abwanderung vorwiegend junger und einkommensstärkerer Familien in das
  Umland; das Entstehen von Quartieren mit hohen Aus-
  länderanteilen und damit verbundene soziale und
  schulische Probleme.

- Probleme der wirtschaftlichen Entwicklung, u. a.
  steigende Erwerbsquoten, Umstrukturierung des Kleingewerbes, regionale Wanderungen von Betrieben, Umweltschutz.

- Verkehrsprobleme, z. B. Ausbau und Betrieb (Wirt-
  schaftlichkeit) des öffentlichen Nahverkehrsnetzes.

- Begrenzung des Individualverkehrs in zentralen Bereichen, Konflikte zwischen Ansprüchen des Indivi-

dualverkehrs und vorhandenen Wohn- und Arbeitsstätten,
Ausbau übergeordneter Straßenverbindungen (u. a. Ost-
tangente Flughafen II).

Das Problem der regionalen Verflechtungen wird wesentlich durch die spezielle Situation Hamburgs als Stadtstaat geprägt: Einerseits ist dies vorteilhaft, da Hamburg damit unmittelbar an Entscheidungen auf Länderebe-
ne und im Bundesrat mitwirken kann, auf der anderen
Seite erschwert es die Regionalplanung, da stets Landes-
grenzen zu überwinden sind.

B) Lösungsansätze

Generell wurde zunächst festgestellt, daß es ressortübergreifende Planungen in dem Sinne, wie sie etwa in
Berlin institutionalisiert sind, in Hamburg nicht gibt.
Die wesentlichen Aufgabenbereiche der Entwicklungsplanung werden bislang von den einzelnen Ressorts wahrgenommen. So wurden beispielsweise

- die Leitlinien für den öffentlichen Nahverkehr von
  der Behörde für Wirtschaft und Verkehr,

- die Leitvorstellungen zur Schulreform und der Jugend-
  report von der Behörde für Schule, Jugend und Berufsbildung,

- das Entwicklungsmodell Hamburg und der Flächennutzungsplan 1973 von der Baubehörde

erarbeitet. Von der Baubehörde wird z. Z. auch der Generalverkehrsplan erstellt.

Bemerkenswert erscheint der erhebliche Umfang an Grund-
lagenmaterial, das im Zusammenhang mit den sektoralen
Planungen und Programmen erarbeitet wird. Ein Teil der
Bestandsanalysen und Prognosen wird als Auftrag an
externe Institutionen vergeben, der überwiegende Teil
jedoch wird verwaltungsintern erarbeitet. Dies setzt
zwar eine bessere Ausstattung der Behörden mit entsprechend qualifizierten Mitarbeitern voraus, verbessert
jedoch zugleich die unmittelbare Anwendbarkeit der Er-

gebnisse. Als Beispiele für solche Grundlagenarbeiten
wurden angeführt: Untersuchungen über die Bevölkerungsentwicklung, die Arbeitsplatzsituation, das Flächenwachstum, den Wohnungsmarkt und Wohnungsbedarf und die
Ladenflächen.

Ein Ansatz für ressortübergreifende Planung findet sich
im Aufgabenbereich des Planungsstabes der Senatskanzlei
Hier wird das Konzept für eine längerfristige Aufgabenplanung erarbeitet, ferner liegt die Investitionsplanung
in der Zuständigkeit des Planungsstabes und schließlich
ist der Planungsstab federführend im "Arbeitskreis Basisdaten", in dem vor allem mit den Fachressorts abgestimmte Daten zur Einwohner- und Beschäftigtenentwick-
lung sowie zur wirtschaftlichen Entwicklung erarbeitet
werden. Die koordinierte Wahrnehmung dieser Aufgaben
bietet die Möglichkeit für eine ressortübergreifende
Entwicklungsplanung, wobei allerdings keine Kompetenz
für die Auswertung der dabei anfallenden Grundlageninformationen im Hinblick auf die Erarbeitung von Planungsleitlinien gegeben ist.

Über ein weiteres Beispiel ressortübergreifender Planung wird in der Stadtbauwelt[1] berichtet: Das dort
vorgestellte Verfahren für die Planung des Projekts
Billwerder - Allermöhe entspricht nach Inhalt und
Organisationsform dem auch in anderen Großstädten prak-
tizierten Vorgehen einer ressortübergreifenden Stadt-
teilentwicklungsplanung.

---

1) Vgl. Stadtbauwelt Nr. 42, Seite 117 ff.

(7) Bericht über das Expertengespräch in Hannover

Ort und Zeit: Referat für Stadtentwicklung der Lan-
                   deshauptstadt Hannover
                   12. Dezember 1974

Gesprächspartner: Dr. Schildmacher, Leiter des Referates

Vorbereitung: Der bearbeitete Fragebogen wurde zu
                   Beginn des Gesprächs übergeben.

A) Problemfelder

Integration des Verwaltungshandelns

Als Hauptproblem wurde hervorgehoben: die Integration
aller kommunalen Aufgaben und Maßnahmen zu einem ein-ei
heitlichen Handlungsprogramm (Stadtentwicklungsprogramm)
der planenden Verwaltung. Das Programm müsse reali-
sierbar sein und sich demgemäß an den verfügbaren Ressourcen, d. h. den knappen finanziellen Mitteln und
personellen Engpässen orientieren.

Vorrangige Probleme der Stadtentwicklung

Im Rahmen des integrierten kommunalen Handlungsprogramms
werden als vorrangig zu lösende Probleme angesehen: die
Benachteiligung bestimmter Bevölkerungsgruppen, die
Verbesserung der Stadtqualität und die Beteiligung der
Bürger an der Stadtentwicklung[1).

Probleme der Benachteiligung

Als Beispiele wurden angeführt:

- Fehlende Spielflächen und Kindertagesstätten. Die vorhandenen Tagesstättenplätze sind zu ca. 50% modernisierungsbedürftig.

- Schulraummangel (überbelegte Klassen, Schichtunterricht). Besondere Schwierigkeiten bereitet die langfristige Prognose des Bedarfs: Auf der einen Seite
  muß mit abnehmenden Schülerzahlen gerechnet werden,

---

1) Vgl. Stadtentwicklungsprogramm 1974 - 1985, Seite 3 ff.

andererseits lassen sich die quantitativen und quali-
tiven Anforderungen aus der Reform des Bildungswesens
kaum abschätzen.

- Fehlende Versorgungseinrichtungen für Alte. 16,9% der
Einwohner sind älter als 65 Jahre. Für sie fehlen vor
allem Heimplätze.

- Fehlende oder unzureichende Infrastruktureinrichtungen, insbesondere Bildungsmöglichkeiten für Ausländer.
Insgesamt beträgt der Ausländeranteil 8,3%. In einigen
älteren Stadtvierteln beträgt er bis zu 17,5%, der Anteil der ausländischen Kinder an Schulanfängern beträgt bis zu 30%.

Probleme der Stadtqualität

Der Zielvorstellung "Stadtqualität" im Sinne einer besonderen Form der Lebensqualität wird in Hannover vorrangige Bedeutung auch gegenüber vordergründigen Wachs-
tumszielen eingeräumt. Eine Reihe von Untersuchungen hat
ergeben, daß die Attraktivität von Hannover im Vergleich
zu anderen Großstädten in der Bundesrepublik niedrig
eingeschätzt wird. Stadtqualität ist insofern zugleich
ein vorrangiges Problemfeld. Dies mag erklären, warum
die im folgenden aufgeführten Problemfelder unter diesem Oberbegriff zusammengefaßt und diskutiert werden.

- Verkehr
  Obwohl die Verkehrsversorgung von der Bevölkerung verhältnismäßig günstig beurteilt wird, wird die Lösung
  der Verkehrsprobleme als vordringliche Aufgabe zur
  Verbesserung der Stadtqualität angesehen. An Problemen werden besonders genannt: Überlastetes Straßennetz im Kernbereich, Durchgangsverkehr in den Wohnbereichen, unzureichendes Angebot an öffentlichen Nah-
  verkehrsmitteln infolge jahrelanger Priorität des Individualverkehrs. Stark beeinträchtigt wird die Ver-
  kehrssituation durch die rd. 135.000 Einpendler.

- Wohnen
  Der Zahl nach ist die Wohnversorgung relativ gut, problematisch ist die Qualität des Angebots: Es fehlen
  große Wohnungen - gemessen an den "Wohnwünschen" vor

allem Einfamilienhäuser -, ein großer Teil der Wohnungen ist modernisierungs- bzw. sanierungsbedürftig. Der Wohnwert wird darüber hinaus vor allem in
den innenstadtnahen Altbaugebieten und in den Neubau-
großsiedlungen durch unzureichende Wohnumfeldbedingun-
gen beeinträchtigt.

In der unbefriedigenden Qualität der Wohnungsversor-
gung wird ein entscheidender Faktor für die Abwanderung der jüngeren deutschen, meist einkommensstärkeren Bevölkerung in das Umland und für das Wachsen des
Ausländeranteils in den Altbaugebieten gesehen.

- Infrastrukturausstattung
  Eine große Zahl von Umzügen aus innenstadtnahen Altbaugebieten in Wohngebiete am Stadtrand verstärkt die
  Unausgewogenheit der Versorgung mit Infrastruktur:
  Konzentration von Einrichtungen des Gemeinbedarfs und
  des Einzelhandels im Stadtkern und den innenstadtnahen Altbaugebieten bei gleichzeitigen Versorgungs-
  lücken in den Stadtrandgebieten.

Probleme der Bürgerbeteiligung
Eine Einflußnahme auf die Faktoren, die wesentlich die
hohe innerstädtische Mobilität bestimmen, verlangt die
Unterstützung durch die betroffene Bevölkerung. Es wird
erkannt, daß die notwendige Bestimmung von entsprechenden Prioritäten unter den Zielen der Stadtentwicklung
und die Durchsetzung der Ziele eine stärkere Einbeziehung der Bürger in den Entscheidungsprozeß erfordern.

Damit wird zugleich die Identifikationsmöglichkeit der
Bevölkerung mit ihrem Stadtteil gefördert, die derzeit
auch durch die mangelnden Mitwirkungsmöglichkeiten "im
technokratischen Wohlfahrtsstaat" stark beeinträchtigt
ist.

Probleme der Bevölkerungsentwicklung und der Arbeits-
platzentwicklung
- Wanderungsverluste verstärken langfristig die über-
  alterte Bevökerungsstruktur und das unausgewogene Verhältnis von arbeitenden und nicht arbeitenden Be-

völkerungsgruppen.

- Die Arbeitslosenquote ist für eine Großstadt verhältnismäßig hoch, sie entspricht dem Bundesdurchschnitt.

- Die Branchenstruktur der Wirtschaft ist relativ einseitig: ca. 40% der Arbeitsplätze sind direkt oder
indirekt von der Automobilindustrie abhängig.

B) Lösungsansätze

Inhalt

Hannover gehört zu den ersten Großstädten, die die Notwendigkeit einer integrierten Stadtentwicklungsplanung
erkannt haben. 1968 wurde ein Referat für Stadtentwicklung als unmittelbar dem Oberstadtdirektor unterstell-
ter Planungsstab geschaffen. Im Jahre 1974 wurde das
Stadtentwicklungsprogramm 1974 - 1985 im Entwurf vorgelegt und der Öffentlichkeit zur Diskussion übergeben.

Entsprechend der als Hauptproblem genannten Integration
aller kommunalen Planungsaufgaben und -maßnahmen liegt
der Schwerpunkt des Ansatzes einer integrierten Stadtentwicklungsplanung bei Verfahren der Koordination zwischen den Fachplanungen untereinander und des Abgleichs
mit den verfügbaren Ressourcen.

Organisation

Organisatorisch stellt der Ansatz der Stadtentwicklungsplanung in Hannover eine Kombination von Planungsstab
bei der Verwaltungsspitze, dem "Referat für Stadtentwicklung" und ressortübergreifenden Planungsgruppen,
den 14 "Facharbeitsgruppen" dar.

Das Referat für Stadtentwicklung ist ausgestattet mit
8 Mitarbeitern, davon 5 im höheren Dienst aus unterschiedlichen Fachrichtungen. Aufgabenschwerpunkte des
Referats sind: Die Erarbeitung von Grundlagen für die
Stadtentwicklungsplanung (siehe "Analysen und Projek-
tionen zur Stadtentwicklung", Hannover 1973) sowie die
Betreuung und Koordination aller Arbeiten zur Aufstellung des Stadtentwicklungsprogramms.

Die Facharbeitsgruppen setzen sich zusammen aus je
einem Vertreter des Referats für Stadtentwicklung, des
Planungsamtes, der Kämmerei sowie insgesamt bis zu 6
Mitarbeitern aus den jeweils betroffenen Fachressorts.
Aufgabe der Facharbeitsgruppen ist die Ausarbeitung
von ressortübergreifenden Fachbereichsplänen, die im
Rahmen eines Gesamtentwicklungsplanes das gesamte Pro-
blemfeld der jeweiligen Facharbeitsgruppe abdecken.

Die Integration aller Fachbereichspläne zu einem Gesamtentwicklungsprogramm ist Aufgabe einer "Arbeitsgruppe Stadtentwicklung", die sich aus den Amtsleitern
der Fachressorts und dem Leiter des Referates für Stadtentwicklung zusammensetzt.

Die letzte Stufe der Koordination und des Abgleichs von
Widersprüchen und Konflikten findet innerhalb der Verwaltung im Dezernentenkollegium statt.

Nach der Verabschiedung des Stadtentwicklungsprogramms
durch den Rat der Landeshauptstadt Hannover werden die
Facharbeitsgruppen wieder aufgelöst. Eine Fortschreibung des Stadtentwicklungsprogramms ist im Abstand von
4 Jahren vorgesehen.

C) Erfahrungen und Konflikte

Im Hinblick auf die der Konzeption der integrierten
Stadtentwicklungsplanung in Hannover zugrunde liegenden
Vorstellungen, nämlich die Möglichkeiten auszuschöpfen,
die in der Verbesserung der Koordination und Kooperation
des vielfältigen Verwaltungshandelns liegen, hat sich
der Arbeitsansatz und die entsprechende Organisationsform bewährt: Es konnte ohne nennenswerte Überschrei-
tung des vorgesehenen Zeitraumes ein mit allen Fachverwaltungen und mit den kommunalen Ressourcen abgestimmter Entwurf eines Stadtentwicklungsprogrammes erarbeitet
werden.

Die Durchführung der Planungskonzeption ist nicht ohne
Konflikte abgelaufen. Schwierigkeiten ergaben sich vor

allem bei der Besetzung und der Arbeit der Facharbeitsgruppen:

- Für die einzelnen Fachämter bedeutet die Freistellung
  qualifizierter Mitarbeiter für die Mitwirkung in den
  Facharbeitsgruppen oft eine spürbare personelle Belastung bei der Wahnehmung ihrer eigenen unmittelbaren
  Aufgaben;

- die Mitglieder der Facharbeitsgruppen waren erheblichen Doppelbelastungen ausgesetzt, da sie gleichzeitig ihre Aufgaben in den Fachressorts wahrzunehmen
  hatten;

- einzelne Arbeitsgruppenmitglieder waren zuweilen Loya-
  litätskonflikten zwischen den Zielen der Gruppe und
  den Zielen und Interessen ihrer jeweiligen Ressorthierarchie unterworfen.

Diesen Schwierigkeiten werden positive Erfahrungen gegenübergestellt, die sich vor allem bei der Verwirklichung der Ziele des Stadtentwicklungsprogramms vorteilhaft auswirken dürften:

- Die intensive Auseinandersetzung aller Fachressorts
  mit den Fachbereichsplänen in allen Phasen des Planungsprozesses erleichtert die Identifikationsbereit-
  schaft der Ressorts mit dem Gesamtentwicklungsprogramm
  und fördert damit seine Verwirklichungschancen;

- ein längerfristig möglicherweise bedeutungsvoller
  Effekt der zeitraubenden Abstimmungsbemühungen wird
  in dem damit verbundenen Lernprozeß aller Beteiligten
  gesehen.

Größere Schwierigkeiten werden allerdings vorausgesehen,
wenn das in der Beschreibung der Ziele der Stadtentwicklung relativ allgemein gehaltene Stadtentwicklungsprogramm in detailliertere Stadtteilentwicklungsprogramme
umgesetzt werden muß und sich dabei an der Bewältigung
konkreter Probleme und Konflikte zu bewähren hat.

(8) Bericht über das Expertengespräch in Köln

Ort und Zeit: Büro des Oberstadtdirektors - Pla-
                     nungsgruppe
                     11. Juli 1975

Gesprächspartner: Herr Pankoke, Leiter der Planungs-
                     gruppe

Vorbereitung: Der Fragebogen wurde bearbeitet.

A) Problemfelder

Bevölkerung und Beschäftigúng

Der Bevölkerungsverlust von rd. 850.000 Einwohnern im
Jahre 1969 auf 838.000 Einwohner im Jahre 1972 ist mit
rd. 1,4% über eine Zeitspanne von 3 Jahren als gering
anzusehen. Demgegenüber stieg die Bevölkerungszahl in
der Region im selben Zeitraum um 4%. Geburtenrückgang
bis zu einem Sterbeüberschuß von 1,6% im Jahre 1972
bei starken Wanderungsverlusten der Inländer (4,3% im
Jahre 1970), die durch einen Wanderungsgewinn von Ausländern auf den genannten Saldo ausgeglichen wurden,
kennzeichnen die Bevölkerungsentwicklung Kölns.

Der Ausländeranteil an der Gesamtbevölkerung betrug
im Jahre 1973 12,5%.

Köln weist damit die in den meisten untersuchten Städten vorfindliche demographische Struktur und Entwicklung auf. Hinter den relativ ruhig verlaufenden Ent-
wicklungstrends bei den Wanderungssalden verbergen
sich ausgeprägte innerstädtische Mobilitäts- und Umstrukturierungsprozesse. Rund 78.000 innerstädtische
Umzüge, 55.000 Zu- und 59.000 Wegzüge (1972) kennzeichnen diese Vorgänge. Man rechnet mit einem dauerhaften
Bevölkerungsrückgang in der Kernstadt.

Der Anteil der im teritiären Sektor Beschäftigten ist
von 53,2% im Jahre 1961 auf 58,0% im Jahre 1970 ange-
stiegen. Ein Beschäftigungsproblem wird aufgrund der
"ausgewogenen Kölner Wirtschaftsstruktur" nicht gesehen.

Siedlungsstruktur, Wohnungswesen, soziale Infrastruktur
Die mit der hohen Mobilität verbundenen Umstrukturierungsprozesse wurden von der Planungsgruppe nicht als
Problem gesehen. Gemäß den Richtlinien des Landes NW
ist von der Stadt im Dezember 1973 ein Standortprogramm
vorgelegt worden, das eine planerische Gliederung der
Stadt in städtebauliche Einheiten, Entwicklungsachsen
und Standorte vorsieht.

Eine Wohnbedarfsermittlung mit Vorausberechnungen der
Bevölkerungsentwicklung für den Zeitraum bis 1980 wurde
im August 1973 fertiggestellt. Sie kommt zu dem Schluß,
daß bis 1980 40.800 Wohneinheiten erforderlich seien,
davon 12.500 WE in Neubaugebieten, 21.800 WE für Altbaugebiete incl. Ersatzwohnungsbau und daß bis 1980
37.100 WE zu modernisieren seien. "Ein wesentliches Ergebnis dieser Bedarfsschätzung ist, daß der größte Anteil auf Modernisierungs- und Ersatzbedarf beruht. Der
Sanierung kommt mithin eine zentrale Bedeutung bei der
zukünftigen Stadtentwicklung zu."[1]

Der Wohnungsmarkt wird insofern als ausgeglichen angesehen, als jedem Haushalt eine Wohnung gegenübersteht.
"Eine darüber hinausgehende Leerraumreserve (3%) besteht nicht. Differenziert betrachtet, fehlen jedoch
billige Wohnungen, während an Luxuswohnungen ein Über-
angebot besteht. Anfang 1974 gab es ca. 12.000 -
13.000 Anwärter auf eine Sozialwohnung."

Zur Sanierung werden z. Z. vorbereitende Untersuchungen
durchgeführt; es ist keine Flächensanierung vorgesehen,
sondern Objektsanierung verbunden mit Modernisierung.

Ein Schulentwicklungsplan Stufe I hat einen Nachholbedarf in Höhe von rd. 8% des Raumbestandes vorwiegend
im Elementarbereich und einen ungedeckten Bedarf per
1974 von rd. 10,7% ermittelt.

---

1) Stadtverwaltung Köln, Arbeitsgruppe Stadterneuerung: Kölner Standortprogramme, Konzept, Köln, Dezember 1973

Verkehr
Ein Gesamtverkehrsplan liegt seit Februar 1973 vor, er
ist jedoch vom Rat noch nicht beschlossen worden; seine
Fortschreibung ist noch nicht vorgesehen.

Es wird hinsichtlich der Bedeutung der Verkehrsarten
ÖPNV und IV unterschieden zwischen Verkehrsströmen zur
Innenstadt und den Stadtteilzentren – hier stehen dem
Einsatz des Pkw objektive Grenzen entgegen – und dem
übrigen, flächenmäßig ausgerichteten Verkehr im übrigen
Stadtgebiet. Hier wird der Schwerpunkt im Individual-
verkehr gesehen.

"Für das Stadtgebiet insgesamt ist aufgrund einer Analyse aus dem Jahre 1967 ein Verhältnis von 42% ÖPNV und
58% IV festgelegt worden. Die Prognose für 1980 lautet:
37% ÖPNV und 63% IV. Der Gesamtanteil des ÖPNV geht also trotz entgegengerichteter Zielvorstellung zurück."
Eine U-Strab ist im Bau.

Zusammenfassung
In Köln werden z. Z. folgende Planungsgesichtspunkte
als bedeutsam angesehen:

- Durch die zum 1. Januar 1975 in Kraft getretene Gebietsreform in NW ist Köln zur Millionenstadt geworden. Jetzt steht die innere Gliederung des Stadtgebietes mit Neuordnung der Bezirksverfassung an.

- Wirtschaftsförderung

- Der Bevölkerungsschwund ist nicht unerwünscht, da er
  den Problemdruck mindert. Eine Wachstumspolitik wird
  folglich nicht betrieben.

- Vollendung der Neuen Stadt Köln-Chorweiler

- Innenstadt, Stadterneuerung, Modernisierung.

B) Lösungsansätze

Im Jahre 1970 wurde ein mittelfristiger Investitionsbe-
darfsplan (MIP) vorgelegt, der die von den Dezernaten
angemeldeten Investitionen nach einem Bewertungsverfah-

ren auswählte. Wegen der Strittigkeit des Verfahrens
ist der MIP seither nicht mehr angewendet worden. Investitionsplanung wird im Zuge der Mifrifi nach Anmel-
dung der Dezernatswünsche von der Kämmerei betrieben.

Als ressortübergreifende Planung ist die Arbeit der Planungsgruppe im Büro des Oberstadtdirektors anzusehen,
die seit 1968 besteht.
Desweiteren werden auf Dezernentenebene solche Planungen von der Arbeitsgruppe Stadterneuerung betrieben,
die 1970 gegründet wurde. Mit ac-hoc-Planungsaufgaben
sind jeweils Projektgruppen betraut.

(9) Bericht über die Entwicklungsplanung in München

Der Bericht über die Entwicklungsplanung in München
stellt insofern eine Ausnahme dar, als er nicht aufgrund eines Expertengespräches entstanden ist. Hierauf
konnte in diesem Fall verzichtet werden, weil die Verfasser entweder unmittelbar an der Erarbeitung des Ansatzes einer integrierten Entwicklungsplanung in München und an deren Verwirklichung beteiligt und bis vor
kurzem im Stadtentwicklungsreferat selbst tätig waren
oder weil sie aufgrund von ressortübergreifender Kooperation bzw. freier Mitarbeit eng mit der Situation der
Entwicklungsplanung in München vertraut sind. Die dabei gewonnenen Problemkenntnisse und Planungserfahrun-
gen sowie deren ständige kritische Reflexion bilden
eine wesentliche Grundlage für den Ansatz der vorliegenden Arbeit. Dennoch soll in diesem Rahmen nicht darauf verzichtet werden, in Anlehnung an die Berichte
über die Expertengespräche in den anderen Großstädten
die entsprechenden Angaben über die Situation der Entwicklungsplanung in München nochmals mit aufzunehmen.

A) Problemfelder

Bevölkerungsstruktur
Die Entwicklung der Bevölkerung Münchens war in den
fünfziger und sechziger Jahren durch ein hohes Maß von
Dynamik gekennzeichnet; in dieser Phase lag der jähr-

liche Wanderungsgewinn im Durchschnitt zwischen 20.000
und 30.000 Einwohnern; im Jahre 1969 stieg er auf über
43.000. Seit 1973 stagniert die Einwohnerentwicklung.
Im Jahr 1974 war erstmals ein größerer Rückgang, und
zwar um rund 15.000 Einwohner zu verzeichnen.

Innerhalb dieser globalen Vorgänge sind die folgenden
Einzelprozesse von besonderer Relevanz:

- Ein wachsender Ausländeranteil an der Bevölkerung von
  6,8% im Jahre 1964 auf 17,2% im Jahre 1973; Konzentrationen in der Innenstadt und in den Innenstadtrandgebieten, wo der ausländische Bevölkerungsanteil
  in einzelnen Bereichen bis zu 40% beträgt.

- Abnahme der Bevölkerung in der Innenstadt und den In-
  nenstadtrandbereichen bei gleichzeitigen Segregations-
  vorgängen (Ältere, einkommensschwächere, weniger gut
  ausgebildete Personen, Ausländer bleiben zurück, Jün-
  gere, besser verdienende Deutsche ziehen ins Umland).

Innenstadt und Innenstadtrandgebiete
Infolge einer historisch bedingten, ausgeprägten mono-
zentrischen Situation, der auch die Grundstruktur des
regionalen Schnellverkehrssystems (U- und S-Bahn) folgt,
ist in den inneren Stadtbereichen ein hoher Anteil der
zentralen Funktionen konzentriert, während Stadtteilzentren in äußeren Stadtbereichen nur schwach entwik-
kelt sind. Diese einseitige Struktur hat im Zusammenhang mit der Expansion zentraler Funktionen zur Folge:

- die fortwährende Verdrängung von Wohnnutzungen aus
  den Innenstadtbereichen mit der Tendenz zur Herausbildung von Monostrukturen;

- die Gefährdung des überkommenen Stadtbildes durch
  Neubebauung;

- eine Polarisierung der Verkehrsströme;

- relativ weite Versorgungswege zu den Konzentrationen
  zentraler Funktionen und - in enger Verbindung hiermit - teilweise unzureichende Versorgungssituationen
  in den äußeren Stadtbereichen.

Wirtschaftsstruktur

Arbeitsmarktprobleme zeigen sich mit Schwergewicht im
Bereich der Bauindustrie. Die Anpassungsprobleme sind
in diesem Sektor in München besonders gravierend, da
hier in der Folge der dynamischen Wachstumsphase der
Stadt in den fünziger und sechziger Jahren sowie im
Zusammenhang mit den Baumaßnahmen für die olympischen
Spiele und dem Ausbau des Schnellverkehrssystems be-
sonders stark expandiert wurde.

Flächennutzung

Die Probleme der Flächennutzung sind vor allem in dem
alten - übergeleiteten - verbindlichen Baurecht begründet, das den Handlungsspielraum der Stadtentwicklungsplanung in gravierendem Maße einschränkt.

Nur etwa 15% der bebaubaren Flächen im Stadtgebiet haben Baurecht aufgrund von Bebauungsplänen nach dem
Bundesbaugesetz (BBauG). Etwa 70% der Flächen haben
Baurecht nach der Münchener Staffelbauordnung aus dem
Jahre 1904, die das Maß der zulässigen baulichen Nutzung festlegt. Die Art der zulässigen Nutzung wird nach
§ 34 BBauG, d. h. nach der Unbedenklichkeit gegenüber
der vorhandenen Bebauung in der Umgebung bestimmt. Der
Rest der Flächen mit Baurecht wird hinsichtlich Art
und Maß der zulässigen baulichen Nutzung nach § 34
BBauG beurteilt.

Dieses Baurecht ist sehr umfangreich und bei weitem
nicht ausgeschöpft. Es enthält für alle Nutzungsarten
in allen gewünschten Lagen erhebliche Reserven, deren
Inanspruchnahme wegen der dabei in der Regel eintre-
tenden Entschädigungsansprüche kaum beeinflußt werden
kann. Die Folge für die Stadtentwicklung ist, daß

- in der Innenstadt und ihren Randgebieten die Umstrukturierungsprozesse außer mit der umstrittenen
  Zweckentfremdungsverordnung kaum wirksam unter Kontrolle gehalten werden können;

- in den Wohngebieten in den Randzonen ein Verdich-
  tungsprozeß und eine Einwohnerzunahme hingenommen

werden muß, die die Möglichkeiten der Stadt, dafür
eine ausreichende Infrastrukturausstattung bereitzustellen, bei weitem übersteigt.

Bau- und Wohnungsmarkt

München ist neben Hamburg die Stadt in der Bundesrepublik, in der bis heute noch nicht eine völlige Frei-
gabe der Wohnungsbewirtschaftung erfolgte ("grauer
Kreis"), da hier bis in die jüngste Vergangenheit ein
hoher Fehlbestand an preiswerten und familiengerechten
Wohnungen festgestellt wurde. Erhebliche Teile der in
den sechziger Jahren erstellten Sozialwohnungen - vor
allem in neuen Großwohnsiedlungen - sind überbelegt.
Dem steht gegenüber, daß Neubauwohnungen auch im Bereich des öffentlich geförderten Wohnungsbaus mit An-
fangsmieten von rund 4,50 DM/qm nur noch begrenzt ver-
mietet werden können. Sie tragen dann bereits dazu bei,
die beträchtliche Zahl unverkäuflicher, nur unter
Schwierigkeiten vermietbarer, freifinanzierter teurer
Neubauwohnungen noch zu erhöhen.

In einigen innenstadtnahen traditionellen Wohnbereichen
sind umfangreiche Modernisierungs- und Erneuerungsmaß-
nahmen erforderlich, um deren Bausubstanz auch in Zukunft für Familien attraktiv zu machen oder zu erhalten.

Infrastruktur

Die Ausstattung mit Infrastruktur ist vornehmlich aufgrund der Bevölkerungsentwicklung der zurückliegenden
10 - 15 Jahre unzureichend oder unausgewogen:

- Die Versorungssituation ist regional unterschiedlich;
  insbesondere die nördlichen Stadtbereiche sind im
  sozialen, schulischen und kulturellen Bereich unter-
  versorgt;

- in Neubaugebieten bestehen aufgrund unausgewogener
  Bevölkerungsstruktur zunächst Probleme zu knapp be-
  messener Kapazitäten, später Probleme der Auslastung
  von Infrastruktureinrichtungen;

- eine spezifische Infrastruktur, wie sie Voraussetzung für eine bessere Integration des hohen ausländischen Bevölkerungsanteils wäre, fehlt nahezu völlig;

- ein besonders eklatanter Mangel besteht bei Freizeitheimen und Bürgerhäusern.

Regionale Kooperation
Bereits Ende der sechziger Jahre wurde seitens der Stadt als Instrument zur besseren Steuerung des regionalen Entwicklungsprozesses die Bildung einer Verwaltungsregion mit Vollzugskompetenz für den Raum München vorgeschlagen; der Vorschlag scheiterte jedoch am Widerstand der umliegenden Gemeinden oder übergeordneten Gebietskörperschaften. Die Abstimmung der kommunalen Einzelplanungen im Verdichtungsraum erfolgt durch den vom Bayerischen Landesplanungsgesetz vorgeschriebenen Regionalen Planungsverband. Die Problematik dieser Lösung ist im Mangel an Vollzugsmöglichkeiten eines solchen Verbandes zu sehen. Sie wurde deutlich an den Auseinandersetzungen über die Aufteilung der Einwohnerzuwachsraten auf die einzelnen Gemeinden durch das Bayerische Staatsministerium für Landesentwicklung und Umweltfragen im Rahmen des Entwurfs für ein Landesentwicklungsprogramm.

B) Lösungsansätze

Der vor allem durch das ungewöhnlich dynamische Wachstum von Wirtschaft und Bevölkerung verursachte Problemdruck und die durch die damalige politische Führungsspitze der Stadt München sehr früh aufgenommene und wesentlich mitbestimmte Diskussion über die Bedrohung der Lebensverhältnisse in den großstädtischen Verdichtungsräumen führte in München bereits in den frühen sechziger Jahren zu organisatorischen Überlegungen in Richtung einer stärkeren Integration der Planungsmaßnahmen der einzelnen Fachressorts.

In einer ersten Phase lag die Integrationsebene vor allem im Bereich der raumbezogenen Stadtplanung:

Im Jahre 1960 wurde das Stadtplanungsamt aus dem Hoch-
baureferat herausgelöst und in das Direktorium (Haupt-
amt) eingegliedert, d. h. dem Oberbürgermeister direkt
unterstellt. Wesentliche Aufgabe dieses Amtes war es,
die Arbeit der externen "Arbeitsgemeinschaft Stadtentwicklungsplan" verwaltungsintern zu betreuen.

Im Jahre 1963 wurde durch eine zunächst externe Arbeitsgruppe, deren Mitglieder später weitgehend in
den Dienst der Stadt übernommen wurden, der Stadtentwicklungsplan 1963 erarbeitet und vom Stadtrat verabschiedet, der sich in seinen Zielvorgaben - dem damaligen Planungsverständnis entsprechend - zwar in erster Linie auf die unmittelbar raumbezogenen Ziele
der Flächennutzung und des Verkehrsausbaus konzentrierte, diese Ziele aber bereits in Ansätzen als Inte-
grationsrahmen für Maßnahmen in anderen Bereichen, vor
allem als Vorgabe für die kommunale Investitionspoli-
tik, verstand.

Im Jahre 1964 wurde durch Zusammenlegung der Referate
für Hochbau, Tiefbau und Wohnungswesen das Baureferat
geschaffen und in dieses auch die Stadtplanung eingegliedert. Übergreifende Integrationsfunktionen wurden
in dieser Zeit von der Gruppe Bauverwaltung, in der
damals auch ein Sachgebiet für sozialwissenschaftliche Forschung eingerichtet wurde, ansatzweise erfüllt.
In dieser Phase wurde im Jahr 1965 ein Flächennutzungsplan erstmals gemäß Bundesbaugesetz erarbeitet und verabschiedet.

In einer zweiten Phase kehrte die Funktion ressortübergreifender Planungstätigkeit in das Amt des Oberbürgermeisters zurück. In dieser Zeit erfolgte die Ablö-
sung der räumlichen Planung als ausschließliche Integrationsebene. Die Mehrjahresinvestitionsplanung wurde
eingeführt.

Im Jahre 1966 wurde im Direktorium das Investitions-
planungs- und Olympiaamt eingerichtet, das neben den
damals aktuellen Aufgaben im Zusammenhang mit der Vor-

bereitung der Olympischen Spiele folgende Funktionen
langfristig wahrnehmen sollte:

- ressortübergreifende Grundlagenforschung

- zentrale Wahrnehmung der regionalen Kontakte

- sowie den Aufbau und die Durchführung der mittelfristigen Investitionsplanung.

Hinzu trat als bedeutendste Aufgabe, den im Jahre 1963
beschlossenen Stadtentwicklungsplan auf der Grundlage
der Erkenntnisse aus einem umfangreichen Forschungsprogramm fortzuschreiben.

Im Jahre 1970 wurde das bis zu dieser Zeit als Stabstel-
le des Oberbürgermeisters geführte Amt wieder aus dem
Direktorium ausgegliedert und zu einem eigenständigen
Referat (Dezernat) erhoben.

Die Entscheidung, das vorwiegend mit Querschnitts- und
Koordinierungsaufgaben betraute Amt aus dem Bereich
der direkten Weisungsmöglichkeit durch den Oberbürgermeister herauszunehmen und in die Reihe der Fachrefe-
rate einzuordnen, wurde durch die im politischen Bereich erhobene Forderung nach stärkerer politischer
Kontrolle dieser Tätigkeit begründet.

Das Stadtentwicklungsreferat setzte sich organisatorisch zusammen aus

- einem Arbeitsbereich Stadtforschung, der aus Teams
  für sozialwissenschaftliche, ökonomische, raumbezo-
  gene und verkehrswissenschaftliche Forschung sowie
  einem Team für den Aufbau eines Planungsinformations-
  systems bestand; zu den Aufgaben des Bereiches ge-
  hörte auch die Durchführung aller Arbeiten zur Neu-
  fassung des Stadtentwicklungsplans, der - nach der
  durch den Münchner Stadtrat 1969 beschlossenen Aufgabenstellung - auf die umfassende Analyse aller
  entwicklungsrelevanten Faktoren aufbauen sollte und
  dem die Funktion eines umfassenden Integrationsrah-
  mens der referatsbezogenen Planungen zugedacht war;

- einem Arbeitsbereich Entwicklungsplanung, dem vornehmlich die Umsetzung der im Arbeitsbereich Forschung erarbeiteten grundsätzlichen Zielvorstellungen in den Vollzug der Ressorts und dessen Kontrolle oblag; ein weiteres wesentliches Aufgabenfeld
  war hier die Wahrnehmung und Intensivierung der Kontakte zur Bürgerschaft;

- einem Arbeitsbereich, in dem die mittelfristige Investitionsplanung und Kontrolle, die Wahrnehmung der
  regionalen Kontakte und die Wahrnehmung der Angelegenheiten der Olympischen Spiele zusammengefaßt
  waren.

Insgesamt wurde als Referatsaufgabe definiert, im Vor-
feld der Arbeiten der Fachressorts und auf der Grundlage differenziert angelegter, interdisziplinärer Grundlagenarbeiten aus ganzheitlicher Sicht und mit innova-
tivem Anspruch auf die Entwicklung der Stadt steuernd
Einfluß zu nehmen. Diese Aufgabe umfaßte die Erarbeitung bzw. Weiterentwicklung hierfür erforderlicher Pla-
nungsinstrumente unter besonderer Berücksichtigung der
Möglichkeiten der Demokratisierung des Planungsprozesses.

Dabei wurde allerdings in einzelnen Arbeitsfeldern, vornehmlich im Bereich der raumbezogenen Forschung und
Planung des Referats, der Anspruch auf Detailliertheit
sehr weit, teilweise bis auf die Ebene anderer Referate vorgetragen. Dies hatte zur Folge, daß Probleme der
Aufgabenabgrenzung insbesondere zwischen Stadtentwicklungsreferat und Baureferat entstanden, die bisher und
trotz in der Zwischenzeit gewandeltem Selbstverständnis und gewandelter Aufgabenstellung des Stadtenwick-
lungsreferates nicht gelöst werden konnten.

Prinzip der inneren Organisation und des personellen
Aufbaus des Referats waren interdisziplinäre Zusammensetzung der Mitarbeiter und Teamarbeit.

Ende 1974 lag die Zahl der Mitarbeiter des Stadtent-
wicklungsreferates bei etwa 90 Personen.

C) Erfahrungen und Konflikte

Mit dem Entwurf eines fortgeschriebenen Stadtentwicklungsplans im Jahr 1974 kann die zweite Phase der Stadtforschung und Entwicklungsplanung als abgeschlossen angesehen werden. Gemessen an dem Anspruch der ursprünglichen Konzeption einer umfassenden und integrierten
Stadtentwicklungsplanung ist das Ergebnis den seiner-
zeitigen Erwartungen nicht voll gerecht geworden. Zwar
liegen zu nahezu allen im Untersuchungsprogramm von
1969 aufgeführten Forschungsschwerpunkten umfangreiche
Teilstudien vor, die - wie z. B. eine Ausländerstudie
oder eine Umweltstudie - vielfach weit über die Grenzen der Münchner Verwaltung hinaus Beachtung fanden.

Die Ergebnisse und Aussagen aller dieser Studien wurden
jedoch nicht in der Weise und in dem Umfang zu einem
Gesamtzusammenhang integriert, wie dies in der ursprünglichen Aufgabenkonzeption vorgesehen war.

Rückblickend muß festgestellt werden, daß dies wohl
auch nur unter großen Schwierigkeiten und unter Arbeitsbedingungen zu leisten gewesen wäre, die nicht mehr als
Voraussetzungen für kommunale Entwicklungsplanung ver-
allgemeinert werden können. Diese Schwierigkeiten liegen darin, daß der systematischen Zusammenführung aller
Forschungsergebnisse gerade die Fülle der Informationen, Fakten und deren vielfältige wechselseitige Abhängigkeiten entgegenstanden und in dieser Vielfalt
nicht mehr einer wertenden und die Bestimmung von Prioritäten erlaubenden Integration zugänglich waren.

Aus dieser Erfahrung, daß nämlich ein auf umfassenden
Abgleich aller kommunalen Planungsaktivitäten zielen-
der und zugleich weit in die Tiefe und in die Details
gehender Ansatz zu - jedenfalls im Rahmen der in München gegebenen Voraussetzungen - nicht bewältigbaren
Problemen der Informationsverarbeitung und Zielfindung
führt, können zwei entgegengesetzte Schlüsse gezogen
werden: Entweder wird der ganzheitliche Anspruch auf-
gegeben oder die Erarbeitung einerseits übergreifender

und andererseits den Anforderungen des Vollzugs entsprechender detaillierter Planungs- und Entscheidungsgrundlagen so zu organisieren, daß der Gesamtzusammenhang aller Faktoren hergestellt werden kann.

Zu einer auf einer systematischen Analyse dieser Alternativen begründeten Diskussion ist es in München bisher
nicht gekommen. Dazu haben wesentlich auch die Veränderungen in der Referatsspitze und Referatsstruktur beigetragen, die dazu geführt haben, daß inzwischen der
ursprünglich stark integrativ und sozialpolitisch
orientierte Ansatz einem stärker auf unmittelbaren
Vollzug, d. h. auf die Behandlung planerischer Einzelprobleme ausgerichteten Auffassung von Stadtentwicklungsplanung gewichen ist.

(10) Bericht über das Expertengespräch in Nürnberg

Ort und Zeit: Amt für Stadtforschung und Statistik
                  der Stadt Nürnberg
                  21. Februar 1975

Gesprächspartner: Herr K. Trutzel, Leiter des Amtes

Vorbereitung: Der Frageborgen wurde nicht bearbei-
                  tet.

A) Problemfelder

Bevölkerungsentwicklung und Arbeitsmarkt
Nürnberg stellt mit rd. 508.000 Einwohnern die größte
Stadt in der nordbayerischen Industrieregion Mittel-
franken dar, die noch die unmittelbar angrenzenden
Städte Schwabach, Fürth und Erlangen umfaßt und im en-
geren Verdichtungsraum etwa 1,04 Mio Einwohner zählt[1].

Die Bevölkerungsentwicklung Nürnbergs ist von einem
Sterbeüberschuß geprägt, der bis 1974 von einem durch
Ausländer bedingten Wanderungsüberschuß kompensiert

---

[1] Mittelbereiche Nürnberg, Erlangen, Fürth und Schwabach
am 31. 12. 1973

wurde, so daß insgesamt ein geringes Bevölkerungs-
wachstum zu verzeichnen war. Mit einem Ausländeranteil
von 10,5% liegt Nürnberg über dem Durchschnitt der
untersuchten Städte.

Die Beschäftigungsverhältnisse sind einerseits geprägt
vom hohen Anteil der Industriebeschäftigten, vorwiegend in den Bereichen Maschinenbau, Elektro- und In-
vestitionsgüterindustrie; andererseits sind in Nürnberg Bundes- oder Landesbehörden, gemessen an der Größe der Stadt, stark unterrepräsentiert. Die BfA stellt
mit rd. 2.000 Beschäftigten den weitaus größten Arbeitgeber in diesem Bereich dar.

Insgesamt zeigen Bevölkerungsentwicklung und Beschäftigungsverhältnisse einen relativ ruhigen, von der jeweiligen Konjunkturlage weniger stark als in anderen
Großstädten bestimmten Verlauf. Zu Zeiten der Hochkon-
junktur hat der Entwicklungsdruck in Nürnberg nicht
so krasse Erscheinungen gezeigt wie beispielsweise in
Frankfurt, München oder Düsseldorf. Die Rezession
führte hier auch nicht zu einer so weitgehenden Veränderung der entwicklungsplanerischen Situation wie in
anderen Verdichtungsräumen.

Siedlungsentwicklung
Trotz des relativ geringen Gesamtwachstums der Stadt
sind durch innerstädtische Umstrukturierungsprozesse,
die durch die Ausbreitung des tertiären Sektors in
der Innenstadt und Verlagerung der Wohnfunktion an den
Stadtrand gekennzeichnet sind, Entwicklungsprobleme
entstanden. Die Siedlungstätigkeit breitete sich im
weniger dicht besiedelten Umland aus, dabei wurden vor
allem die Gebiete im Westen und Süden der Stadt zer-
siedelt und der im Osten gelegene Reichswald bedrängt;
so wird die Gefahr gesehen, daß die zwischen den Entwicklungsachsen gelegene Erholungslandschaft weiter
aufgezehrt wird.

Die historsche Altstadt wurde nach dem Kriege dem alten Straßenverlauf entsprechend wieder aufgebaut. Der

Altstadtverein ist um Wahrung des historischen Charak-
ters bemüht; ein Entwicklungskonzept für die Altstadt
wurde vom Stadtrat 1972 beschlossen, das darauf abzielt,
"die Altstadt als städtebauliche Einheit mit ihrem historischen Stadtbild zu erhalten, das historische Herz
der Stadt dabei funktional zu nutzen und gleichzeitig
mit Leben zu erfüllen."[1]

Verkehr

Zersiedelung des Umlandes und die geplante Belebung der
Altstadt führen zu Verkehrsproblemen, die durch verstärkten Ausbau der öffentlichen Verkehrssysteme, vor
allem durch den Bau einer U-Bahn und S-Bahn und durch
Revitalisierung von Straßenbahn und Bus gelöst werden
sollen. Das Verhältnis der Gesamtverkehrsinvestitionen
gemäß MIP 1974 - 1977 beträgt rund 188 Mio DM für den
Straßenbau und 240 Mio DM für den U-Bahn-Bau im Pla-
nungszeitraum. Gegenwärtig wird an der Fortschreibung
des Generalverkehrsplanes gearbeitet. Ein Verkehrsverbund nach Hamburger, Frankfurter oder Münchner Muster
ist im Gespräch, hat jedoch noch keine konkrete Gestalt
gewonnen. Die Verkehrsplanung im Großraum wird durch
die Arbeitsgemeinschaft zur Planung des ÖPNV abgestimmt.
So wurde z. B. zum Teil erreicht, daß die Regionalbusse
an den Endhaltestellen der Straßenbahn enden und nicht
die innerstädtischen Straßen belasten.

Wohnen und soziale Infrastruktur

Über die Verwaltung der Landes- und Bundesmittel für
den öffentlich geförderten Wohnungsbau hinaus schießt
die Stadt p. a. ca. 5 Mio DM Eigenmittel hinzu. Die
Erstbezieher der öffentlich geförderten Wohnungen sind
zu etwa 75% Alt-Nürnberger, die aus der Altbausubstanz
in die Neubauwohnungen umziehen. Beim privaten Wohnungsbau beträgt diese Rate lediglich 66%. Es gibt leerstehende Eigentumswohnungen, die genaue Zahl ist nicht bekannt.

---

1) Stadt Nürnberg, AGN: Entwicklungskonzept Altstadt,
   November 1972

Gefördert wird das Sanierungsgebiet Bleiweißviertel
mit etwa 1,6 Mio DM städtischer Mittel p. a.

Infolge der Umstrukturierungsprozesse hat sich die Ver-
sorgungssituation mit sozialen Infrastruktureinrichtungen im innerstädtischen Bereich verbessert. Die Ende
der sechziger Jahre aufgetretenen Versorgungsengpässe
im Randbereich der Stadt vor allem in den großen Neu-
bauquartieren haben sich in der Zwischenzeit weitgehend normalisiert.

Eine Förderung der Dezentralisierung zentraler Einrichtungen wird nicht für dringlich gehalten, weil
aufgrund der polyzentrischen Struktur des Großraums
eine einseitige Überlastung der City nicht erfolgt ist.

B) Lösungsansätze

Die Stadt Nürnberg hat in Zusammenarbeit mit dem kom-
munalwissenschaftlichen Forschungszentrum, Berlin bereits 1970 erste Ansätze zur ressortübergreifenden Planung entwickelt, die in der Literatur detailliert beschrieben wurden. In der Literaturübersicht dieses Be-
richtes wird deshalb auch auf das Beispiel Nürnberg besonders eingegangen.

Dem in Nürnberg beschrittenen Weg zu einer integrierten Entwicklungsplanung liegt die Vorstellung zugrunde, daß es möglich ist, ein zumindest insoweit wider-
spruchsfreies Bündel von hinreichend konkreten Zielen
der Stadtentwicklung zu formulieren, daß aus ihnen Prioritäten für den Planungsvollzug abgeleitet werden können. Als wichtigstes Integrations- und Vollzugsinstru-
ment der kommunalen Entwicklungsplanung wird das Mehrjahresinvestitionsprogramm angesehen. Dem jährlich
fortzuschreibenden Investitionsplan werden dementsprechend auch die in Leitsätzen zusammengefaßten Ziele der
Stadtentwicklung vorangestellt. Auch sie sollen jährlich fortgeschrieben werden.

Da Nürnberg die einzige uns bekannte Stadt ist, die
ihre Entwicklungsziele in so eindeutiger und knapper

Form als vom Stadtrat beschlossene verbindliche Richt-
linie definiert hat, werden diese Ziele am Ende dieses
Abschnitts im Wortlaut angeführt.

Mit den 10 Leitsätzen eng verbunden sind 5 Verfahrensgrundsätze, die sich auf die Funktion des Mehrjahres-
investitionsprogramms bei der Verwirklichung der Ziele
beziehen. Sie werden gleichfalls im Wortlaut wiederge-
geben.

Die Entwicklungsplanung wird durch die Arbeitsgruppe
Nürnberg-Plan (AGN) ressortübergreifend abgestimmt. Sie
wurde 1970 - nach dem Beschluß der Grundkonzeption der
Nürnberg-Planung durch den zuständigen Ratsausschuß -
berufen und bestand aus dem Oberbürgermeister als Vorsitzenden, dem Wirtschaftsreferenten als dem Geschäfts-
führer, dem Bürgermeister und den Referenten, den Mitgliedern des Stabs der AGN und namentlich benannten
Fachplanern (siehe beiliegende Geschäftsanweisung vom
1. 6. 71).

Ende 1974 wurde die Geschäftsanweisung der AGN dahingehend geändert, daß nunmehr der Wirtschaftsreferent
den Vorsitz führt und nur noch der Stabsleiter sowie
je ein Vertreter der Referate sowie deren Stellvertre-
ter Mitglieder der AGN sind.

Die Planungsprobleme werden in ressortübergreifenden
Projektgruppen aufbereitet, denen Fachvertreter der
einzelnen Referate und mindestens ein Mitglied des AGN-
Stabes angehören. Die AGN berät die Vorlagen der Projektgruppen und formuliert Stellungnahmen. Nach einer
Behandlung in der Referentenbesprechung schlagen sie
sich entweder in Dienstanweisungen des Oberbürgermeisters oder in Beschlußvorschlägen für den Stadtrat nieder. Die Einzelheiten dieser Organisation gehen in ihrer
ursprünglichen Form aus der beigefügten Geschäftsanweisung für die AGN vom 1. 6. 1971 hervor.[1]

---

1) Mit dem Abdruck von Original-Dokumenten aus Nürnberg soll

noch Fußnote 1 von Seite 133

nicht der subjektive Charakter dieses Expertengesprächs
verdeckt werden; vielmehr geht es hier darum, ein für die
jüngsten Entwicklungstendenzen der kommunalen Entwicklungsplanung signifikantes Beispiel in seiner Ausgangssituation
zu verdeutlichen, um die nachfolgende Entwicklung besser
einschätzen zu können.

Richtlinien für die lang- und mittelfristige Stadtentwicklungsplanung der Stadt Nürnberg (StER)

— AdO Nr. 40 A vom 23. 12. 1971 —

1. Allgemeines

(1) Der Planungs- und Entscheidungsprozeß ist in Stufen gegliedert. Hierbei sind die einzelnen Zielsetzungen, Planungen, Programme und Maßnahmen jeweils aus den übergeordneten Planungsstufen abzuleiten. Soweit für Teilbereiche keine übergeordnete Planung vorliegt, ist bei Vorhaben mit Investitionskosten von mehr als DM 250 000,— bzw. jährlichen Folgekosten von mehr als DM 100 000,— nach Maßgabe dieser Richtlinien eine **Bedarfsplanung** durchzuführen und auf die bestehenden Pläne abzustimmen, sowie nach Beschlußfassung eine Ergänzung der lang- und mittelfristigen Pläne vorzunehmen.

(2) Die Durchführung einer Maßnahme darf grundsätzlich nur eingeleitet werden, wenn die Maßnahme im Mittelfristigen Investitionsplan enthalten ist.

(3) **Gegenstand dieser Richtlinien ist die lang- und mittelfristige Stadtentwicklungsplanung. Die daran anschließenden** Planungsstufen werden geregelt in den „Richtlinien über die Vorbereitung, Durchführung und Abrechnung von Investitionsvorhaben der Stadt Nürnberg (IBR)".

2. Stufen der lang- und mittelfristigen Stadtentwicklungsplanung

2.1. Zielsystem der Stadtentwicklung

Das Zielsystem der Stadtentwicklung enthält:

(a) die abgestimmten übergreifenden Ziele und grundsätzlichen Strategien,

(b) die grundsätzlichen bedürfnisbezogenen Ziele der Rahmenpläne,

(c) das Modell der räumlichen Ordnung.

2.2. Rahmenpläne

Die Rahmenpläne setzen sich zusammen aus bedürfnisbezogenen, untereinander abgestimmten Teilrahmenplänen (Bildung/Erziehung, Erholung, Gesundheit, Wohnen, Verkehr usw.). Sie gliedern sich in „Bedarfspläne" und „langfristige Investitions- und Maßnahmenpläne". Den Rahmenplänen müssen abgestimmte Ausgangsdaten zugrunde liegen.

2.2.1. Bedarfspläne

Die Bedarfspläne enthalten:

(a) die Beschreibung des Bedürfnisbereichs unter Bezug auf die übergeordneten und abstimmungsbedürftigen Ziele,

(b) die Leistungsstruktur und das Leistungsvolumen der vorhandenen Einrichtungen und deren Träger,

(c) den gegenwärtigen Personal- und Sachmitteleinsatz,

(d) die künftige Bedürfnisstruktur,

(e) die angestrebte Leistungsstruktur und ihre Träger,

(f) das künftige Nachfragevolumen,

(g) den angestrebten Personal- und Sachmitteleinsatz,

(h) die Feststellung des Fehlbedarfs (nach Qualität und Menge).

2.2.2. Langfristige Investitions- und Maßnahmenpläne

(1) Die langfristigen Investitions- und Maßnahmenpläne enthalten die projektierten Einrichtungen und Maßnahmen, die geeignet sind, den im Bedarfsplan ausgewiesenen Fehlbedarf zu befriedigen.

(2) Insbesondere weisen sie aus:

(a) Art und Größe der Leistungsmenge der Einrichtungen zur Verminderung des Fehlbedarfs,

(b) die generelle räumliche Zuordnung sowie die Verteilung der Standorte und der entsprechenden Flächenansprüche als Ergebnis der Abstimmung des Modells der räumlichen Ordnung mit dem langfristigen Investitionsplan,

(c) Schätzung der Investitions- und Folgekosten unter Zugrundelegung des notwendigen Personal- und Sachmitteleinsatzes und Hinweis auf notwendige Folgeinvestitionen,

(d) Erläuterung der positiven Folgewirkungen und Schätzung der Folgeeinnahmen.

2.3. Fünfjähriger Mittelfristiger Investitionsplan

(1) Der **fünfjährige Mittelfristige Investitionsplan** enthält die Vorhaben, die — in Abstimmung mit der Finanzplanung — aufgrund ihrer sachlichen, zeitlichen und regionalen Priorität aus dem vorangegangenen Mittelfristigen Investitionsplan oder dem langfristigen Investitions- und Maßnahmenplan übernommen und von der Stadt ganz oder teilweise getragen werden.

(2) Insbesondere enthält der Mittelfristige Investitionsplan folgende Angaben:

(a) die Beschreibung des Vorhabens unter Angabe der Art und Größe der Leistungsmenge,

(b) die Dringlichkeit der Maßnahme,

(c) die Auswirkungen auf die künftigen Einnahmen und Ausgaben,

(d) den Zusammenhang mit anderen Vorhaben (Folgeinvestitionen),

(e) die Eigenschaft als Neu- oder Ersatzinvestition,

(f) Planungsdauer, Stand des Verwaltungsverfahrens, der Grundstücksverhandlungen sowie der boden- und planungsrechtlichen Gegebenheiten.

3. Fortschreibung

Das Zielsystem der Stadtentwicklung, die Rahmenpläne sowie der Mittelfristige Investitionsplan sind nach ihrer erstmaligen Aufstellung jährlich fortzuschreiben.

4. Verfahrensweise

4.1. Grundsätzliches

(1) Der Aufbau und die jährliche Fortschreibung des Zielsystems der Stadtentwicklung, der Rahmenpläne und des Mittelfristigen Investitionsplanes werden in der Arbeitsgruppe Nürnberg-Plan als „Stadtentwicklungsproblem" behandelt

(2) Die Entwürfe hierzu werden in den beauftragten Projektgruppen auf der Grundlage der Vorstellungen der Referate und der diesen untergeordneten Dienststellen mit diesen gemeinsam erarbeitet.

(3) Die vom Oberbürgermeister nach Herbeiführung der Stellungnahme der berufsmäßigen Stadtratsmitglieder (Referenten) und sodann nach Beratung (Referentenbesprechung oder Einzelberatung) mit den beteiligten berufsmäßigen Stadtratsmitgliedern (Referenten) gebilligten Entwürfe werden zunächst dem Ausschuß für Stadtforschung, Stadtentwicklung und Stadterneuerung zur Vorberatung zugeleitet. Weitere Ausschüsse sind zuzuziehen, wenn es die Sachbehandlung erfordert. Sodann entscheidet der Stadtrat.

4.2. Ergänzende Regelungen für die einzelnen Planungsstufen

4.2.1. Räumliches Modell im Zielsystem für die Stadtentwicklung

(1) Das Modell der räumlichen Ordnung wird auf der Grundlage der übergreifenden Ziele und grundsätzlichen Strategien der Stadtentwicklung und Stadtgestaltung in der beauftragten Projektgruppe mit dem Referat für Bauverwaltung aufgestellt.

(2) Dieses Modell wird durch die beauftragte Projektgruppe in das Zielsystem eingearbeitet.

(3) Das Modell der räumlichen Ordnung findet seinen Niederschlag in der Bauleitplanung.

4.2.2. Rahmenpläne

(1) Bedarfspläne

(a) Die beauftragte Projektgruppe
— beschreibt federführend den Bedürfnisbereich unter Bezug auf die übergeordneten und abstimmungsbedürftigen Ziele und
— ermittelt federführend die künftige Bedürfnisstruktur.

(b) Die Sachreferate stellen unter Verwendung der von der Projektgruppe erarbeiteten Ergebnisse federführend fest:
— die Leistungsstruktur und das Leistungsvolumen der vorhandenen Einrichtungen sowie den gegenwärtigen Personal- und Sachmitteleinsatz,
— die angestrebte Leistungsstruktur und den angestrebten Personal- und Sachmitteleinsatz.

(c) Der Stab der Arbeitsgruppe Nürnberg-Plan schätzt für die Projektgruppe die künftige Nachfragemenge.

(2) Langfristige Investitions- und Maßnahmenpläne

(a) Die Sachreferate schlagen unter Zugrundelegung der Bedarfspläne geeignete alternative Investitionen und Maßnahmen vor.

(b) Die hiermit beauftragten Projektgruppen erarbeiten auf der Grundlage dieser Vorschläge und gegebenenfalls eigener Vorstellungen Investitions- und Maßnahmenprogramme.

(c) Das Referat für Bauverwaltung erarbeitet erforderlichenfalls Standortvorschläge.

(d) Das ausführende Fachreferat schätzt im Einvernehmen mit dem bedarfstragenden Sachreferat die Investitionskosten.

(e) Die Projektgruppen schätzen die Folgekosten und Folgeerträge.

4.2.3. Fünfjähriger Mittelfristiger Investitionsplan

(a) Die Sachreferate melden die Vorhaben für den Mittelfristigen Investitionsplan mit den vorgeschriebenen Formblättern an das Haushaltsamt.

(b) Das Haushaltsamt erfaßt diese Angaben, prüft sie auf Plausibilität und leitet sie an den Stab der Arbeitsgruppe Nürnberg-Plan zur Behandlung in den beauftragten Projektgruppen weiter.

(c) Die hiermit beauftragten Projektgruppen erarbeiten unter Zugrundelegung des vom Finanzreferat aufgestellten Mittelfristigen Finanzplanes Entwürfe zu alternativen Mittelfristigen Investitionsplänen.

5. Übergangsbestimmungen für den Mittelfristigen Investitionsplan bis zum Vorliegen der langfristigen Pläne

Bis zum Vorliegen der langfristigen Pläne nach Ziff. 2.1. und 2.2. gelten für die Aufstellung des Mittelfristigen Investitionsplans, in Abweichung von Ziff. 2.3. (1), die folgenden Übergangsbestimmungen; Ziff. 4.2.3. bleibt hiervon unberührt.

(a) Für die im laufenden Mittelfristigen Investitionsplan enthaltenen sowie die darüberhinaus angemeldeten Projekte führen die hiermit beauftragten Projektgruppen Bedarfsschätzungen durch.

(b) Die Projektgruppen erarbeiten außerdem Kriterien für die Beurteilung der zeitlichen und sachlichen Priorität der angemeldeten Vorhaben.

(c) Soweit mit Fortschreiten der Nürnberg-Planung Teilrahmenpläne gemäß Ziff. 2.2. erstellt werden, sind diese der Vorbereitung des Mittelfristigen Investitionsplans zugrundezulegen.

6. Schlußbestimmungen

(1) Diese Richtlinien treten am 1. Januar 1972 in Kraft.

(2) Gleichzeitig treten alle ihnen entsprechenden oder widersprechenden Anordnungen des Oberbürgermeisters außer Kraft.

Leitsätze und Verfahrensgrundsätze des Mittelfristigen
Investitionsplans 1974 - 77 der Stadt Nürnberg

Beschluß des Stadtrats vom 28.11.1973

Leitsatz 1

(1) Ziel dieser Planung ist es, in erster Linie die Lebensqualität für die vorhandene Bevölkerung zu verbessern. Wachstumsziele sind dieser Forderung unterzuordnen.

(2) Für Nürnberg in den Grenzen nach der Gebietsreform werden den bevölkerungsbezogenen Planungen als gemeinsame Basisdaten die Ergebnisse der vom Amt für Stadtforschung und Statistik durchgeführten Bevölkerungsprognose zugrundegelegt, aus denen sich (einschließlich der eingemeindeten Gebiete) folgende Bevölkerungsentwicklung ergibt (Jahresendbestand gerundet):

1972	515.000
1975	525.000
1980	536.000
1985	541.000
1990	547.000

Leitsatz 2

(1) Die Versorgung bzw. Ausstattung bestehender Stadtteile hat gegenüber der Ausweisung neuer Baugebiete Vorrang.

(2) Die Planungen sind grundsätzlich auf eine gleichmäßige Versorgung der Bevölkerung in den einzelnen Stadtteilen auszurichten; dabei ist die Zentrenstruktur zu berücksichtigen; krasse Unterschiede im Versorgungsniveau sind zu vermeiden.

(3) Wohnungsbau und Infrastrukturausstattung der Wohnviertel sollen sich zur Vermeidung von Engpässen grundsätzlich gleichgewichtig entwickeln. Hierzu ist die Bautätigkeit mit der Verkehrserschließung und den notwendigen Schul- und sonstigen Infrastruktureinrichtungen räumlich und zeitlich abzustimmen.

Diesem Grundsatz ist im einzelnen bei der Fortschreibung des Flächennutzungsplanes und bei der Bearbeitung und Genehmigung der Bebauungspläne Rechnung zu tragen. Neue Bebauungspläne sind grundsätzlich erst zu genehmigen, wenn folgendes geprüft ist:

. Verursacht die Realisierung des Bebauungsplanes zusätzliche Versorgungsengpässe im Infrastrukturbereich?
. Wird die Beseitigung von Mangelsituationen in bereits bewohnten Gebieten verzögert?
. Rechtfertigt die Bedeutung der vorgesehenen Bebauung für die Stadtentwicklung die Inkaufnahme neuer Versorgungsengpässe oder die Verzögerung bei der Beseitigung bestehender Mangelsituationen?

Dies bedingt, daß auch in der Planungsregion 7 ein entsprechendes Gleichgewicht zwischen Wohnungsbau und Infrastrukturausstattung hergestellt wird; gelingt dies nicht, so ist dieser Grundsatz zu überprüfen.

Leitsatz 3

Die eingemeindeten Gebiete werden in die Gesamtplanung integriert. Im vorliegenden Mittelfristigen Investitionsplan sind die Investitionsverpflichtungen, die der Stadtrat durch Beschluß vom 10.5.1972 übernommen hat, zu berücksichtigen. Weitere Vorhaben werden den Investitionen für das übrige Stadtgebiet grundsätzlich gleichgestellt.

Leitsatz 4

(1) Um die Kontinuität der Planung, ein abgestimmtes Verwaltungshandeln und einen sparsamen Personal- und Mitteleinsatz zu gewährleisten, sind Verschiebungen zwischen den Investitionsbereichen nicht sprunghaft vorzunehmen, sondern lang- und mittelfristig zu planen und zu vollziehen.

(2) Neben der Dringlichkeit ist die zeitliche Realisierbarkeit ein wesentliches Entscheidungskriterium für die zeitliche Einordnung der Vorhaben. Innerhalb des Eigenmittelrahmens dürfen zu früh angesetzte Vorhaben nicht die Verwirklichung baureiferer Projekte blockieren.

(3) I n n e r h a l b des vorgegebenen Eigenmittelrahmens können Großprojekte eines Bereiches nicht gleichzeitig, sondern nur in zeitlicher Staffelung verwirklicht werden.

Leitsatz 5

Der Ausbau des öffentlichen Nahverkehrs ist eine wesentliche Voraussetzung zur Verbesserung des städtischen Lebens. Ihm wird deshalb gegenüber dem Straßenbau Priorität eingeräumt. Insgesamt soll jedoch der Aufwand an Eigenmitteln für den Verkehrssektor nicht zulasten der übrigen Bereiche anwachsen; steigende Ausgaben für den öffentlichen Nahverkehr müssen deshalb von einer Beschränkung des Straßenbaus begleitet werden. Die dem Straßenbau entzogenen Mittel sind voll für den Ausbau der öffentlichen Verkehrsmittel einzusetzen. Neben dem U-Bahn-Bau dienen sie insbesondere auch einer fühlbaren Steigerung der Attraktivität und Leistungsfähigkeit von Straßenbahn und Bus auf mittlere Sicht. Innerhalb des Straßenbaus hat die mittlere Ringstraße Vorrang.

Leitsatz 6

(1) Die Versorgung mit schulischen und kulturellen Einrichtungen ist weiter zu verbessern. Der Schulbau wird im Rahmen des Mittelfristigen Investitionsplans 1974 - 77 besonders gefördert. Für das berufsbildende Schulwesen ist ein wachsender Anteil am Investitionsvolumen des Schulbereichs vorzusehen.

(2) Der zusätzliche Bedarf an Schuleinrichtungen kann von der Stadt nicht alleine getragen werden, insbesondere dann nicht, wenn durch bildungspolitische Maßnahmen des Landes ohne entsprechende Zuschußleistungen des Staates der Stadt neue Verpflichtungen entstehen; dies gilt vor allem für die Auswirkungen des vorgesehenen Berufsschulgrundjahres.

Leitsatz 7

Die Gesundheitsversorgung der Bevölkerung muß weiter verbessert werden. Die dringlichen Erneuerungs- und Rationalisierungsinvestitionen in den Krankenanstalten, insbesondere auch bei den Betriebseinrichtungen, müssen deshalb vorrangig gewährleistet werden. Die Möglichkeiten des Krankenhausfinanzierungsgesetzes sollen ausgeschöpft werden.

Leitsatz 8

Der im Rahmenplan Sozialwesen ausgesprochenen Verpflichtung, den sozial Bedürftigsten zuerst zu helfen, muß Rechnung getragen werden. Die hierzu notwendigen Investitionen sind durchzuführen. In erster Linie sollen die vorhandenen Einrichtungen an die Erfordernisse eines neuzeitlichen Wohn- und Lebensstandards angepaßt werden. Für den Bereich der Jugendhilfe, insbesondere Kindergärten, soll eine konstante Leistungsverbesserung durch Sicherung eines festen Finanzrahmens gewährleistet werden.

Leitsatz 9

(1) Dem Ziel, das Leben in der Stadt zu verbessern, dient auch der Ausbau der Grünflächen und des Tiergartens, der Bau von Bädern und Sportanlagen. Werden innerhalb der mittleren Ringstraße Grünflächen bebaut, so ist im nahen Bereich durch neue Grünflächen Ersatz zu schaffen. Die Vermehrung bzw. Sicherung öffentlicher Grünflächen genießt hierbei Vorrang.

(2) Die für den Ausbau der Grünflächen und des Tiergartens, den Bau von Bädern und Sportanlagen vorgesehenen Investitionen sollen nicht zugunsten von Projekten anderer Bereiche verdrängt werden, sondern in einem gegebenen, etwa gleichbleibenden Finanzrahmen weitergeführt werden. Hierfür sind beschleunigt Rahmenpläne zu erstellen.

Leitsatz 10

Die in den Leitsätzen 4 - 9 angesprochenen Maßnahmen erfordern die Bereitstellung der notwendigen Mittel für induzierten Grunderwerb. Daneben sind in einem entsprechend abgestimmten Umfang Vorratskäufe sowie Grunderwerb für die Entwicklung von Gewerbebetrieben vorzunehmen.

Verfahrensgrundsätze

(1) Der Mittelfristige Investitionsplan ist das wichtigste Abstimmungsinstrument der Stadtentwicklungsplanung. Um als solches zu funktionieren, darf seine finanzielle Basis durch Veränderungen des laufenden Haushalts nicht kurzfristig in Frage gestellt und verändert werden. Hierzu ist u. a. anzustreben, die Entwicklung der das Haushaltsergebnis besonders stark beeinflussenden Größen, wie etwa der Verlustausgleich an die städtischen Werke und die Höhe der Personalkosten, nicht mehr als autonome Größen in die Finanzplanung zu übernehmen, sondern mittelfristig zu planen und gegebenenfalls zu plafondieren.

(2) Angesichts der Bedeutung, welche die Abstimmung und Sicherung der geplanten Investitionen für das Gemeinwohl hat, ist die mittelfristige Investitionsplanung als ständige Aufgabe das ganze Jahr hindurch zu bearbeiten. Nur so können die Voraussetzungen für eine kontinuierliche, abgestimmte Planung und damit die F o r t s c h r e i b u n g des Mittelfristigen Investitionsplans geschaffen werden.

(3) Um die Funktion des Mittelfristigen Investitionsplans als auf die Ziele der Stadtentwicklung optimal abgestimmtes Programm nicht zu gefährden, dürfen Änderungen von Inhalt und Kostenhöhe einzelner Vorhaben künftig nicht isoliert, sondern nur bei gleichzeitiger Anpassung des Gesamtprogramms vorgenommen werden. Der Mittelfristige Investitionsplan unterliegt damit einer ständigen Fortschreibung.

(4) Das den Kostenansätzen zugrundeliegende Programm (insbesondere das Mengengerüst) ist ohne Rücksicht auf seine Detaillierung wesentlicher Bestandteil des Mittelfristigen Investitionsplans. Das Mengengerüst ist deshalb grundsätzlich verbindlicher Teil des MIP-Beschlusses im Stadtrat.

(5) Bei der Beurteilung der in den Mittelfristigen Investitionsplan aufzunehmenden Vorhaben sind auch deren Folgelasten in ihrer Auswirkung auf die künftigen Haushalte zu berücksichtigen.

Geschäftsanweisung
für die Arbeitsgruppe Nürnberg-Plan (AGN)

— AdO Nr. 16 A vom 1. 6. 1971 und Nr. 31 A vom 27. 10. 1971 —

1. Grundlagen der Nürnberg-Planung

1.1. Ziele, Aufgaben und Organisation der Nürnberg-Planung sind festgelegt:

1.1.1. Im ersten Bericht zum Nürnberg-Plan vom 15. 7. 1970, der mit Beschluß des Ausschusses für Stadtforschung, Stadtentwicklung und Stadterneuerung vom 16. 9. 1970 gebilligt wurde und der die Dienstanweisung des Oberbürgermeisters für die Bearbeitung des Nürnberg-Plans vom 25. 5. 1970 enthält.

1.1.2. In der Dienstanweisung des Oberbürgermeisters über die Geschäftsordnung des Zentralen Planungsstabes vom 3. 12. 1970 (jetzige Bezeichnung: Arbeitsgruppe Nürnberg-Plan/Stab).

1.1.3. In der Dienstanweisung des Oberbürgermeisters vom 30. 3. 1971 über die Grundstruktur der Organisation der Nürnberg-Planung.

1.1.4. In der nachfolgenden Geschäftsanweisung, die Zuständigkeit und Verfahrensordnung der Arbeitsgruppe Nürnberg-Plan regelt.

1.2. Stadtentwicklungsprobleme — das sind alle wesentlichen, die Stadtentwicklung berührenden Zielsetzungen, Planungen, Programme und Maßnahmen — sind als solche eindeutig festzustellen, und zwar

— auf Verwaltungsseite durch den Oberbürgermeister und durch das Referentenkollegium unter Vorberatung durch die Arbeitsgruppe Nürnberg-Plan;

— auf Stadtratsseite durch den Stadtrat (Gesamtstadtrat bzw. Ausschuß für Stadtforschung, Stadtentwicklung und Stadterneuerung).

Initiativrecht haben die den jeweiligen Gremien angehörenden Mitglieder.

2. Aufgabe der AGN

2.1. Stadtentwicklungsprobleme werden auf Verwaltungsseite in der AGN behandelt.

2.2. Die AGN ist ein kooperatives Gremium innerhalb der Stadtverwaltung. Sie soll im Rahmen der Aufgabe und Organisation der Nürnberg-Planung durch die Behandlung aller wesentlichen, die Stadtentwicklung berührenden Zielsetzungen, Planungen, Programme und Maßnahmen auf eine integrierende Stadtentwicklungsplanung hinwirken. Zu diesem Zweck soll die AGN insbesondere Verfahren entwickeln, durch die Planungsprozesse durchsichtiger und rationaler und Planungsentscheidungen soweit möglich quantifizierbar werden. Die AGN hat die einzelnen Fachplanungen zu koordinieren und mit der Investitions- und Finanzplanung abzustimmen.

2.3. Die Behandlung in der AGN dient der gegenseitigen Information, der arbeitsmäßigen Integration aller zu beteiligenden Fachbereiche sowie der gegenseitigen Abstimmung, Absicherung und argumentativen Bereicherung.

2.4. Die Durchführung der Fachplanungen verbleibt bei den Fachreferaten.

3. Zusammensetzung der AGN

3.1. Der AGN gehören als ständige Mitglieder an:

3.1.1. Der Oberbürgermeister, der Bürgermeister und die Referenten;

3.1.2. Vertreter der einzelnen Fachbereiche, die auf Vorschlag des jeweiligen Referenten vom Oberbürgermeister namentlich benannt werden und sich nicht vertreten lassen können;

3.1.3. die Mitglieder des AGN-Stabes.

3.2. Die AGN kann zu einzelnen Sitzungen weitere Dienstkräfte der Stadtverwaltung oder Sachverständige beiziehen.

4. Geschäftsstelle der AGN

4.1. Der AGN-Stab nimmt die Aufgaben der Geschäftsstelle der AGN wahr. Er bereitet die Sitzungen verwaltungstechnisch vor. Die sonstigen, dem AGN-Stab durch die Dienstanweisungen des Oberbürgermeisters vom 3. 12. 1970 und 30. 3. 1971 zugewiesenen Aufgaben und Zuständigkeiten bleiben unberührt.

4.2. Die AGN kann dem AGN-Stab Weisungen erteilen und die Erledigung einzelner Aufgaben übertragen.

5. Projektgruppen

5.1. Die AGN setzt zur Vorbereitung ihrer Beratungen und Empfehlungen Projektgruppen ein, legt deren Zuständigkeitsbereich fest und benennt ihre Mitglieder. In jeder Projektgruppe soll mindestens ein Mitglied des AGN-Stabes vertreten sein.

5.2. Die AGN kann den Projektgruppen Einzelweisungen erteilen und spezielle Aufgaben übertragen.

5.3. Die Arbeitsergebnisse der Projektgruppen werden von ihren jeweiligen Sprechern in den Sitzungen der AGN vorgetragen.

5.4. Die Projektgruppen können zu ihren Sitzungen Dienstkräfte der Stadtverwaltung oder Sachverständige beiziehen.

5.5. Vorsitz und Arbeitsweise regelt jede Projektgruppe selbst.

6. Sitzungen der AGN

6.1. Die AGN tritt auf Einladung des für die Nürnberg-Planung federführenden Referenten VII zusammen. Die Einladung soll den ständigen Mitgliedern mindestens drei Tage vor der Sitzung mit einer Tagesordnung schriftlich zugehen.

6.2. Die Tagesordnung stellt der Referent VII oder sein Vertreter (gem. 7.2.) auf. Die ständigen Mitglieder können verlangen, daß bestimmte Punkte auf die Tagesordnung gesetzt werden.

7. Vorsitz in der AGN

7.1. Den Vorsitz in der AGN führt der Oberbürgermeister, in seiner Vertretung der Referent VII.

- 140 -

7.2. Der Referent VII kann seine Vertretung im Vorsitz allgemein oder im Einzelfall frei regeln.

8. Empfehlungen

Die AGN faßt zu den Beratungsgegenständen Empfehlungen, die in der darauffolgenden Referentenbesprechung behandelt werden.

9. Wirksamkeit der Empfehlungen

9.1. In laufenden Angelegenheiten:

Die Empfehlungen werden erst wirksam, wenn sie nach der Beratung in der Referentenbesprechung durch Anordnung des Oberbürgermeisters in Kraft gesetzt werden. Das Recht des Oberbürgermeisters, in laufenden Angelegenheiten Weisungen zu erteilen, bleibt unberührt.

9.2. In Angelegenheiten, die der Beschlußfassung des Stadtrats oder eines beschließenden Ausschusses bedürfen:

Findet eine nach Vorberatung in der Referentenbesprechung vom Oberbürgermeister gebilligte Empfehlung der AGN nicht die Zustimmung des betroffenen Sachreferenten, so hat dieser, wenn er bei seinem Vortrag im Stadtrat oder einem Ausschuß von der Empfehlung abweicht, hierauf ausdrücklich hinzuweisen.

10. Beschlußfassung

10.1. Die Empfehlungen der AGN werden grundsätzlich formlos gefaßt.

10.2. Die AGN faßt keine förmlichen Beschlüsse im Abstimmungswege. Der für die AGN federführende Referent legt die in den Beratungen zum Ausdruck gekommene Meinung schriftlich nieder und formuliert den Text des Gutachtens. Kommt eine einhellige Meinung nicht zustande, so ist die Meinung der Minderheit oder einzelner Mitglieder zu Protokoll

zu nehmen und die Niederschrift den Feststellungen des Vorsitzenden beizufügen.

11. Verhältnis der AGN zum Stadtrat und dem Ausschuß für Stadtforschung, Stadtentwicklung und Stadterneuerung (AfS)

11.1. Die Tagesordnung des AfS wird in der AGN beraten und als Empfehlung dem Oberbürgermeister vorgelegt.

11.2. Die Beschlüsse des AfS und Stadtentwicklungsprobleme betreffende Stadtratsbeschlüsse werden der AGN zur Weiterbehandlung zugeleitet.

12. Verhältnis der AGN zu Dienststellen der Stadt

12.1. Die AGN und ihre Projektgruppen haben gegenüber den Referaten und Dienststellen der Stadt ein Informations-, aber kein Weisungsrecht. Sämtliche Referate und Dienststellen sollen die AGN und die Projektgruppen verständnisvoll beraten, unterstützen und ihre Arbeit fördern.

12.2. Alle Referate und Dienststellen sind gehalten

— die AGN zum frühestmöglichen Zeitpunkt über alle beabsichtigten, die Stadtentwicklung berührenden Planungen, Programme und Maßnahmen zu unterrichten;

— der AGN wichtige Zwischenergebnisse sowie den Abschluß solcher Planungen und Maßnahmen mitzuteilen;

— an der Arbeit der AGN und ihrer Projektgruppen uneingeschränkt mitzuwirken.

12.3. Die für die AGN bestimmten Unterlagen und Akten werden der AGN über ihre Geschäftsstelle zugeleitet.

13. Inkrafttreten

Diese Geschäftsanweisung tritt am 1. Juni 1971 in Kraft.

C) Erfahrungen und Konflikte

Nachdem die anfänglichen Widerstände, insbesondere von
Seiten der mit zentralen Befugnissen ausgestatteten Ämter, überwunden waren, entwickelte sich in der Arbeitsgruppe Nürnberg-Plan ein sowohl die Abstimmung
als auch die Kreativität förderndes "referatsübergrei-
fendes" Problemverständnis. Dieses bewährt sich bei
der Erarbeitung der auf knappen Mittelrahmen abgestimmten mittelfristigen Investitionspläne und bei der Bewältigung so konfliktreicher Planungen wie der General-
verkehrsplanung und der Bauleitplanung.

Obwohl sich also die in Nürnberg eingeführte Organisation der Entwicklungsplanung als ein wirksames Verfahren zur Abstimmung ressortübergreifender Planungen
erwiesen und sich in diesem Sinne durchaus bewährt hat,
entwickelte die Arbeitsgruppe eine als zu stark empfun-
dene Eigendynamik. Die Regelungen sind deshalb gegen
Ende 1974 an das in der Verwaltung allgemein übliche
Maß angepaßt worden. Die Geschäftsanweisung wurde dahingehend geändert, daß die ursprünglich weisungsge-
bundenen, zur Person berufenen Fachplaner nun durch
Vertreter des jeweiligen Referenten ersetzt wurden.
Den Vorsitz in der AGN hat der Oberbürgermeister dem
Wirtschaftsreferenten übertragen. Die AGN spricht keine
Empfehlungen mehr aus, sie gibt Stellungnahmen ab.

Der Ansatz zu einer ressortübergreifenden Planung ist
stärker an die konventionelle Verwaltungsstruktur an-
geglichen worden. Die Initiativfunktion der AGN ist
so zugunsten der Abstimmungsfunktion etwas zurückge-
treten.

(11) Bericht über das Expertengespräch in Stuttgart

Ort und Zeit: Stadtplanungsamt Stuttgart, Abt. städtebauliche Grundlagen und Stadtentwicklung
16. Dezember 1974

Gesprächspartner: Herr Heruday,
Frau Bunata,
Herr Dr. Hartel

Vorbereitung: Den Befragten stand eine ausführliche Beantwortung ihres Fragebogens zur Verfügung.

A) Problembereiche

Einwohner- und Arbeitsplatzentwicklung in der City und in den Innenstadtrandgebieten

Der Umstrukturierungsprozeß von Wohn- und Arbeitsplatznutzung in der City von Stuttgart wird im wesentlichen als abgeschlossen angesehen. Der derzeitige Zustand ist in zweifacher Hinsicht problematisch. Einmal nimmt die Zahl der Arbeitsplätze in der City ab, - nach den Zielen der Stadtentwicklung soll die City jedoch als Hauptarbeitsplatz für Dienstleistungsbetriebe zur Versorgung der gesamten Region gestärkt werden -, zum anderen wird innerstädtisches Wohnen - jedoch nicht in dem als City abgrenzbaren Teil der Innenstadt - als wichtige Basis für die angestrebten Cityaktivitäten angesehen und muß nach den Vorstellungen der Stadtentwicklung dementsprechend reaktiviert werden.

In den Innenstadtrandgebieten findet eine Abwanderung von Einwohnern und Arbeitsplätzen statt.

Durch die Verlagerung von Betrieben des flächenintensiven produzierenden Gewerbes und des Großhandels in das Umland verlieren diese Gebiete mehr Arbeitsplätze, als durch die Expansion oder Neuansiedelung von Dienstleistungsbetrieben nachrücken.

Der negative Wanderungssaldo der Wohnbevölkerung wird
vor allem dadurch bestimmt, daß einkommensstarke Bevölkerungsgruppen, insbesondere Familien mit Kindern,
bessere Wohn- und Umweltbedingungen in der Region suchen. Für die verbleibende Wohnbevölkerung führt dies
zu einer zunehmenden Konzentration von sozial schwachen Gruppen mit hohem Anteil an Alten und Ausländern.
Als Folge wird befürchtet: Einbußen an Steueraufkom-
men, wachsende Belastung der Verkehrseinrichtungen
durch erhöhte Pendlerzahlen, soziale Segregation in
den Innenstadtrandgebieten.

Probleme der Flächennutzung
Die Bauflächen in Stuttgart sind größtenteils mit verbindlichem alten Baurecht aus dem Jahr 1935 ausgestattet, das in Form von Baustaffeln das Maß der zulässigen baulichen Nutzung festlegt. Im Stadtkern ist
danach durchschnittlich eine GFZ von knapp ca. 3,0
zulässig (tatsächlich bis ca. 4,5). Die Bodenpreise
in diesen Gebieten erreichten 1972 in Einzelfällen
Werte von ca. 10.000 DM/qm.

Dieses geltende Baurecht muß unter Berücksichtigung
heutiger Planungsanforderungen nach und nach in Baurecht nach dem BBauG überführt werden. Dabei sind Eingriffe in verbindliche Baurechtsansprüche unumgänglich.
Als besondere Probleme sind in diesem Zusammenhang zu
sehen: Die Verlagerung von störenden Gewerbebetrieben
aus Wohngebieten und die Bereitstellung von Gemein-
bedarfsflächen zur Verbesserung der Arbeits- und
Wohnbedingungen in den Innenstadtbereichen. Die bei
einer Baurechtsminderung entstehenden Entschädigungsansprüche tauchten bisher wegen der geringen Zahl von
planungsrechtlichen Umstellungen allerdings nur in
Einzelfällen als Problem auf.

Verkehr
Die Versorgung mit einem leistungsfähigen und attraktiven öffentlichen Personennahverkehrsmittel wird noch
als unzureichend bezeichnet. Der Ausbau von S- und U-
Bahn wird als vordringliche Maßnahme zur Verwirkli-

chung der Ziele der Stadtentwicklung angesehen. Allerdings wird er durch die besondere topographische Lage
der Innenstadt im Talkessel erschwert. Die bisherige
Verkehrspolitik, die einen massiven Ausbau des Straßennetzes in der Innenstadt gebracht hat, wird in der
Öffentlichkeit stark kritisiert. Vorgeworfen wird eine
unangemessen hohe Inanspruchnahme öffentlicher Mittel
und die Zerstörung der historischen Stadtgestalt.

Klima
Daß das Problem des Stadtklimas besonders hervorgehoben wird, ist z. T. aus der besonderen topographischen
Lage der Stadt zu erklären. Positiv wirkte sich aus,
daß an den Kesselhängen umfangreiche Bauverbotszonen
erhalten wurden und die Nutzungszahlen gering blieben
(Baustaffeln 5 - 9 mit GFZ 0,2 - 1,05). Dadurch wurde
einer stärkeren Beeinträchtigung des Klimans entge-
gengewirkt. Auch in der geltenden Bauleitplanung wurden diese Ziele aufrecht erhalten. Negativ auf die
klimatischen Verhältnisse hat sich allerdings der massive Ausbau des Straßennetzes im Stadtkern und die
Konzentration von Hochäusern in der Talsohle ausge-
wirkt.

Stadtgestalt
Der Wiederaufbau unmittelbar nach dem Krieg hat sich
weitgehend an der alten Stadtstruktur und ihrer Maß-
stäblichkeit orientiert. Die dynamische wirtschaftliche Entwicklung der darauf folgenden Jahre hat in
einigen Bereichen zu tiefgreifenden Veränderungen der
Stadtgestalt geführt. Bei der traditionsbewußten
Stuttgarter Bevölkerung hat diese Entwicklung starke
Kritik vor allem an der Verkehrsplanung und an der
städtebaulichen Verdichtung durch massive Bebauung
hervorgerufen.

Stadtgestaltung wird in der Öffentlichkeit vielfach
noch als gleichbedeutend mit Stadtplanung oder Stadtentwicklungsplanung angesehen. Insofern bestimmen die
negativen Erfahrungen und Einstellungen in Bezug auf
die Entwicklung der Stadtgestalt generell das Verhält-

nis der Bürger zur kommunalen Planung.

B) Lösungsansätze

Der in Stuttgart gewählte Weg in Richtung einer ressortübergreifenden Entwicklungsplanung dürfte wesentlich dadurch bestimmt sein, daß die genannten Probleme
entweder noch nicht in einer so kritischen Ausprägung
auftraten wie in anderen Großstädten oder daß sie zumindest im Bewußtsein der Bevölkerung und damit auch
der planenden Verwaltung noch nicht so kritisch erschienen. Zu berücksichtigen ist dabei auch die dominierende Stellung des ehemaligen und langjährigen
Oberbürgermeisters Klett und einer Reihe von Bürger-
meistern und Referenten, die der Öffentlichkeit und
der Verwaltung das Gefühl vermittelt haben, daß sie
die Entwicklungsprobleme sicher in der Hand haben.

1967 wurde eine Arbeitsgruppe "Stadtentwicklung und
Regionalplanung" gegründet. Anlaß war kein aktueller
Problemdruck, sondern das Bestreben, die vielfältigen
Planungsaktivitäten der Stadt im Hinblick auf eine
effizientere Anpassung an die Anforderungen der Realität besser aufeinander abstimmen zu können. Diesem
Verständnis entsprach ein organisatorisch äußerst be-
hutsames Vorgehen; eine an konsistenten Zielvorstellungen orientierte Steuerung wurde allenfalls langfristig als möglich angesehen.

Mitglieder der Arbeitsgruppe sind 14 zur Person beru-
fene Angehörige der Verwaltung: Baubürgermeister (Vorsitz), erster Bürgermeister (stellv. Vorsitz), Abtei-
lungsleiter und Mitarbeiter aus Querschnittsämtern,
Referatsmitarbeiter der fünf Bürgermeister; ständige
Gäste (17) sind alle Bürgermeister und Referenten (Dezernenten), eine Reihe von Amtsleitern und Abteilungs-
leitern. Die Geschäftsführung der AG liegt bei der
Abteilung Städtebauliche Grundlagen und Stadtentwicklung des Stadtplanungsamtes; diese Abteilung stellt
auch die Hauptarbeitskapazität für Aufgaben der Arbeitsgruppe.

Der AG ist zugeordnet der Arbeitskreis für Fachplanungen.

Die Arbeitsgruppe "Stadtentwicklung und Regionalplanung" hat die Aufgabe, für "Koordinierung zwischen den Ämtern und für Information und Entscheidungsvorbereitung der Verwaltung zu sorgen". Hierunter wird insbesondere verstanden:

- die Erarbeitung und laufende Fortführung von Stadtentwicklungszielen,

- die Erarbeitung eines zusammengefaßten Stadtentwicklungsprogramms mit Rangfolgen und Dringlichkeitsstufen,

- die Mitwirkung bei der Investitionsplanung,

- Koordination und Unterstützung der Fachplanungen.

Ein erster Katalog von Zielen der Stadtentwicklung wurde 1971, eine überarbeitete Fassung, die auch die Ziele des Landesentwicklungsplanes und des Gebietsentwicklungsplans für den mittleren Neckarraum berücksichtigt, wurde 1973 vorgelegt. Die Ziele der Stadtentwicklung sind, wenn auch teilweise in verhältnismäßig feiner räumlicher Gliederung angegeben, sehr allgemein formuliert. Zielkonflikte und Widersprüche sind ebensowenig dargestellt wie eine Abwägung der Ziele untereinander vorgenommen wurde und Prioritäten gesetzt wurden.

Die Aufstellung eines zusammengefaßten Stadtentwicklungsprogramms wurde in Angriff genommen; hierbei wird der Zielkatalog fortgeschrieben und es werden Prioritäten gesetzt.

Zu abschließenden Entscheidungen ist die Arbeitsgruppe nicht legitimiert. Über ihre Vorschläge zur Entwicklungsplanung wird im Verwaltungsorgan (Referentenkollegium, Oberbürgermeister und, soweit erforderlich, im Gemeinderat) entschieden.

Die wichtigsten Instrumente zum Ausgleich kontroverser
Maßnahmen und Ziele im mittelfristigen Zeitraum sind
auch in Stuttgart nach wie vor die Haushalts-, die mehrjährige Investitions- und Finanzplanung.

Der Entwurf hierzu wird von der Finanzverwaltung formuliert - wobei die Arbeitsgruppe beratend mitwirkt - und
im Referentenkollegium endgültig aufgestellt.

Die Aufgabe der Koordination zwischen den Ämtern nimmt
die Arbeitsgruppe wahr, indem sie einerseits Grundlagen-
daten und Planungsmethoden vermittelt, sowie erforderlichenfalls Arbeitskapazität für die Ressortplanungen
zur Verfügung stellt, andererseits die Planungsergebnis-
se der einzelnen Fachämter diskutiert und zu ihnen Stellung nimmt. Eine wesentliche, nunmehr regelmäßig wahr-
genommene Aufgabe ist auch die Abstimmung der Bebauungs-
planung mit der mehrjährigen Investitions- und Finanzplanung.

C) Erfahrungen

Die bisherigen Erfahrungen mit ressortübergreifender .
Entwicklungsplanung in Stuttgart werden als eine Bestä-
tigung für die Konzeption angesehen, zunächst mit möglichst geringfügigen neuen Organisationsformen und Ver-
fahrensregelungen zu beginnen. Ein konsequenter Ansatz
mit einschneidenderen Neuordnungsmaßnahmen hinsichtlich
der Planungskompetenzen hätte bei der Struktur der Stuttgarter Verwaltung von vornherein scheitern müssen. Das
durch ein großes Maß an Anpassungsfähigkeit gekenn-
zeichnete Vorgehen habe sich dadurch als richtig erwiesen, daß es gelungen ist, die Arbeitsgruppe "Stadtentwicklung und Regionalplanung" fest in der Verwaltung zu verankern und damit die Möglichkeit offen zu
halten, das Instrument einer integrierten Entwicklungsplanung langfristig weiter auszubauen.

Andererseits wird es durchaus als starke Einschränkung
der Wirkungsmöglichkeiten und auch der Intensität der
Arbeit empfunden, daß die Gruppe "Stadtentwicklung und
Regionalplanung" kaum Entscheidungs- und Mitbestimmungs-

kompetenzen besitzt.

(12) Bericht über das Expertengespräch in Wuppertal

Ort und Zeit: Dezernat für Stadtentwicklung
                   28. November 1974

Gesprächspartner: die Herren
                   Lehen,
                   Rothgang,
                   Schumann

Vorbereitung: Der Fragebogen wurde nicht bearbei-
                   tet.

A) Übersicht

Die Stadtentwicklung Wuppertals wird von drei Haupt-
faktoren bestimmt:

- Die sachliche Problemlage ist einerseits geprägt
  durch die geographische Lage am südlichen Rande des
  größten Agglomerationsraumes der Bundesrepublik, zum
  anderen durch die erst im Jahre 1929 erfolgte Zusammenfassung mehrerer historischer Siedlungsschwerpunkte im engen Tal der Wupper zur Stadt Wuppertal. Die
  sozio-ökonomische Struktur dieses Raumes ist gekennzeichnet von der für deutsche Maßstäbe sehr frühzeitigen Industrialisierung, was sich heute vor allem
  in der Struktur der ansässigen Betriebe (zahlreiche
  Klein- und Mittelbetriebe, metallverarbeitende Branchen u. a. vorwiegend prodzierendes Gewerbe) zeigt.

- Die für die Stadtentwicklung bedeutsamen Maßnahmen
  des Landes Nordrhein-Westfalen, kommunale Neugliederung und Standortprogramme, d. h. zentrale Lenkung
  der kommunalen Investitionen durch das Land.

- Die wirtschaftliche Rezession im Jahre 1967 hat in
  Wuppertal bereits zu Sorgen um die Arbeitsplätze und
  somit zu einer verstärkten Wirtschaftsförderung geführt. Aus dieser Situation sind bereits im Jahre
  1969 das Dezernat für Stadtentwicklung und das Dezernat für Wirtschaftsförderung hervorgegangen. Die

Aktivitäten der Stadt Wuppertal auf dem Gebiete
der Entwicklungsplanung können sich deshalb auf eine
mehr als fünfjährige Erfahrung stützen.

B) Die wichtigsten Problemfelder

Bevölkerung

Als Zentrum der Frühindustrialisierung im Deutschen
Reich war der Raum Wuppertal bereits im Jahre 1880 mit
etwa 330.000 Einwohnern ein großstädtischer Verdichtungsraum. Bei der Zusammenlegung der Städte Elberfeld
und Barmen zur Stadt Wuppertal im Jahre 1929 zählte
die Stadt rd. 400.000 Einwohner. Wesentliche Veränderungen haben sich seither nicht ergeben. Lediglich führen seit etwa 1960 Abwanderung und Geburtenrückgang zu
einem allmählichen Bevölkerungsschwund, der für die
nächsten 5 Jahre auf ca. 20.000 bis 30.000 Einwohner
geschätzt wird.

Die Stadt Wuppertal ist Oberzentrum des Bergischen Landes. Sie stellt wegen ihrer Nachbarschaft zum Ruhrgebiet nicht den einzigen Ort von zentraler Bedeutung im
weiteren Umland dar. Die räumliche Nähe attraktiver
Oberzentren wie z. B. Düsseldorf oder auch das unmittelbare Angrenzen der Großstädte Solingen und Remscheid
wirken sich auf die Entwicklung der Stadt aus.

Eine geringe Stadt-Umland-Wanderung ist zwar statistisch
erkennbar; sie wird jedoch nicht als problematisch angesehen. Sorge bereitet dagegen die Abwanderung aus der
gesamten Region, die hauptsächlich nach Süddeutschland
erfolgt.

Beachtlich ist die innerstädtische Wanderung, die in
den Jahren 1970 - 1973 mit Bevölkerungsabnahmen im Tal
der Wupper von etwa 20.000 Einwohnern und mit Zunahmen
an den Hängen von rund 15.000 Einwohnern beziffert
wird.

Eine Bevölkerungsprognose mit Angaben für die ganze
Stadt wurde vom Lande Nordrhein-Westfalen im Rahmen
landesplanerischer Grundlagen erarbeitet.

Wirtschaft und Arbeitsmarkt

Etwa die Hälfte der Arbeitsplätze gehört dem sekundä-
ren Sektor an, hier vor allem den Branchen Textil, Me-
tallverarbeitung, Elektroindustrie und Chemie. Die Be-
triebsstruktur ist historisch von Kleinbetrieben geprägt.

1961 wurden rund 14.000 Industriebetriebe gezählt, 1974
waren es nur noch rund 8.000. Inwieweit die daraus er-
sichtliche Schließung zahlreicher Betriebe auf die
räumliche Beengtheit durch die innerstädtische Lage,
die mangelnde Kapitalausstattung für eine Umstellung
auf moderne Produktionsmethoden und den gleichzeitigen
Mangel an geeigneten Flächen für die damit zumeist notwendigerweise verbundene Umsiedlung zurückzuführen
ist, konnte anhand empirischen Materials nicht eindeutig festgestellt werden. Die zur Erhaltung der Betriebe erforderliche Anpassungsfähigkeit in Wuppertal war
behindert durch eine traditionelle, patriarchalische
Unternehmensstruktur. Aufgrund dieser Gegebenheiten
hat sich eine passive Sanierung namentlich in der Tex-
tilbranche bereits vollzogen. In anderen Branchen werden die Betriebe z. T. planmäßig von ortsfremden Kon-
zernen aufgekauft.

Die Stadt Wuppertal ist um eine Sicherung der Arbeitsplätze als Existenzgrundlage ihrer Bürger bemüht. Sie
strebt deshalb eine Verbesserung der Wirtschaftsstruktur, insbesondere eine Ausweitung des tertiären Sektors an. In diesem Sinne betreibt sie aktive Wirtschaftsförderung. Den Möglichkeiten einer Stadt entsprechend
bemüht sie sich, verkehrlich gut erschlossenes Bauland
an geeignete Investoren zu verkaufen. Ihr Handicap in
der Konkurrenz um die Arbeitsplätze mit anderen Städten des Ruhrgebietes besteht in der ungünstigen topographischen Lage, d. h. vor allem der engen Talsohle und
den relativ stark geneigten Hängen, die zur Betriebs-
ansiedlung ungeeignet sind. Die Flächen auf den Höhen
sind dagegen verkehrlich schlecht erschlossen und er-
schließbar. Um in dieser Konkurrenz mithalten zu können,
hat die Stadt Wuppertal zu sehr günstigen Bedingungen

Bauland angeboten, zu Preisen, die nach Auffassung der
Gemeindeprüfungsbehörde die Gestehungskosten für Roh-
bauland und Erschließung nicht decken würden.

Stadtstruktur - Zersiedelung

Der gegenwärtig gültige Flächennutzungsplan Wuppertals
stammt aus dem Jahre 1967; ein neuer ist in Arbeit. Er
soll in 2 - 5 Jahren vorliegen und dem neuen Räumlich-
Funktionalen-Konzept angepaßt werden. Dieses geht von
der historischen polyzentrischen Stadtstruktur aus und
gliedert das Stadtgebiet in Teilbereiche, deren Eigenständigkeit im Sinne einer Bürgernähe und Bürgerbeteiligung an der planerischen Zielbestimmung erheblich ge-
steigert werden soll. Dabei wird eine Identität angestrebt von

- Programmräumen
  nach den Bestimmungen des Landes über Standortprogramme,

- politischen Teilräumen,
  also von Stadtbezirken mit eigenen Vertretungskörper-
  schaften mit klar definierten Kompetenzen unterhalb
  der Ratsbefugnisse und von

- Identifikationsräumen,
  die dem nachbarschaftlichen Zugehörigkeitsgefühl der
  Bürger entsprechen.

Eine solche Strukturierung des Stadtgebietes ist im Rahmen der kommunalen Gebietsreform in Nordrhein-Westfalen verwirklicht worden.

Seit dem 1. Januar 1975 ist aufgrund der Änderung des
§ 13 der Gemeindeordnung des Landes Nordrhein-Westfalen Wuppertal in 8 Stadtbezirke gegliedert, die einen
durch den Rat der Stadt im Rahmen des Gesetzes vorgegebenen Aufgabenbereich erfüllen.

Die bauliche Entwicklung in der Innenstadt stagniert,
die City-Bereiche sind von Kränzen gründerzeitlicher
Bebauung (Wohn- und Industrieflächen) umgeben, die

nicht - wie in anderen Städten - durch Ausbreitung des
tertiären Sektors unterwandert und aufgewertet werden.
Infolge des relativ geringen Anteils des tertiären
Sektors an den Arbeitsplätzen und vor allem dadurch,
daß er in Wuppertal nicht expandiert, findet ein Verdrängungsprozeß von Wohnbevölkerung durch Büros nicht
statt. Weil ein solcher Veränderungsdruck und der ihm
zugrunde liegende Investitionsanreiz fehlt, findet
eine Zweckentfremdung von Wohnraum in problematischen
Dimensionen nicht statt.

75 ha des Stadtgebietes gelten als erneuerungsbedürf-
tige Wohngebiete, 10% davon, 7,5 ha mit 1.000 Wohnungen, sind förmlich als Sanierungsgebiete gemäß StBauFG
festgelegt.

Neben den Sanierungsgebieten werden Standortbereiche
gemäß den Bestimmungen des Landes Nordrhein-Westfalen
ausgewiesen. In Übereinstimmung mit dem sogenannten
Räumlich-Funktionalen-Konzept sollen die auf weitgehende Eigenständigkeit ausgerichteten Bereiche in ihrer infrastrukturellen Ausstattung verbessert und somit für Bevölkerung und Wirtschaft attraktiver gestal-
tet werden.

Obwohl geschätzt wird, daß 300 bis 500 frei finanzier-
te Wohnungen leer stehen, werden im Rahmen von standort-
programmgeförderten Siedlungsmaßnahmen öffentlich geförderte Wohnungen geplant, an denen es allerdings
mangelt.

Verkehr
Das Verkehrssystem Wuppertals ist gleichfalls stark
durch die Topographie bestimmt. Hauptverkehrsachse ist
das Tal der Wupper, Hauptstrang des öffentlichen Ver-
kehrssystems nach wie vor die Schwebebahn. Durch die
innerstädtischen Wanderungen von der Talsohle auf die
Hänge und eine parallel dazu verlaufende Verlagerung
von Arbeitsstätten findet ein Wandel des Verkehrsbe-
darfs von einer ursprünglich linearen, dem Talverlauf
folgenden Struktur zu einer flächigen Struktur statt.

Problematisch stellt sich in diesem Zusammenhang die
Überwindung der teilweise steilen Hänge dar sowie das
für den Benutzer des ÖNV lästige teilweise erforderliche doppelte Umsteigen. Dies wird dann in wachsendem
Maße unvermeidbar sein, wenn das heute noch hochlei-
stungsfähige Transportmittel Schwebebahn seine Funktion nicht einbüßen soll und Hang-Gegenhang-Verbindun-
gen in steigendem Maße nachgefragt werden. Der Individualverkehr hat folglich große Bedeutung. Dem Straßenbau wird deshalb ein entsprechendes Gewicht bei der
Verteilung der städtischen Investitionsmittel beigemes-
sen. In den Jahren 1963 - 1967 waren es rund 40% des
Investitionsvolumens, das für den Straßenbau ausgegeben wurde, heute sind es etwa 27%. Die Differenz ist
dem Schulbau zugute gekommen. Die Investitionen in den
ÖNV sind dagegen sehr gering, eine Erweiterung des
Schwebebahnnetzes ist jedoch vorgesehen.

Versorgung
Infolge der auch in Wuppertal schon seit Jahren vor-
herrschenden Mittelknappheit wird ein großes Defizit
an sozialen Infrastruktureinrichtungen festgestellt,
insbesondere an Schulen und Kindergärten. Ein Kinder-
gartenbedarfsplan ist verabschiedet, ein Schulentwicklungsplan in Arbeit.

Problematische Versorgungsungleichgewichte zeigen sich
vor allem zwischen dem Osten der Stadt, den traditionellen Arbeitervierteln und dem Westen, wo die Wohngebiete der Bevölkerung mit überdurchschnittlichem
Einkommen gelegen sind. Ein Altenplan wurde ausgear-
beitet, ein Jugendhilfeplan wird als wünschenswert bezeichnet.

Offene Planung
Bemühungen um eine offene Planung können in Wuppertal
auf mehrjährige Erfahrungen zurückblicken. Die Bürgerbeteiligung am Bebauungsplanverfahren wird vom Rat der
Stadt angestrebt. Wuppertal hat sich im Rahmen der Vor-
bereitsungsarbeiten zur Novelle des Bundesbaugesetzes
gerade in diesen Bereichen intensiv beteiligt. So hat

die Stadt beispielsweise Planspiele, in denen die diskutierten Neuregelungen erprobt werden sollten, gemeinsam mit und für den Ausschuß für Raumordnung, Bauwesen
und Städtebau des Deutschen Bundestages durchgeführt.
Die Bemühungen um eine offene Planung gehen in Wuppertal nicht auf einen Druck aus der Bevölkerung, sondern
auf Initiativen der Verwaltung zurück. Die von der
Stadt Wuppertal in die Diskussion gebrachten Vorschläge zur Bürgerbeteiligung an Bebauungsplanverfahren
sollen für alle öffentlichen Planungsverfahren in Wuppertal Anwendung finden, vor allem auch bei der Gestaltung der räumlichen Teilentwicklungspläne nach dem
Räumlich-Funktionalen-Konzept.

C) Ansatz zur Entwicklungsplanung

Vorgehensweise

Infolge der problematischen Wirtschaftsstruktur hat
man sich in Wuppertal bereits infolge der Krise 1967
verstärkt um eine Sicherung der Arbeitsplätze Gedanken
gemacht. In Erkenntnis der Zusammenhänge zwischen Wirt-
schaftsentwicklung, Arbeitsplatzangebot und Stadtentwicklung ist im Jahre 1969 das Dezernat für Stadtentwicklung aus dem Amt für Wirtschaftsförderung hervorgegangen. Das Dezernat für Stadtentwicklung der Stadt
Wuppertal war somit eine der ersten kommunalen Stellen,
die sich ausdrücklich mit der Stadtentwicklungsplanung
beschäftigten und die erste Stelle dieser Art im Range
eines Dezernats in der Bundesrepublik überhaupt (das
Münchner Stadtentwicklungsreferat wurde im Juni 1970
gegründet). Dem damaligen Stande der Wissenschaft entsprechend versuchte man, der verflochtenen Entwicklungsproblematik durch eine möglichst klare Zieldefinition
beizukommen. Die Versuche, die zahlreichen divergierenden Einzelziele der an der Stadtentwicklung Beteiligten zu einem möglichst kohärenten Zielsystem zu ordnen, aus dem dann die Maßnahmen der Stadtentwicklung
abzuleiten gewesen wären, blieben ohne den gewünschten
Erfolg. Infolge der in diesem Zusammenhang gemachten
Erfahrungen und in Verbindung mit den verstärkten Bemühungen des Landes Nordrhein-Westfalen um eine Lenkung und Bündelung der kommunalen Investitionen durch

Standortprogramme sowie die gleichzeitigen Bemühungen
um eine kommunale Neugliederung, die vor allem auch
eine innere Gliederung der Städte vorsieht, kam man in
Wuppertal dazu, einen pragmatischen Ansatz zur kommunalen Entwicklungsplanung zu verfolgen, der die Ausarbeitung von kommunalen Teilentwicklungsplänen für aus-
gewählte, d. h. in aller Regel für solche Stadtteile
vorsieht, deren Entwicklung von herausragender Problematik ist. Die Erarbeitung von kommunalen Teilentwicklungsplänen für ausgesuchte Teilräume der Stadt
gestattet es, den Anforderungen des Landes Nordrhein-
Westfalen hinsichtlich kommunaler Neugliederung und
einer damit verbundenen Bürgerbeteiligung, wie auch
den Verfahrensauflagen hinsichtlich der Standortprogramme gleichzeitig und gleichermaßen gerecht zu werden, ohne sich dabei auf das "heiße Eisen" eines kohärenten und sich auf die gesamte Stadt erstreckenden
Zielsystems einlassen zu müssen.

Die Konzentration der Entwicklungsplanung auf problematische Teilbereiche und die enge Beteiligung der Bürger an der Gestaltung ihrer Umwelt bedingen sich wechselseitig, denn Überschaubarkeit des Planungsraumes
ist eine Vorbedingung der Bürgerbeteiligung.

So konsequent wie der Gedanke der offenen Planung in
Wuppertal entwickelt wurde und so notwendig eine innere Gliederung der Stadt in Standortbereiche auch ist,
einige wesentliche Probleme der Stadtentwicklung, wie
sie z. B. bei der Prioritätendiskussion im Rahmen der
Investitionsplanung auftauchen, können nach diesem Verfahren nicht gelöst werden. Um Auseinandersetzungen
mit einer die Einzelheiten der Stadtentwicklung stark
bestimmenden Landesplanung aus dem Wege zu gehen, ist
ein solcher intra-kommunaler Planungsanstz ein geeigneter Weg.

Organisation der Entwicklungsplanung

Das Dezernat für Stadtentwicklung ging 1969 aus dem zum
Dezernat des Oberstadtdirektors gehörigen Amt für Wirtschaftsförderung hervor. Es umfaßt die Ämter für Stadt-

forschung und Statistik, für Stadtentwicklung und
Raumordnung sowie das Liegenschaftsamt; 1973 wurde ihm
das Stadtplanungsamt angegliedert.

In der eigentlichen Stadtentwicklung sind 5 wissenschaftliche Dienstkräfte tätig (2 Geographen, 2 Soziolo-
gen, 1 Volkswirt). Hauptaufgaben sind

- die Ausarbeitung der Teilentwicklungspläne für die
  Standortbereiche des Räumlich-Funktionalen-Konzepts
  in Anlehnung an die Bestimmungen der Standortprogramme des Landes,

- die Entgegennahme und Begutachtung der Anmeldungen
  zu den Mehrjahresinvestitionsprogrammen, Prioritäts-
  diskussion mit den anmeldenden Ämtern; das verbindliche Mehrjahresinvestitionsprogramm wird dagegen
  von der Kämmerei aufgestellt.

Die ressortübergreifende Arbeit ist organisiert in
Form

- dezernatsübergreifender Arbeitskreise zur Aufstellung
  von Handlungsprogrammen für die Bereiche: Verkehr,
  Stadtbild- und Denkmalpflege, Umweltschutz, Gesamt-
  hochschule, Ausländer und Standortplanung und

- projektbezogener Arbeitskreise zur Bearbeitung begrenzter Aufgaben wie Sanierung, Kindergartenent-
  wicklungsplan, Schulentwicklungsplan, Sportstätten-
  leitplan und Abwasserbeseitigungsplan.

D) Praktische Erfahrungen

Nach den negativen Erfahrungen mit der Erfassung von
Zielstrukturen und Problemmatrizen werden weniger ab-
strakte Ziele verfolgt, insbesondere wurde der oben
geschilderte pragmatische Ansatz entwickelt.

Als für die Stadtentwicklung bedeutsamer Faktor wurde
die Lokalpresse bezeichnet sowie, was die Möglichkeiten einer Zielverwirklichung anbelangt, die verwal-
tungsinternen Machtverhältnisse. Weisungsbefugnisse

eines Stadtentwicklungsamtes in die Dezernate hinein
werden als ambivalent angesehen: einerseits kann dadurch eine größere Planungseffektivität erzielt werden,
doch wird andererseits dieser Gewinn an Effektivität
durch den damit verbundenen Verlust an Kooperationsbereitschaft der beteiligten Ämter wieder kompensiert.
Für eine organisatorische "Dezernatslösung" der Aufgaben der Stadtentwicklung sprechen diese Gründe dann,
wenn ein kooperatives Vorgehen ernsthaft intendiert
ist, eine Stabslösung sei vor allem bei einer starken
Stadtspitze und einer auf Weisung aufbauenden Vorgehensweise eine möglicherweise dazu passende Form für
die Organisation der Stadtentwicklung.

3. Resumee: Strukturelle Gemeinsamkeiten und lokale Beson-
   derheiten der Ansätze

Versucht man, die Vielfalt der in den Expertengesprächen
gewonnenen Informationen und Eindrücke danach zu ordnen, wo
Gemeinsamkeiten und wo örtliche Besonderheiten sichtbar wurden, so läßt sich zunächst feststellen, daß - wie erwartet
- bei den Problemfeldern ein hohes Maß an Übereinstimmung
herrschte, während die Lösungsansätze ein breites Spektrum
aufweisen, das allerdings nicht immer auf objektive Besonderheiten der örtlichen Bedingungen zurückgeführt werden
muß. In allen Gesprächen wurden im Prinzip immer wieder die
gleichen Problemfelder aufgeführt:

- Probleme der Bevölkerungsentwicklung, in der Regel abnehmende Gesamtbevölkerung bei wachsendem Ausländeranteil,
  Segregation und Überfremdung, weiter fortschreitende Verstädterung des Stadtumlandes.

- Probleme der Arbeitsplatzstruktur und -situation, wie unausgewogene Branchenstruktur, ungesteuerte betriebliche
  Abwanderung ins Stadtumland, ungesteuerte Konzentrationsprozesse vornehmlich in den inneren Stadtbereichen.

- Umstrukturierungsprozesse in den Innenstädten mit der
  Tendenz zu Monostrukturen und Entvölkerung.

- Probleme des Bodenmarktes, der Bodenordnung und der Flächennutzung.

- Probleme der Verkehrsversorgung, insbesondere negative Auswirkungen des Individualverkehrs.

- Ein unausgeglichener Wohnungsmarkt, charakterisiert durch leerstehende Luxuswohnungen und den Mangel an mietpreisgünstigen Familienwohnungen; bedrohlicher Rückgang des öffentlich geförderten Wohnungsbaus.

- Probleme der Infrastrukturversorgung im weitesten Sinne, insbesondere in neuen Wohngebieten.

- Zerstörung oder Gefährdung der überkommenen Stadtgestalt, vornehmlich in den für die Identität bedeutsamen inneren Stadtbereichen.

Aus der weitgehenden Übereinstimmung der Problemfelder ergab sich in diesem Teil der Expertengespräche sehr bald eine gewisse Eintönigkeit, die auch in den Berichten bewußt vermittelt werden sollte.

Insgesamt kann gesagt werden, daß die im Fragebogen zur Gesprächsvorbereitung enthaltenen und im ersten Teil dieses Berichts aufgeführten Problemfelder alle Problembereiche um fassen, die in den Gesprächen genannt wurden. Es erwies sich, daß auf der Ebene der in den Expertengesprächen angestrebten Grobdarstellung die Schwerpunkte der kommunalen Entwicklungsprobleme der Zahl nach begrenzt und überschaubar sind. Allerdings wurden nicht immer alle Problemfelder genannt und bei den genannten durchaus unterschiedliche Aus prägungen beschrieben.

Der Umstand, daß in einzelnen Gesprächen jeweils eine Reihe von Problemfeldern nicht oder nur nach ausdrücklichem Nachfragen erwähnt wurde, ist mit unterschiedlichen Gründen zu erklären:

- Problemlagen sind objektiv nicht oder noch nicht in einem kritischen Maße gegeben. So stellen z. B. in Bremen Ausländer mit einem Anteil von ca. 2% an der Gesamtbevölkerung tatsächlich wohl kaum ein schwerwiegendes Problem dar.

- Problemlagen sind in einer Weise gegeben, wie sie in anderen Städten bereits als Problem bezeichnet wurden, werden

hier aber als solches weder von der Bevölkerung noch
von der Verwaltung wahrgenommen.

Im Rahmen der Expertengespräche war es in aller Regel
nicht möglich, Problemlagen dieser Art eindeutig nachzu-
weisen, weil der Übergang von unproblematischen zu kritischen Entwicklungen ein kontinuierlicher Prozeß ist,
dessen Beurteilung Informationen voraussetzt, die in den
Gesprächen meistens nicht in dem hierfür erforderlichen
Umfang gegeben werden konnten.

- Problemlagen werden nicht wahrgenommen, weil sie mit aus-
drücklichen Entwicklungszielen übereinstimmen. Dies galt
in der Vergangenheit vor allem für die Umstrukturierungsprozesse in den Stadtkernen und die damit verbundene Zunahme an tertiären Arbeitsplätzen. Dies gilt heute z. B.
für die Aufwertung traditioneller, dicht bebauter Wohngebiete durch den Bau hochleistungsfähiger Verkehrseinrichtungen wie U-Bahn-Linien und die damit ausgelösten
Verdrängungsprozesse oder bei der Flächensanierung und
die damit oft verbundene Preisgabe historischer Stadtgestalt.

In allen Gesprächen wurde bestätigt, daß die genannten Problemfelder untereinander in einem Zusammenhang stehen. Unterschiedlich wurden jedoch die Möglichkeiten und die Notwendigkeiten beurteilt, diesem Zusammenhang systematisch
nachzugehen und ihn in seiner für die kommunale Entwicklungsplanung relevanten Gesamtheit darzustellen. Am nach-
drücklichsten wurde die Notwendigkeit dazu in der Aufbauphase der Entwicklungsplanung in München prostuliert. Neuere, bescheidenere bzw. pragmatischere Ansätze liegen vor
allem den Konzeptionen für die Entwicklungsplanung in Hannover und Bremen zugrunde.

Demgegenüber wird vor allem in Berlin und Frankfurt die
Auffassung vertreten, daß der Gesamtzusammenhang als verbindlicher Bezugsrahmen für die kommunale Gesamtentwicklung
grundsätzlich nicht dargestellt werden könne. In beiden
Fällen wird diese Auffassung mit dem Hinweis auf die lokalen verfassungsmäßigen Bedingungen der Aufgaben- und Kom-

petenzverteilung begründet', nämlich der Eigenverantwort-
lichkeit der einzelnen Ressortchefs und dem Fehlen einer
für die Gesamtentwicklung verantwortlichen und weisungsbe-
fugten Führungsspitze.

Die in den untersuchten Städten vorgefundenen Lösungsansätze geben in ihrem breiten Spektrum die Unterschiede in der
Problemsicht und in der Einsicht in die Systemhaftigkeit
der Zusammenhänge der kommunalen Problemfelder wieder.

Konzeptionen für ein systematisches und umfassendes Vorgehen einer integrierten Entwicklungsplanung finden sich
nur vereinzelt, in erster Linie in Hannover - bei einem
relativ pragmatischen Ansatz - und in Bremen - mit deutlich ökonomischen und systemtheoretischen Schwerpunkten -.
Die Mehrzahl der Bemühungen, den Zusammenhängen organisatorisch gerecht zu werden, beschränkt sich auf die ressortübergreifende Planung von Teilbereichen der kommunalen Entwicklung. Der Schwerpunkt dieser Ansätze liegt meist in
der Verbesserung der Koordination der bei besonders eng ver
flochtenen Problemkomplexen betroffenen zuständigen Ver-
waltungsbereiche.

Schließlich sind noch die Fälle zu nennen, in denen keine
systematischen Ansätze zu ressortübergreifender Entwicklungsplanung unternommen werden oder solche Ansätze wieder
zerfallen sind. Während die erstgenannten vor allem darauf
zurückzuführen sind, daß entweder die Zusammenhänge zwischen den kommunalen Problemfeldern und den sie bestimmenden Entwicklungsfaktoren nicht hinreichend gesehen werden,
oder der Wille, in Kenntnis dieser Zusammenhänge gestaltend
einzugreifen, fehlt, ist bei der zweiten Gruppe eine zunehmende Resignation festzustellen, die wesentlich von der
Erfahrung geprägt ist, gegenüber den einer integrierten
Planung entgegenstehenden Interessen und Kräften letztlich
keine Chance zu haben.

DRITTER TEIL

Folgerungen im Hinblick auf eine Grundstruktur integrierter
kommunaler Entwicklungsplanung

I. Kriterien einer Organisationsform der integrierten Entwicklungsplanung

Im folgenden wird eine Reihe von Kriterien für die Organisation kommunaler Entwicklungsplanung vorgestellt. Sie baut
auf auf den in den untersuchten Städten erhobenen Informationen über die Grundstruktur der lokalen Entwicklungsprobleme und deren Sicht in den zuständigen Ressorts, den vorgefundenen Ansätzen zu einer integrierten Entwicklungsplanung, den dabei gesammelten Erfahrungen und dem Stand der
Problembewältigung sowie der Verarbeitung der bis in die
Mitte der sechziger Jahre zurückgehenden Ansätze der Entwicklungsplanung in München.

Aufgabe dieser Thesen soll und kann es nicht sein, eine Organisationsform der Stadtentwicklungsplanung im Detail zu
entwickeln. Ein solcher Versuch müßte schon allein aufgrund
der Vielfalt der Gemeindeverfassungen in den einzelnen
Bundesländern, die z. T. sehr stark voneinander abweichende Organisationsstrukturen zur Folge haben, zum Scheitern
verurteilt sein. Hinzu kommt, daß drei große Städte - Berlin, Hamburg und Bremen - den Status von Bundesländern haben. Es ist deshalb weder möglich, ein abstraktes, aller-
orts anwendbares Organisationsschema zu entwickeln, noch
können die in den einzelnen Kommunen gewählten Organisationsformen der Entwicklungsplanung an einem abstrakten
Organisationsschema gemessen werden. Maßstab kann nur sein,
ob und in welcher Weise die Planungsbehörden den Kriterien
gerecht werden, die sich aus der Natur der Entwicklungsprobleme und den zwischen diesen bestehenden Verknüpfungen
und Interdependenzen, den Disparitäten und gesellschaft-
lich - wirtschaftlichen Ungleicheiten, dem notwendigerweise politischen Charakter von Lösungsansätzen und den innerhalb der Verwaltungs- und Planungsapparate festzustellen-

den sozialen und psychologischen Mechanismen gerecht werden.

Im folgenden geht es darum, aus der Kenntnis dieser Gegebenheiten Kriterien zu entwickeln, die für jedwede Organisationsform kommunaler Entwicklungsplanung Gültigkeit haben, sofern der Anspruch auf integriertes, die systemhafte Verflechtung von Problemstrukturen berücksichtigendes Vorgehen erhoben ist. Die organisatorischen Ausformungen, die die Prinzipien am konkreten Ort und - im Rahmen der gegebenen Spielräume - im Detail finden, können demzufolge sehr unterschiedlich sein.

1. Die wichtigste Kondition für die Verwirklichung gesamtplanerischer Ansätze sind politische Prioritäten und Zielsetzungen für die planende Verwaltung durch die hierfür verantwortlichen und legitimierten politischen Gremien einschließlich der Sicherung geeigneter Verfahrensweisen für die Entwicklung entsprechender Zielkonzepte.

Dabei kommt der laufenden Beteiligung der Bürger und Betroffenen kommunaler Planungsmaßnahmen am Planungs- und Entscheidungsprozeß besondere Bedeutung zu, da auf diese Weise Bedürfnisse präziser ermittelt und über eine breite Willensbildung in den Bürgern wichtige Verbündete für die Verwirklichung von Zielen der Planung gefunden werden können.

In den vorausgehenden Teilen dieser Studie wurde in den verschiedensten Zusammenhängen herausgearbeitet, daß planerische Maßnahmen zur Lösung von Problemen angesichts der gesetzten Randbedingungen notwendigerweise in ein vielfältig verwobenes System von Interessen eingreifen müssen, wobei die planende Verwaltung der verschiedenen Sparten selbst durch Affinitäten zu spezifischen Interessensstrukturen bestimmt ist. Wissenschaftliche Grundlagenarbeiten und Analysen für sich sind nicht imstande, Ziele für das Planungshandeln abzuleiten. Auch eine Herausarbeitung von Entwicklungsproblemen in ihrem Systemzusammenhang läßt unterschiedliche Möglichkeiten des

Reagierens offen, aus denen sich ihrerseits unterschiedliche Prozesse und Folgewirkungen herleiten. Auch integriertes Planungshandeln ist unter einer Vielzahl von
Gesichtspunkten möglich; denn Integration bedeutet zunächst nur den unter Beachtung der wesentlichen Problemursachen, Abhängigkeiten und Folgewirkungen von Maßnahmen abgestimmten Einsatz vorhandener Mittel, ohne daß
die Zielrichtung des Einsatzes hierdurch schon bestimmt
ist.

Die Definition dieser Zielrichtung bedarf vielmehr eindeutiger politischer Entscheidungen. Erst auf ihrer
Grundlage ist gerichtetes, das heißt abgestimmtes und
im Mitteleinsatz gebündeltes Handeln möglich. Nur so
ist es auch denkbar, die teils konkurrierenden Ziele
der einzelnen Verwaltungsteile und die für diese charakteristischen internen Mechanismen dem Gesamtziel unterzuordnen. Nur so ist es weiterhin möglich, zu unterbinden, daß allen, d. h. notwendigerweise auch konfligierenden Interessen im Sinne eines falsch verstandenen "Aus-
gleichs" nachgekommen wird und damit eine wechselseitige Aufhebung der Effekte planerischer Einflußnahmen erfolgt.

So lange eine solche politische Zielsetzung unterbleibt,
füllen die einzelnen Ämter diese Lücke, indem sie die
Ziele des Planungshandelns im Sinne der von ihnen ver-
tretenen Interessen bestimmen; zahlreiche Beispiele belegen dies. Diese Ziele werden in der Regel nicht oder
nur schwer vereinbar sein, da sie sich aus den partia-
len, teilweise unmittelbar konfligierenden Interessen
der einzelnen Verwaltungsteile herleiten und eine Integration bzw. Abstimmung mangels eines übergreifenden
politischen Orientierungsrahmens in diesen Situationen
in der Regel unterbleibt.

. Es muß sichergestellt sein, daß die Voraussetzungen für
eine umfassende Abwägung und Entscheidung zwischen denkbaren Zielen für die kommunale Planung permanent be-
schafft, ergänzt und weitergeschrieben werden können.

Dies verlangt wissenschaftlich-systematische Grundlagenforschung, die die kommunalen Problemfelder und deren Entstehungsbedingungen und -faktoren klärt und damit die Voraussetzungen für deren politische Bewertung,
für die Definition von Zielen und für die Formulierung
von Strategien der Verwirklichung bildet.

Eine solche wissenschaftlich-systematische Erarbeitung
von Planungsgrundlagen muß im Bereich der Datenerfas-
sung und -analyse weitgehend von Zielen und Werten ab-
strahieren, wenn es ihr um die Analyse objektiver Vorgänge und Zusammenhänge geht. Letzteres ist jedoch eine
zwingende Kondition, wenn das Ziel effekt- und ziel-
orientiertes Planungshandeln ist, wobei die Definition von Effekt und Ziel - wie dargestellt - politischer
Wertsetzungen bedarf. Systematische Grundlagenarbeit
durch die Erkenntnis von Tatbeständen und Verursachungsfaktoren kann versachlichend und zugleich struk-
turierend auf die politischen Ziele des Planens wirken, indem politische Wert- und Zielsetzungen auf der
Grundlage identischen Erkenntnismaterials möglich werden.

3. Die Organisationsform der Entwicklungsplanung muß gewährleisten, daß die im politischen Feld getroffenen
   Entscheidungen in einer Weise vollzogen werden können,
   die der Struktur der Problemfelder, ihrer "Systemhaftigkeit" gerecht wird. Mit der Bereitstellung von Grundlageninformationen über diese "Systemhaftigkeit" der Probleme müssen zugleich Formen der Organisation für Verwaltung und Planung gefunden werden, die - den je lokalen Bedingungen entsprechend - sicherstellen, daß eine
   ganzheitliche, d. h. auf die Systemstruktur der Problemfelder zugeschnittene Vorgehensweise ermöglicht wird.
   Natürlich wäre es verfehlt, die planende Verwaltung
   unmittelbar nach den gerade im Vordergrund der Beachtung
   stehenden Problemfeldern, d. h. mit dem Ziel organisieren zu wollen, alle oder zumindest die besonders relevanten Problemfelder unter einer organisatorischen Einheit (z. B. Referat, Dezernat) zusammenzufassen. Letzteres ist vor allem schon deshalb nicht möglich, weil eine
   eindeutige Begrenzung eines Problemfeldes nicht möglich

ist, da die meisten Problemfelder auf mehr oder minder
direkte Weise verzahnt sind. Hinzu tritt, daß die Struktur der Problemfelder und ihre entwicklungspolitische
Relevanz oft raschen Wandlungen unterworfen ist, während verwaltungsorganisatorische Strukturen - einmal
verfestigt - aufgrund vieler zusammenwirkender Mechanismen eine hohe Stabilität annehmen.

Die Einrichtung einer "Gesamtplanungsbehörde" hingegen,
die alle Problemfelder unter sich vereint und die Aufgabe hätte, alle planerischen Aktivitäten zusammenzufassen, verbietet sich schon deshalb, weil der Kern der
politischen Aufgabe der Stadtentwicklung hierdurch in
der Verwaltung monopolisiert würde, eine wechselseitige Kontrolle der Ressorts hierdurch ausgeschaltet und
die politischen Entscheidungsgremien in der Folge notwendigerweise zu Akklamationsorganen verkümmern müßten.

Die Notwendigkeit, Problem- und Organisationsstrukturen
unter dem Anspruch des erforderlichen Maßes an Integration zur Deckung zu bringen, meint vielmehr, daß ein In-
strumentarium der Arbeitsteilung, Koordination, Kooperation und Kontrolle zwischen den verschiedenen Verwaltungsteilen auf der einen und zwischen Verwaltung und
politischer Ebene auf der anderen Seite gesucht werden
muß, das sich unter der Grundprämisse integrierten Vorgehens jeweil örtlich und im Zeitablauf an der Struktur
der Problemfelder und ihrer Verflechtung orientiert.

3.1 Integrierte Entwicklungsplanung ist nur auf der Grund-
    lage eines Ansatzes möglich, der die kommunalen Pro-
    blemfelder in ihrer gegenseitigen Abhängigkeit zu ver-
    stehen und aufzuzeigen sucht; der alle wesentlichen,
    die Entwicklung des Gemeinwesens (der Stadt, des Ver-
    dichtungsraumes etc.) bestimmenden internen und exter-
    nen Faktoren in ihrem Zusammenhang und in ihrem Zusam-
    menwirken erfaßt und damit kalkulierbar macht.

    Die Kenntnis dieser wesentlichen internen und externen
    Entwicklungsfaktoren ist Ausgangsbasis und damit

Integrationsebene

- für die Formulierung politischer Zielkonzepte und die öffentlich-politische Meinungsbildung hierüber,

- für die Programmierung und Durchführung gezielter Grundlagenarbeiten als Voraussetzung für Vollzugs-maßnahmen,

- für die Formulierung und Programmierung von Vollzugs-maßnahmen in allen Bereichen des kommunalen Hand-lungsbereichs,

- für den Einsatz vorhandener und/oder das Bemühen um zusätzliche Steuerungs- und Verwirklichungsinstru-mente.

Die Herstellung einer solchen Ausgangs- und Bezugsba-sis hat somit erhebliche Bedeutung nicht nur für die planende Verwaltung der verschiedenen Ressorts und de-ren Verpflichtung auf ein gemeinsames Grundverständ-nis. Sie ist auch von erheblicher Bedeutung für die Verbesserung der Möglichkeiten politischer und öffent-licher Meinungsbildung.

Dieser Gesichtspunkt erhält besondere Bedeutung ange-sichts der Schwierigkeiten, zwischen lokalen Interessen und Interessen des Ganzen zu vermitteln.

3.2 Dies macht die Unterscheidung einer "Makro"-Ebene und einer "Mikro"-Ebene im Bereich der Grundlagenforschung, der Zielformulierung und der Maßnahmenplanung erforder-lich, wie im folgenden ausgeführt wird.

Der Notwendigkeit, die Systemdarstellung durchschau-bar und - vor allem im politischen Feld - handhabbar zu halten, steht die schier unüberblickbare Fülle der Einzeltatbestände und Einzelerscheinungen gegenüber, die den Entwicklungsprozeß bestimmen. Eine systemhaf-te Darstellung des kommunalen Entwicklungsprozesses in all seinen Details müßte daher zu einem überhaus komplexen Modell führen.

Hieraus leitet sich die Notwendigkeit ab, auf der Ebene der Systemformulierung nur die zentralen Faktoren
zu berücksichtigen. Bei der Darstellung des Gesamtzusammenhangs kann es sich demzufolge nur um ein "Makro"-
System handeln. Es muß jedoch so beschaffen sein, daß
es die Ableitung von Teilzusammenhängen bzw. deren
Einordnung in einen übergreifenden Bezugsrahmen gestattet.

Dieser Abstraktionsebene entspricht die Erarbeitung
gesamtstädtischer oder auch regionsbezogener Leitlinien der Entwicklungspolitik ("Orientierungsrahmen"),
in denen die Grundlinien

- der Bevölkerungspolitik

- der Wirtschaftspolitik

- der räumlichen Ordnung

- der Wohnungsbaupolitik

- der Stadtgestalt

- der Kommunikationssysteme

- der Infrastrukturentwicklung

- der Freizeitplanung

sowie einer Reihe weiterer Planungsbereiche in einer
aufeinander abgestimmten Weise darzustellen sind. Damit sind weder konkrete Programme noch räumliche Pläne
gemeint, sondern Strategien für die Lösung erkannter
kommunaler Problemfelder in ihrem Zusammenhang. Sie
bilden den Orientierungsrahmen, an dem sich die auf
der Fachplanungsebene zu erarbeitenden Detailziele und
-pläne ausrichten.

Die auf der Gesamtplanungsebene entstehenden Planungskonzepte bedürfen eines Meinungs- und Willensbildungs-
prozesses, der den Planungsbereich als Ganzes umfaßt.
Dies wird erleichtert durch die Konzentration dieser
Planungsebene auf Grundstrukturen. Planungskonzepte
dieser Ebene bilden somit eine Integrationsebene auch
für die - häufig auseinanderstreben - lokalen Sonder-

interessen.

3.3 Andererseits ist ein solches notwendigerweise auf
Details verzichtendes Gesamtbild der Problembereiche
und der dieser Ebene korrespondierende durch die politischen Gremien zu bestimmende Zielrahmen für den
laufenden Verwaltungs- und Planungsprozeß nicht prak-
tikabel. Dieser verlangt die Befassung mit Detailzu-
sammenhängen und Tatbeständen, wie sie im Rahmen eines
abstrahierenden Gesamtsystems aus den dargestellten
Gründen der Übersichtlichkeit, der Darstellbarkeit,
der Kommunizierbarkeit nicht berücksichtigt werden
können.

Es ist daher erforderlich, innerhalb der durch den
Orientierungsrahmen gesetzten Ziele Fach- und Detail-
pläne zu entwickeln und fortzuschreiben, wie sie für
den laufenden Planungs- und Entscheidungsprozeß erforderlich sind ("Mikro"-Ebene),

- die einerseits die auf den Gesamtraum der Kommune
  gerichteten politischen Leitlinien fachbezogen konkretisieren,

- andererseits im Gegenstromprinzip diese - über eine
  entsprechende politische Meinungs- und Willensbildung - zurückkoppelnd weiterentwickeln.

Die notwendige Integrationsebene bildet der auf der
Ebene der Gesamtplanung dargestellte Gesamtzusammenhang: Er liefert den Bezugsrahmen, an dem Detail-
schritte orientiert werden können.

Hieraus leitet sich ab, daß es nicht darum gehen kann,
die Konzepte dieses Leitbildes (= "Makro"-Ebene) in
der Folge selbst schrittweise zu differenzieren. Wesentlich scheint vielmehr, daß Makro-Konzepte und
Mikro-Konzepte als solche, d. h. in ihrer unterschiedlichen Detailliertheit erhalten bleiben, wenn auch
fortlaufend ergänzt und korrigiert werden. Die Integration der wesentlichen Aspekte der Entwicklung ist
nur möglich bei Verzicht auf Details. Würden Makro-

Konzepte fortlaufend differenziert und damit nach dem
Grad der Detailliertheit ihrer Aussagen in Fach (=
Mikro-) Konzepte überführt, würden sie sehr bald ihre
Funktion als Orientierungsrahmen und Integrationsbasis
nicht mehr erfüllen können.

3.4 Die unter 3.2 und 3.3 unterschiedenen Ebenen korrespondieren den Ebenen der kommunalen Aufgabenverteilung:

- Die Gesamtplan-Ebene (Leitlinien, Orientierungsrahmen) der der Führungsspitze (d. h. der Institution,
die je nach den lokalen Zuständigkeitsregelungen für
die Gesamtentwicklung die Verantwortung trägt, z. B.
Oberbürgermeister, Oberstadtdirektor, Magistrats-
kollegium, parlamentarisches Gremium),

- die Fachplanungs-Ebene der der Ressorts (Referate,
Dezernate, Magistratsabteilungen etc.).

Dabei geht die Fragestellung, ob die Leitlinien der
Gesamtentwicklung eine integrierte Abstraktion der
Konzepte und Erfahrungen der Fachressorts darstellen
oder ob sich die Fachplanungen auf den Leitlinien der
politischen Spitze aufbauen, am eigentlichen Problem
vorbei; die Pläne beider Ebenen sollten im Gegenstromprinzip entstehen und dabei jeweils weiterentwickelt
werden. Wesentlich scheint, daß es schon qua Definition die primäre Aufgabe der Integrationsebene ist,
für Integration und Abgleich zwischen den Ressorts zu
sorgen und die hierfür erforderlichen Instrumente vorzu-
halten, während die primäre Aufgabe der Fachplanungsebene in der inhaltsbezogenen Arbeit liegt. Versuche
der Leitlinienebene, die inhaltlichen Belange der
Fachressorts auch auf Mikro-Ebene, d. h. über den
Detaillierungsgrad gesamtstädtischer Leitbild-Konzepte
hinaus bearbeiten zu wollen, müssen schon allein wegen
der Problemferne zum Scheitern verurteilt sein.

Die im Vorausgehenden dargestellten spezifischen Funktionen von Gesamt- (oder Leitlinien-)Planung und Fachplanung haben zur Folge, daß eine Konzentration beider
Funktionen bei einer Instanz ausscheiden muß:

- Gesamtentwicklungskonzepte können aufgrund der mit ihnen verbundenen Notwendigkeit der Integration und Abstimmung zwischen den Fachressorts mit ihren spezifischen Interessen nur einer Instanz in unmittelbarer Verbindung mit der Führungsspitze oder dieser selbst zugeordnet werden.

- Fachplanungskonzepte hingegen bedürfen detaillierter Informationen und Kenntnisse, wie sie nur in enger Verbindung mit dem laufenden Planungs- und Vollzugsprozeß gewonnen werden können, bei der Verwaltungsspitze hingegen in der Regel nicht vorhanden sind.

Diesen Tatbeständen entspricht die im laufenden Planungs-, Entscheidungs- und Vollzugsprozeß wahrzunehmende Aufgabenverteilung:

- Die Aufgabe der Führungs- bzw. Verwaltungsspitze ist es, die Leitlinien der Entwicklungspolitik zu formulieren, deren Einhaltung zu gewährleisten und deren ständige Fortentwicklung - unter Verwendung innovatorischer Impulse aus den Fachressorts sowie aus anderen Quellen - sicherzustellen.

- Die Aufgabe der Fachressorts hingegen ist es, die den jeweiligen Aufgabenstellungen der Ressorts entsprechenden Vollzugsmaßnahmen sicherzustellen, wobei sich diese an den Leitlinien der Entwicklungspolitik zu orientieren haben.

Als ausführende Organe dessen, was im vorausgehenden als Aufgaben der Makro-Ebene umrissen wurde, hat sich in der Praxis bisher die Einrichtung von Stabs- bzw. Planungsleitstellen bewährt, die der Führungsspitze im vorausgehend beschriebenen Sinne unmittelbar zugeordnet, d. h. zugleich aus der Vertikalstruktur der traditionellen Fachressorts herausgelöst sind.

Der Versuch, diese Aufgabe einem den Fachressorts gleichrangig zugeordneten eigenen Ressort (Referat) zuzuweisen, wurde in München und Wuppertal unternommen; die vergleichende Analyse der Lösungsansätze in den un-

tersuchten Großstädten hat jedoch gezeigt, daß diese
Lösung im Hinblick auf eine praktikable Aufgabenglie-
derung zwischen Makro- und Mikro-Ebene und Problemen,
die sich aus der Diskrepanz zwischen gleichrangigem
Status und übergreifender Funktion ergeben, zu besonderen Schwierigkeiten führt. Trotz einer organisatorischen Aufwertung der Funktion der Entwicklungsplanung
ist damit die Wirksamkeit der Praktikabilität des Ansatzes in Frage gestellt.

Wie einleitend ausgeführt, sollen Lösungsmöglichkeiten
im gegebenen Spielraum der Kommunen erörtert werden.
Damit sind Lösungsansätze a priori ausgeschlossen, die
an der Struktur der traditionellen Verwaltungsgliederung grundsätzliche Veränderungen vorsehen.
Die hier vorgelegten Kriterien gehen deshalb ausdrücklich davon aus, daß die Planungsaufgaben auf der Mikro-
Ebene dezentral von den traditionellen Fachressorts
wahrgenommen werden können und sollen.

3.5 Da eine trennscharfe Abgrenzung zwischen den im vorausgehenden unterschiedenen Planungsebenen in der Praxis kaum durchführbar und im Sinne eines wechselseiti-
gen und im Gegenstromprinzip vermittelten Problemver-
ständnisses auch nicht wünschenswert ist, sollte bei
der Suche nach organisatorischen Lösungen ein "Überlappungsbereich" vorgesehen werden. Er erscheint notwendig, um die nahezu überall anzutreffenden Konflikte zwischen Stabsstellen und traditionellen Ressorts
abzubauen und einen reibungslosen Informationsfluß in
beiden Richtungen sicherzustellen.

Dieser Funktion dienen beispielsweise die in den verschiedenen Städten vorgefundenen ressortübergreifenden
Planungsteams, die einerseits mit Vertretern der Fachressorts besetzt, auf der anderen Seite in der Regel
von einer Planungsleitstelle koordiniert, betreut und
mit den erforderlichen Methoden und Grundlageninformationen unterstützt werden.

Eine besonders weitgehende Ausprägung dieses Überlappungsprinzips findet sich in Hannover, wo die Gesamtheit der ressortübergreifenden Facharbeitsgruppen die Gesamtheit der kommunalen Entwicklungsprobleme und Planungsaktivitäten abdeckt.

Eine solche Überlappung sichert integriertes Planungshandeln in zweifacher Weise:

- Einerseits, indem der für die Gesamtentwicklung der Stadt relevante Orientierungsrahmen unter der Federführung und Koordination durch die mit der Gesamtplanung beauftragten Stellen bei der Führungsspitze durch Kooperation der Fachressorts entwickelt wird; hierbei handelt es sich nach der Detailliertheit der Aussagen eindeutig um ein der Makro-Ebene zuzuordnendes Konzept[1].

- Andererseits, indem sie im Überlappungsbereich die Organisationsstruktur der planenden Verwaltung - ohne im Vollzugsbereich die formellen Zuständigkeiten der Ressorts aufzuheben oder zu verändern - der Struktur der kommunalen Problemfelder anpaßt.

Wie schon im Bericht über Hannover erwähnt, hat dies zudem den Vorteil, daß sich die in einem frühzeitigen, wenn auch mühsamen Abstimmungsprozeß gemeinsam erarbeiteten Planungsziele erheblich leichter vollziehen lassen dürften.

3.6 Die Notwendigkeit des Gegenstromprinzips zwischen den Ebenen der Entwicklungsplanung als Leitlinienplanung und der Fachplanung hat Grundlagen-, Zielformulierungs- und Entscheidungsprozesse auf beiden Ebenen zur Voraussetzung.

---

1) Siehe Landeshauptstadt Hannover:
Stadtentwicklungsprogramm 1974 - 1985 (Diskussionsentwurf).

Die in manchen Kommunalverwaltungen propagierte Zentralisierung aller Grundlagenarbeiten bei einer Instanz
kann daher nicht als sachdienlich angesehen werden.
Grundlagenarbeiten, wie sie Voraussetzung sowohl der
Ebene der Entwicklungsplanung wie der Fachplanung darstellen, sind vielmehr in einer den spezifischen Planungsaufgaben der Führungsspitze und der Fachressorts
entsprechenden Anlage auf beiden Ebenen der planenden
Verwaltung erforderlich.

Dieser Gedanke findet sich beispielsweise im Bremer
Planungssystem, das in allen Ressorts - soweit nicht
bereits vorhanden - Planungsabteilungen vorsieht, deren Aufbau und Betreuung jeweils zum Aufgabenbereich
des Planungsbeauftragten gehört[1]. Auch der in München Ende der sechziger / Anfang der siebziger Jahre
entwickelte Ansatz sah diese Lösung vor, die - nach
allen vorliegenden Informationen - den effizientesten
und den Anforderungen eines funktionierenden Gegenstromprinzips am ehesten gerecht werdenden Weg darstellt[2].

Dabei sollte die Aufgabenstellung des Planungsbeauftragten generell als eine doppelte verstanden werden:

- Ressortintern sollte er die für Grundlagenarbeit und
  Fachplanung zuständige bzw. einzurichtende Abteilung
  leiten und vertreten, deren Aufgabe es neben der
  ressortbezogenen Planung ist, ressortspezifische Gesichtspunkte in die Gesamtplanung einzubringen und
  übergreifende politische Leitlinien auf die Handlungsebene des Ressorts zu transformieren.

---

1) H.-B. Theilen, G. Markus, W. Bremermann - Senatskanzlei -
   Materialien der Planungsleitstelle zur Konzeption eines
   Planungssystems für die Freie Hansestadt Bremen,
   Bremen 1973

2) LH München, Beschluß des Stadtentwicklungs- und Stadtpla-
   nungsausschusses vom 27. 1. 1971: Institutionalisierung
   der Zusammenarbeit und der Koordination des Stadtentwick-
   lungsreferats mit anderen Bereichen der Stadtverwaltung

- Auf der Ebene der ressortübergreifenden Entwicklungsplanung sollte er die Gesichtspunkte des Fachressorts vertreten.

Abgleich und Kommunikation auf ressortübergreifender Ebene sollten im Rahmen einer Arbeitsgemeinschaft der Planungsbeauftragten erfolgen, in der die Planungsbeauftragten aller Fachressorts und die Ebene der Entwicklungsplanung vertreten sind. Hier sollte sowohl die ressortübergreifende Abstimmung der Planungsleitlinien wie der Fachpläne erfolgen.

Spezielle Arbeitsgruppen können im Auftrag der Konferenz der Planungsbeauftragten mit der Bearbeitung von ressortübergreifenden Spezialfragen beauftragt werden.

4. Eine weitere entscheidende Kondition liegt darin, daß Möglichkeiten einer rückkoppelnden Korrektur von Zielkonzepten, Entscheidungsgrundlagen, Programmen und Programmverwirklichung integraler Bestandteil der Organisationsweise des Planungsprozesses und der planenden Verwaltung selbst sind. Die Maßgaben hierfür liefert der Anspruch auf zielgerichtete Realisierung der beschlossenen Prioritäten und Ziele und deren Anpassung an die sich ändernden Bedingungen. Das System der Zielfindung und Umsetzung in die Maßnahmenplanung muß sich im Sinne effizienten Mitteleinsatzes so organisieren, daß eine ständige Adjustierung entsprechend den sich - nicht zuletzt aufgrund laufender planender Eingriffnahmen - wandelnden Bedingungen stattfindet. Mit anderen Worten: die Planungs- und Verwaltungsapparate müssen "lernfähig" sein. Dieser Forderung ist nicht schon dadurch Rechnung getragen, daß beispielsweise Stadtentwicklungspläne als Loseblattsammlung herausgegeben werden; es setzt voraus, daß von der Möglichkeit der Revision planerischer Konzepte unter Berücksichtigung der hier skizzierten Kriterien tatsächlich Gebrauch gemacht wird. Dies ist allerdings nur möglich, wenn die Bereitschaft besteht, die eigenen Konzepte in Frage zu stellen und den sich ändernden Gegebenheiten anzupassen. Voraussetzung hierfür ist allerdings, daß Begriffe wie Konflikt und Kritik als

konstruktive Elemente im Verwaltungshandeln erkannt und
anerkannt werden.

Die materiell-organisatorischen Voraussetzungen einer
ständigen, die planerischen Konzepte verbessernden Rück-
kopplung sind ein funktionierendes Gegenstromprinzip
zwischen Fach- und Leitlinienplanung und eine Rollenver-
teilung zwischen diesen beiden Ebenen, die inhaltliche
Impulse von allen Seiten anregt, ihre Aufnahme erleichtert und diese zum Tragen bringt, sowie Möglichkeiten,
innerhalb der Fachressorts und zwischen diesen, flexibel problemorientierte Kommunikations-, Kooperations-
und Organisationsformen zu finden und zu praktizieren.

Inhaltliche Voraussetzung sind dem Entscheidungsprozeß
vorauslaufende Grundlagenarbeiten.

5. Stadtentwicklungsplanung muß bereits bei der Erarbeitung
   von Planungskonzeptionen die Umsetzungsbedingungen erfassen und Strategien der Verwirklichung mit zum Gegenstand der Planung machen. Diese Aufgabe umfaßt einerseits die planmäßig organisierte Anwendung der traditionellen Vollzugs- und Umsetzungsinstrumente, andererseits
   das Auffinden und Erschließen neuer Wege zur Zielverwirklichung. Als Beispiel hierfür kann die Gemeinwesenarbeit
   angeführt werden, wie sie in München eingerichtet wurde.
   Sie wird verstanden als ein "Ansatz, der das Ziel verfolgt, den Stadtbürger unter den soziologischen, wirtschaftlichen, gesellschaftlichen und politischen Bedingungen unserer Zeit stärker an der Gestaltung seines Le-
   bensumfeldes im weitesten Sinne zu beteiligen; oder besser: ihn - subjektiv und objektiv - zu einer solchen
   Beteiligung in Stand zu setzen."[1]

5.1 Planungshandeln stellt sich in der Praxis des Alltags
    überwiegend als Einzelschritte und Maßnahmen von rela-

---

1) Landeshauptstadt München, Stadtentwicklungsreferat, K.
   Heil: Ursachen, Bedingungen und Notwendigkeiten der Ein-
   führung der Gemeinwesensarbeit in der Landeshauptstadt
   München. Seite 1

tiv begrenzter Reichweite dar:

- Die Festlegung der Flächennutzung für bestimmte, oft eng begrenzte Areale der Stadt;

- die Behandlung von Baugesuchen;

- die Dimensionierung oder Lokalisierung kommunaler Gemeinschaftseinrichtungen;

- die Handhabung von Verordnungen oder die Anwendung oder Interpretation von Gesetzen;

- die Festlegung von Prioritäten für den Einsatz von Haushaltsmitteln.

Hingegen geht es für den vollziehenden Planer oder Verwaltungsbeamten niemals darum, ein Gesamtkonzept als solches, als ganzes, als ein Abstraktum in die Realität zu überführen.

Ziel eines integrierten Planungsprozesses ist es, sicherzustellen, daß Einzelentscheidungen einem aus ganzheitlicher Sicht sinnvollen Gesamtzusammenhang entsprechen. Entscheidungsprozesse müssen dieser Tatsache entsprechend vorstrukturiert sein. Wie schon dargestellt, bedeutet dies, daß die verschiedenen Ebenen und Bereiche der planenden Verwaltung mit je spezifischen Planungskonzepten auszustatten sind, die der Reichweite ihrer Entscheidungen entsprechen.

Zahlreiche Planungsansätze lassen diese Notwendigkeit unberücksichtigt. Sie leisten zwar die Formulierung umfassender Ablaufschemata und Systemzusammenhänge; nur selten gelingt es jedoch, diese bis auf die Handlungsebene, beispielsweise der Bebauungs- und Flächennutzungsplanung zu konkretisieren. Die Folge ist, daß eine Ableitung der Einzelentscheidung aus dem Gesamtzusammenhang nicht erfolgt, sondern Entscheidungen letztlich kurzschlüssig und konventionell getroffen werden.

5.2 Angesichts der im vorausgehenden dargestellten Tatbestände, daß eine arbeitsteilig organisierte Verwaltung - bei

allen hieraus resultierenden Problemen und Reibungsverlusten - als plurales System einer "Gesamtplanungsbehörde" vorzuziehen ist und da es auch im günstigsten
Falle nicht möglich sein dürfte, eine volle Entspre-
chung zwischen Problemfeldern und Ressortgrenzen herbeizuführen, muß davon ausgegangen werden, daß der
Vollzug sowohl von Planungsleitlinien wie von Fachplä-
nen niemals durch ein einziges, sondern stets durch
mehrere Ressorts erfolgt. Dies bedeutet, daß integrierte Entwicklungsplanung praktisch nur dann erfolgt, wenn
die Fachressorts die zu vollziehenden Leitlinien und
Maßgaben zu ihren eigenen machen, d. h. wenn sie sich
mit diesen identifizieren.

Eine solche Identifikation kann nur erreicht werden,
wenn eine weitestmögliche Beteiligung bei der Erarbeitung der entsprechenden Konzepte gegeben ist, und zwar
in allen Phasen von der Formulierung des Ansatzes bis
hin zur Herstellung der Endfassung und deren Weiterentwicklung. Diese sehr weitgehende Form des Gegenstromprinzips darf sich nicht auf formale Teilnahme beschränken, sondern muß die Chance bieten, eigene Vorstellungen einzubringen und im Ergebnis wiederzufin-
den.

6. Die im vorausgehenden beschriebenen Kriterien gelten
   sowohl für die Erarbeitung und den Vollzug von planerischen Konzepten der Gesamt- und Fachplanungsebene (Stadtentwicklungspläne, Flächennutzungspläne, Schulentwick-
   lungspläne, Infrastrukturpläne u. ä.) wie für die Entscheidungsvorbereitung und den Vollzug für die kommunale Entwicklung relevanter Einzelvorgänge, insbesondere
   dann, wenn deren unmittelbare Herleitung aus bereits beschlossenen übergreifenden Planungskonzepten nicht möglich ist oder der Vorgang zu einer Modifizierung solcher Konzepte führen muß.

Wie schon gesagt, werden Gesamtpläne niemals als solche,
sondern stets in Einzelschritten vollzogen. Damit entsteht das Problem einer meist beträchtlichen zeitlichen
Kluft zwischen Plankonzipierung und Vollzug, die eine

plankonforme Realisierung grundsätzlich in Frage stellt:
Personeller Wechsel, Veränderungen im politischen
Entscheidungsfeld, Verlagerungen oder Verschiebungen in
der Hierarchie der Prioritäten und eine Reihe weiterer
Faktoren haben in der Regel zur Folge, daß Planungskonzepte kaum je in der ursprünglich beschlossenen Form
verwirklicht werden.

Hieraus muß zweierlei gefolgert werden:

- Erstens muß sichergestellt sein, daß die vorausgehend
  dargelegten Kriterien auch bei der Lösung von ac-hoc-
  Problemen gelten; d. h. es sind Wege zu suchen, sie
  für alle Phasen des Planens und des Vollzugs in die
  unter den jeweiligen lokalen Bedingungen sinnvollen
  und möglichen Formen und Verfahrensweisen des Planens
  und Entscheidens zu übersetzen.

- Zweitens kann es - je nach den spezifischen lokalen
  Bedingungen - nicht nur sinnvoll, sondern zwingend erforderlich sein, den integrativen Anspruch an konkreten, für die Entwicklung des Gemeinwesens relevanten
  Einzelplanungen festzumachen, d. h. unter dem Druck
  unmittelbarer Entscheidungszwänge, ggf. auch öffentli-
  chem oder politischem Druck, die im vorausgehenden als
  sinnvoll dargelegten Formen der Problemlösung anzuwenden. Eine solche Vorgehensweise ist erleichtert dort,
  wo Rahmenkonzepte bereits bestehen, innerhalb derer
  sich diese Formen der Kooperation vollziehen können;
  sie kann jedoch geeignet sein, selbst diese Leitlinien
  zu entwickeln, wenn ein entsprechender Handlungsspielraum durch politische Entscheidungen geschaffen wird.

6.1 Um die zuletzt genannte Vorgehensweise praktizieren zu
können, bedarf es allerdings in der Regel - über die
insbesondere unter I.3-5 dieses Teils dargelegten Bedingungen hinaus - organisatorischer Formen, die die bei
der Problemlösung beteiligten Institutionen und Personen in noch stärkerem Maße als bei einer permanenten
Kooperation auf der Grundlage gezielt herbeizuführender
gruppendynamischer Prozesse zu einer Identifikation
führen.

Hierzu ist es allerdings in der Regel erforderlich, Wege zu finden, die Beteiligten aus den einzelnen Fachressorts von ihren Ressortloyalitäten partiell zu entbinden und Sanktionsmöglichkeiten für nicht ressortkonformes Verhalten generell auszuschließen. Dies hat u. a. zur Voraussetzung, daß die Spitzenvertreter der Ressorts in diesem Prozeß Beteiligte sind.

6.2 Ein erprobtes Hilfsmittel zur Förderung der erforderlichen gruppendynamischen Prozesse und zur Herstellung einer problembezogenen gemeinsamen Loyalität ist die Beteiligung nicht zur Verwaltung gehörender Personen oder Institutionen, die mit besonderer Fachautorität ausgestattet sind (Fachberater, einschlägig besonders qualifizierte wissenschaftliche Institutionen u. ä.). Ihre Teilnahme kann zwischen den konkurrierenden Ressorts neutralisierend, im Hinblick auf die zu behandelnden Probleme versachlichend und im Hinblick auf die zu suchenden Lösungen innovierend wirken.

Es ist den Verfassern bekannt, daß eine solche Öffnung des internen Planungs- und Entscheidungsprozesses von der planenden Verwaltung bisher kaum und in anderer Form allenfalls bei der Programmformulierung und Entscheidung im Rahmen von öffentlichen Wettbewerbsverfahren praktiziert wird. Sofern es ernst ist mit der Suche nach bestmöglichen Lösungswegen bei wichtigen Fragen der kommunalen Entwicklung dürfte dies jedoch kein Grund sein, entsprechende Ansätze a priori abzulehnen, sondern im Gegenteil: sie auf ihre generelle Verwertbarkeit zu prüfen und geeignete Wege der Zusammenarbeit zu entwickeln. Voraussetzung ist jedoch, daß die politischen Entscheidungsgremien der planenden Verwaltung die hierzu erforderlichen Spielräume einräumen.

II. Probleme der Verwirklichung

Die praktische Verwirklichung einer Entwicklungsplanung, wie sie durch die im vorausgehenden umrissenen Bedingungen und Kriterien abgesteckt wird, hat zur Voraussetzung die Analyse der zu bewätigenden Problemstrukturen und die Entwicklung organisatorischer Konzepte, die die Struktur der Problemfelder weitestmöglich reflektieren; dabei können Organisationslösungen selbstverständlich nur unter Beachtung der jeweiligen lokalen Gegebenheiten und Bedingungen und in dem durch diese abgesteckten Rahmen entwickelt werden.

Untersucht man die Entwicklung der in einigen Großstädten der Bundesrepublik formulierten Ansätze integrierter Planung unter dem Aspekt ihrer praktischen Umsetzung, vor allem ihrer längerfristigen Tragfähigkeit, so zeigt sich, daß vor allem dort, wo entsprechende Ansätze sehr früh zur Diskussion gestellt wurden und dabei traditionelle Verfahrensweisen der Planung und politische Entscheidungsmuster in Frage gestellt wurden, eine anfängliche Phase des Optimismus durch einen Zustand der Resignation abgelöst wurde. Diese Situation hat ihre Ursache einerseits in der politischen Zurücknahme begonnener Ansätze, andererseits in den objektiven Barrieren, die deren Realisierung auch innerhalb des den Städten gegebenen Handlungsspielraumes entgegenstehen. In der politischen Diskussion findet diese Erfahrung ihren Ausdruck in einer allenthalben feststellbaren Hinwendung zu einer Strategie des muddling through, des "Durchwurstelns" - einer Haltung, die für sich beansprucht, angesichts der in ihrer Schärfe wesentlich gesteigerten Probleme Lösungen pragmatisch realitätsgerecht zu erarbeiten, faktisch jedoch ein Aufgeben des Bemühens um Planungshandeln aus dem Zusammenhang der Problemfelder und eine Rückkehr zu traditionellem, sehr weitgehend aus der Struktur der relativ isolierten Fachressorts bestimmtem Planen bedeutet; denn eine realitätsgerechte Vorgehensweise wäre eine solche, die die Realitäten der Problemfelder zur Grundlage des Handelns machte; gerade dieser Anspruch aber wird als utopisch, zumindest wirklichkeitsfern abgetan.

Diese Tendenzen sind Ausdruck einer Reihe von Hindernis-
sen: im folgenden sollen nur die wichtigsten der in den
untersuchten Städten festgestellten noch einmal zusammenfassend genannt werden:

- Die Ableitung von Planungsentscheidungen aus dem Systemzusammenhang der Problemfelder und die stärkere Einbindung des Handelns der einzelnen Ressorts in übergreifende Planungskonzepte führt notwendigerweise zu einer
  Einschränkung der relativen Selbständigkeit der Ressorts.
  Diese Einschränkung muß um so tiefer greifen, je weiter
  die mit der Entwicklungsplanung befaßten Instanzen ihren
  Integrationsanspruch auf die Ebene der Detailplanungen
  vortragen. Es ist daher in der Regel das Bestreben der
  Fachressorts, die Einflußnahmen der mit der Integration
  beauftragten Verwaltungsteile abzuwehren oder in Unverbindlichkeit zu halten. Ernsthafte Probleme des Informa-
  tionsflusses von der Fachplanungsebene zur Integrationsebene sind daher die Regel. Planungsbeauftragte, die von
  der Fachplanungsebene in die Ebene der Integration dele-
  giert sind, sehen sich nicht selten Loyalitätskonflik-
  ten ausgesetzt, worin ein entscheidendes Hindernis für
  das Funktionieren der beschriebenen Kooperationsform
  liegt.

- Die konsequente Realisierung von Ansätzen der Entwicklungsplanung setzt Veränderungen in der Struktur und Aufgabenverteilung der Fachressorts voraus; solche Veränderungen unterbleiben jedoch in der Regel - sowohl aufgrund der in sich verfestigten, mit Macht- und nicht
  selten Interessenspositionen verbundenen Verwaltungsstrukturen wie aufgrund politischer Gegebenheiten.

- Die Ableitung von Einzelentscheidungen aus einem übergreifenden Systemzusammenhang zwingt in sehr viel höherem Maße als bei traditionellen Verfahrensweisen der
  Planung zur Offenlegung von Entscheidungsgrundlagen und
  -motiven. Instanzen der Entwicklungsplanung bewegen sich
  damit notwendigerweise im politischen Feld. Sind sie der
  Rationalität, d. h. der inneren Logik ihrer Entwicklungskonzepte verpflichtet, bedeutet dies in der Regel Konflikte mit den politischen Fraktionen und sonstigen Kräften und der diesen Gruppen je eigenen Logik.

- Die Konsequenz, mit der Ansätze der Entwicklungsplanung
realisiert werden und die Entfaltungsbedingungen, die
ihr gegeben werden, sind insgesamt in sehr viel höherem Maße als bei der Wahrnehmung der gemeindlichen
Pflichtaufgaben abhängig vom politischen Willen der lokalen Entscheidungsgremien und den dort jeweils vorfind-
lichen, im zeitlichen Verlauf erheblichen Änderungen
unterworfenen politischen Konstellationen. Diese Situation wird verschärft durch den Tatbestand, daß langfristig angelegte Entwicklungskonzepte mit den politischen
Wahlperioden im Hinblick auf ihre Fristigkeit in aller
Regel nicht korrespondieren. Weiterhin sind die Möglichkeiten der Entwicklungsplanung - wie die Erfahrungen
der letzten Jahre in einer Reihe von Städten gezeigt
hat - tiefgreifend mitbestimmt durch Personalkonstella-
tionen und deren permanente Veränderung. Dies gilt in
besonderem Maße dann, wenn die mit Entwicklungsplanung
betrauten Instanzen - wie es aus der Natur der Aufgabe
sinnvoll ist - mit der Führungsspitze unmittelbar verknüpft sind. Die Dialektik der Entfaltungsbedingungen
einer integrierten Entwicklungsplanung besteht darin,
daß die von ihr wahrzunehmende Berücksichtigung des
Gesamtzusammenhangs einen organisatorischen Standort
in unmittelbarer Nähe der politischen Führungsspitze
zwingend verlangt, ein solcher Standort jedoch aufgrund
seiner gesteigerten Abhängigkeit von politischen Konstellationen und Prioritäten eine kontinuierliche Entfaltung der Funktion der Entwicklungsplanung grundsätzlich in Frage stellt.

Zusammenfassend kann daher festgestellt werden, daß es
ein weiter Schritt ist von der Erarbeitung von Ansätzen
und Organisationskonzepten auch nur mittlerer Reichweite
bis zu deren Realisierung.

Wenn hier dennoch die Auffassung vertreten wird, daß Entwicklungsplanung als Anspruch bestehen und im Rahmen des
Möglichen und trotz der Bedingungen verwirklicht werden
sollte, die ihre Wirksamkeit a priori einschränken, dann
aus der Erfahrung, daß die auf diesem Wege trotz aller
Restriktionen zu erzielenden Teilverbesserungen einem

Rückfall in ausschließlich ressortbezogenes Planen vorzuziehen sind und zugleich notwendige Schritte darstellen
zum Abbau der einschränkenden Bedingungen.

Damit ist jedoch nur die eine Seite der Problematik und
Dialektik angesprochen, integrierte Konzepte der Entwick-
lungsplanung zu realisieren; die andere besteht in der
Problematik, die aus der denkbaren Verbindung zwischen der
Totalität des Anspruchs und der politischen Einsetzbarkeit
des Instrumentarismus integrierter Planung besteht.

Es darf nicht übersehen werden, daß ein solcher Ansatz
große Gefahren in sich birgt. Sie reichen von der Gefahr,
den Bürger durch den Eindruck einer monolithischen Verwaltung und Planung von der Teilnahme an der Entwicklung seines Gemeinwesens fernzuhalten bis zum politischen Mißbrauch
eines in seiner Wirksamkeit solchermaßen gesteigerten Pla-
nungsapparats. Der Ansprch auf eine so weitgehende Integration von Planungsablauf und Mitteleinsatz setzt daher
ein dezentrales auf mehrere Ebenen verteiltes System der
politischen Machtausübung und eine Beschränkung der Reichweite der Kompetenzen der einzelnen Gebietskörperschaften
voraus; schon die Gleichschaltung der Einwicklungsziele
aller Gemeinden eines Landes wäre problematisch.

Aus diesen Gründen erscheint die Stärkung der Selbstverwaltungskompetenz, der plurale Aufbau der Verwaltung und
eine Demokratisierung der Planung eine notwendige Voraussetzung, die Gefahr schon von der Wurzel her zu unterbinden.

VIERTER TEIL

Anhang

I. Zusammenfassende Literaturübersicht

II. Anlagen

I. <u>Zusammenfassende Literaturübersicht</u>[1]

<u>Einleitung</u>

Die Literaturübersicht zum Thema "Funktionale Aufgaben
und verwaltungsorganisatorische Probleme der Großstädte
im Hinblick auf eine integrierte Stadtplanung" versucht
aus der ohnehin bescheidenen Zahl von Veröffentlichungen
zu diesem Thema eine Auswahl dahingehend zu treffen, die
prägnantesten Aussagen, wie sie im Laufe der Diskussion
zum Problem integrierter Stadtplanung gemacht wurden, darzustellen.

Dabei kann man zwischen drei Argumentationsebenen unterscheiden:

1. Die Ebene der "inneren Organisation" des Verwaltungshandelns.

2. Die Ebene des Zielfindungs- und Entscheidungsprozesses
   und

3. Die Ebene der sozoökonomischen Rahmenbedingungen von
   Stadtplanung.

Ein Teil der bearbeiteten Literatur bezieht sich dabei
vorwiegend auf jeweils nur eine der drei Ebenen.

So sind die Aufsätze von Beste, Jochimsen, Grauhan und
Wagener und die Empfehlungen der KGSt der ersten, Hesse,
Heil und Pflaumer der zweiten und Grauhan/Linder, Funke,
Siebel und Evers/Lehmann der dritten Ebene zuzuordnen.

Der Bezugsrahmen der Argumentationsebenen erweitert sich
von 1. nach 3.:

---

1) Siehe Literaturliste Seite 209

Während auf der ersten Ebene die Betrachtung im wesentlichen auf die kommunale Verwaltung beschränkt bleibt, wird auf der zweiten Ebene der kommunale Willensbildungsprozeß mit einbezogen. Auf der dritten Ebene schließlich werden die gesamtgesellschaftlichen Bedingungen als entscheidende Determinanten kommunaler Planung gesehen.

Diesen unterschiedlichen Bezugsrahmen der Betrachtung entsprechen unterschiedliche politische Wertungen der Problematik integrierter Stadtplanung und unterschiedliche politische Strategien zur Lösung der Probleme. Werden auf der ersten Ebene die "Verbesserungsvorschläge" auf die Organisation und Verfahrensweise der Verwaltung, auf der zweiten zusätzlich noch auf den lokalen politischen Willensbildungsprozess bezogen, so zielen die Aussagen auf der dritten auf die Veränderung der Organisationsstruktur der gesamten Gesellschaft.

Die drei Argumentationsebenen spiegeln in ihrer Abfolge darüber hinaus den historischen Ablauf der Diskussion um integrierte Stadtplanung bzw. Stadtentwicklungsplanung (StEPl) in groben Zügen wider.

Damit soll freilich nicht behauptet werden, daß die Diskussion etwa um die Verwaltungsorganisation abgeschlossen wäre, doch die praktischen Erfahrungen mit StEPl ließen im Laufe der Jahre die "eigentlichen Restriktionen" und damit Probleme der StEPl deutlicher an den Tag treten.

1. Zum Verhältnis von Problemzusammenhang der Planung und Problemverarbeitung durch die Verwaltung

Hier geht es um das Problem, "die realen Interdependenzen der Problemzusammenhänge in der sozioökonomischen Umwelt durch entsprechende Verknüpfungsmuster der politisch-administrativen Problemverarbeitung zu reproduzieren".[1]

---

1) Scharpf, Komplexität als Schranke der politischen Planung, zitiert nach Funke, a. a. O., Seite 76

a) Zur Analyse der "realen Interdepenzen der Problemzusammenhänge"

Beste überträgt das traditionelle Vorgehensschema auf die
StEP1 und beschränkt die Analyse der realen Entwicklungs-
zusammenhänge auf eine Art Bestandsaufnahme, die, den Zielen der StEP1 gegenübergestellt, die Bestimmung von Fehl-
bedarfen und Prioritäten erlauben soll. Probleme z. B. in
der Versorgung mit sozialen Einrichtungen werden hier
nicht in ihrem komplexen Entstehungszusammenhang betrachtet, um Ursachen und Bezüge zu anderen Bereichen bestimmen zu können, sondern nur in Bezug auf eine "Symptombe-
handlung" festgestellt.

Auch die Empfehlungen der KGSt gehen von einem ähnlichen
Verständnis aus, wenn sie eine "umfassende Analyse der
gesamten Umweltsituation, erkennbarer Entwicklungstendenzen, voraussichtlicher Bedürfnisse der Bevölkerung und der
Wirtschaft, die zu einem administrativen Leistungsbedarf
führen können", fordern.[1]

Die Komplexität der Analyse realer Entwicklungsplanungen
wird von Wessel angedeutet, wenn er davon spricht, daß
StEP1 auf der "Basis exakter Analysen alle kommunalen
Sachzusammenhänge sowie die auf die Stadt einwirkenden
technologischen, ökonomischen und gesellschaftlichen Fakten und Entwicklungen untersuchen" soll.[2]

Daß es sich bei der StEP1 nicht um ein technokraktisches
Problem der Feststellung von "Leistungsbedarfen" handelt,
betont Heuer: "Rationale StEP1 erfordert die Kenntnis der
relevanten Bestimmungsfaktoren des städtischen Entwicklungsprozesses", die in den "Aktivitäten der in der Stadt
ansässigen Akteure (private Haushalte, Unternehmen, Stadtverwaltung)" zu suchen sind.[3]

---

1) KGSt-Gutachen, a. a. O., Seite 24

2) Wessel, a. a. O., Seite 3

3) Heuer, a. a. O., Seite 1

Das Problem der Reproduktion der "realen Interdependenzen der Problemzusammenhänge" durch die "politisch-administrative Problemverarbeitung" kann nach Ansicht Scharpfs nicht gelöst werden, weil durch die Arbeitsteilung zwischen den Verwaltungsressorts bei der Analyse planungsrelevanter Prozesse "Interdependente Problemzusammenhänge als nebeneinander isolierte Teilprobleme wahrgenommen und verarbeitet werden".[1]

b) Zur Anpassung der Verwaltungsstruktur an die Programmstruktur der StEP1

Grauhan beschreibt den Widerspruch zwischen "Programm- und Organisationsstrukturen" (Funke) der Verwaltung als "Inkongruenz zwischen (dem hierarchischen Aufbau der Vollzugsverwaltung d. Verf.) und der Aufgabe, in einer Situation konfligierender Wertvorstellungen und angesichts ungewisser Zukunftsentwicklungen überhaupt erst zu vollziehbaren Zielvorstellungen zu kommen".[2] "Eine Umstrukturierung der auf den Vollzug von Durchführungsaufgaben hin angelegten Verwaltungsapparate" ist deshalb die notwendige Konsequenz.[3]

Implizit oder explizit ist diese Überlegung auch für Jochimsen, Hesse und die KGSt der Ausgangspunkt für ihre Vorstellungen von der Organisation der StEP1.

Jochimsen z. B. spricht davon, daß "über die Organisationsstruktur zur Erfüllung von Daueraufgaben" eine weitere Strukturform gelegt werden soll: "Die referats- bzw. ressortübergreifende konzeptionelle Projektgruppe für übergreifende Querschnitssaufgaben".[4]

---

1) Scharpf, a. a. O., zitiert nach Funke, a. a. O., Seite 76

2) Grauhan, 1969, a. a. O., Seite 125

3) ders., Seite 128

4) Jochimsen, 1970, a. a. O., Seite 956

I.nhaltlich geht es dabei in erster Linie um die Koordination und Integration des Planungsprozesses.

Zur Überwindung der Koordinationsschwierigkeiten hält
Jochimsen die Schaffung einer "Informationsbasis" für notwendig, die für alle Ressorts der Verwaltung zugänglich
ist. Um zu verhindern, daß Planungen in den einzelnen Ressorts schon so weit gediehen sind, daß Korrekturen nicht
mehr möglich sind, soll eine "Frühkoordinierung so zeitig
eingeleitet werden, daß Abstimmungen noch möglich sind bzw.
von gemeinsamen Absprachen ausgegangen wird".[1]

In der Konzeption der "Nürnberg-Planung", wie sie von
Hesse dargestellt wird, steht ebenfalls die Koordination
des Verwaltungshandelns im Vordergrund. Den entscheidenden Schlüssel zur logischen Koordination bildet hier das
Zielsystem der StEP1, das hierarchisch aufgebaut und widerspruchsfrei sein soll; d. h. die Koordination soll sich
inhaltlich an den funktionalen und räumlichen Gestaltungs-
zielen festmachen und damit über eine rein formale "Nega-
tivabstimmung" im Sinne einer Kompetenzabsprache hinaus-
gehen. Bezogen auf die lang- und mittelfristigen Investitionspläne wird die räumliche Konkretisierung von Investitionen als Mittel zur Abstimmung der Planungen untereinander eingesetzt.[2]

Das KGSt-Gutachten erklärt die Notwendigkeit der Koordination, ohne weiter auf die Methode einzugehen, aus dem Postulat einheitlichen Verwaltungshandelns, der sachlichen
Abhängigkeit verschiedener Planungen und aus möglichen
Zielkonflikten, die es auszuschalten gelte.

Die organisatorische Lösung des Koordinations- und Inte-
grationsproblems soll zum einen durch die Einrichung von
ressortübergreifenden Projektgruppen, wie sie neben Jochimsen auch die KGSt und die Nürnberg-Planung vorschlagen, er-

1) Jochimsen, 1970, a. a. O., Seite 953
2) Hesse, a. a. O., Seite 127-128

reicht werden. Zum anderen soll eine eigene Verwaltungseinheit bei der Integration von Einzelplanungen eine Stabsfunktion ausüben.

Die KGSt schlägt hierfür eine "Arbeitsgruppe für Gesamtentwicklungsplanung vor, der die wichtigsten Amtsleiter
und ein Beauftragter des Oberbürgermeisters bzw. des Stadt-
direktors angehören.

Das unten abgebildete Organisationsschema der "Nürnberg-
Planung" gibt das oben skizzierte Organisationsprinzip in
einer etwas detaillierten Form wider.

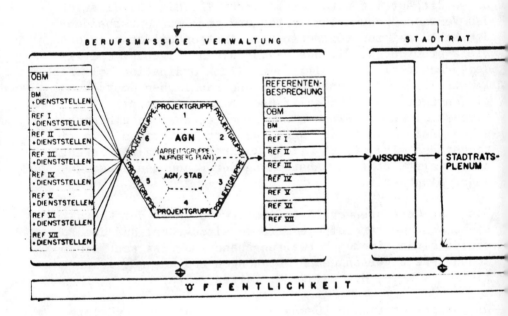

aus: Zerweck/Trutzel a. a. O., Seite 327

Im Gegensatz zu Grauhan und den Autoren, die auf seinen
Prämissen aufbauen (siehe Seite 185) gehen Funke und Siebel davon aus, daß die "Gesamtstruktur von Verwaltungs-
systemen nichtbürokratisch (d. h. nicht-hierarchisch‚d.
Verf.) ist". "Bürokratische Prinzipien" behalten "allenfalls (und hier durch informelle Beziehungen durchbrochen)
auf der Ebene einzelner Verwaltungseinheiten Gültigkeit."1)

"Stabile Strategien der Problembewältigung" seien daher
weniger durch das Mißverhältnis von "Programm- und Organisationsstrukturen" (Funke) denn durch das "Reagieren auf
sich verschärfende und widersprüchliche Anforderungen"
an die kommunale Planung unmöglich gemacht.2)

Koordinationsschwierigkeiten sind nicht in erster Linie
ein Organisationsproblem, sondern haben politischen Charakter, "da mit der Entfaltung neuer Bedarfs- und Fachplanungen die Konflikte zwischen gesellschaftlichen Interessen auf der Ebene kommunaler Planung organisiert werden."3)

Damit ist auch das Postulat der Widerspruchsfreiheit eines
Zielsystems in Frage gestellt, denn "simultane Problemverarbeitung (und Koordination mehrerer "Planer oder Pla-
nungsstellen" d. Verf.) findet ... in der Widersprüchlichkeit gesellschaftlicher Interessen, die sich darin aus-
drücken", ihre Grenze.4)

Durch "Prozesse der Selbstkoordination" können nach Scharpf
deshalb die Probleme in ihrer Widersprüchlichkeit und In-
terdependenz nicht bewältigt werden, sondern kann nur eine
"negative Koordination" mit dem Resultat einer Planung auf
"kleinstem gemeinsamen Nenner" erfolgen.5)

---

1) Funke, a. a. O., Seite 76

2) Siebel, a. a. O., Seite 41

3) Siebel, a. a. O., Seite 50

4) Funke, a. a. O., Seite 78

5) Scharpf, zitiert nach Funke, a. a. O., Seite 77

c) Vertikale Gliederung des Planungsprozesses

Aus dem Anspruch einer widerspruchsfrei koordinierten Planung (wie er u. a. von der Nürnberg-Planung, dem KGSt-Gutachten und von Wessel erhoben wird) und der Schaffung einer eigenen Verwaltungseinheit, die eine Stabsfunktion im Sinne einer Integration von Einzelplanungen erfüllen soll, resultiert notwendig die vertikale Gliederung des Planungsprozesses. Hierbei wird vor allem die Abgrenzung und Zuordnung von Rahmenplanung bzw. Leitlinien oder übergeordneten Zielen und den Fach- bzw. Detailplanungen zum Problem.

Wagener und KGSt geben "Verfahrensschritte" zur Aufstellung von Stadtentwicklungsplänen an, die in ihrer Allgemeinheit auch für Fach- oder Bereichsplanungen gelten. Die Zuordnung von Fachplanung und "Generalentwicklungsplanung" bleibt dagegen methodisch unklar, als nur gesagt wird, daß die Gesamtentwicklungsplanung der "umfassende Rahmen für alle Planungen"[1] sein soll.

Jochimsen charaktersiert die Problematik folgendermaßen: "Jede längerfristige Planung ist zum Scheitern verurteilt, wenn mit ihr eine detaillierte Gesamtkonzeption für alle Bereiche staatlicher Aktivitäten angestrebt wird. Daher stellt sich auch auf dieser Ebene der Betrachtung die Frage, in wieweit die Planungen detailliert erfolgen sollen. Je höher der Detaillierungsgrad, desto größer allerdings die Gefahr, daß fehlgesteuert, übersteuert und damit fehlinvestiert wird. Aus diesen Gründen stellt sich die weder theoretisch behandelte, noch praktisch gesehene Frage nach den strategischen Scharnieren zwischen der Makroebene, d. h. der Ebene der Rahmenplanung (der Begriff der Rahmenplanung wird hier anders verwandt als bei der Nürnberg-Planung d. Verf.), und der Mikroebene, auf der Detailplanungen erfolgen. Diese strategischen Scharniere, die eigentlich Strukturparameter zwischen Makro und Mikro, zwischen Rahmen und Detail, müssen so gewählt werden, daß bei einem

---

1) KGSt-Gutachten a. a. O., Seite 15

- 193 -

Minimum an Einzelsteuerung durch die zentrale Ebene ein
Maximum an dezentraler Selbststeuerung durch Detailplanung
und sequentielle Detailausfüllung bei gleichzeitiger Beachtung der Rahmenüberlegungen möglich bleibt."[1]

Zu dem selben Schluß kommt Wessel: "Ein mittelfristiges
Stadtentwicklungsprogramm kann vom Umfang her die Einzelheiten nicht ausweisen. Es muß sich darauf beschränken,
deren Leitlinien zu schildern, sie in Bezug zu den definierten Gesamtzielen zu setzen und im übrigen auf sie (die
sektorale Einzelplanung, d. Verf.) zu verweisen."[2]

Bezogen auf die Zieldiskussion, der auch bei der "Nürnberg-
Planung" eine Schlüsselrolle zukommt, schreibt die KGSt:
"Es wird ... zweckmäßig sein, nicht schon in der ersten
Phase bereits für die ganze Breite der kommunalen Aktivitäten die Ziele hinreichend präzise zu konkretisieren,
vielmehr die Zieldiskussion im ersten Durchgang des Planungsprozesses auf die Festlegung mehr oder weniger allgemein formulierter Entwicklungsziele und Leitlinien zu beschränken."[3]

Auf die Problematik dieses Vorgehens geht Grauhan in seinem Aufsatz ein: "Die dünne Höhenluft oberster Planungsprinzipien aber fordert eine klärende Auseinandersetzung
nicht eben heraus, so daß gerade in die Grundstzproklama-
tionen mit besonderer Vorliebe grundsätzliche Planungsziele eingehen ... Werden aber an der Spitze der Normenhierarchie Zielkonflikte installiert, so muß deren Austragung
auf die Konkretisierungsebene verschoben werden. Das bedeutet, daß die eigentlichen politischen Wertentscheidun-
gen, die ein Wählen unter alternativen Handlungszielen erfordern, in der Ebene "Ausführung" von Planungsgrundsätzen
(bzw. auf der Ebene der sektoralen Einzelplanung, d. Verf.)
auftauchen ..."[4]

---

1) Jochimsen, 1972, a. a. O., Seite 248

2) Wessel, a. a. O., Seite 7

3) KGSt-Gutachten, a. a. O., Seite 26

4) Grauhan, 1969, a. a. O., Seite 126

Bei der "Nürnberg-Planung" wird zwischen der induktiven
Vorgehensweise beim Aufbau des "Stadtentwicklungsplanungs-
Systems" und dessen deduktiver Arbeitsweise bei seiner
vollen Funktionsfähigkeit unterschieden. "In der Praxis
werden niemals Oberziele, die doch nur ideellen Wert hätten, dargestellt, sondern Bündel von Zwischenzielen in-
duktiv ausdiskutiert."[1]

Dabei entspricht der Aufbau von Zwischenzielen dem induktiven Aufbau von übergeordneten Planungsebenen.
Bei diesem Verfahren wird bewußt versucht, die "dünne Höhenluft oberster Planungsprinzipien" (Grauhan) zu meiden,
um die "Voraussetzungen für politische Steuerung wesentlich zu verbessern".[2] Nach abgeschlossenem Aufbau auf
"aufsteigendem Weg bis zum Zielsystem" hat "das hierarchisch vollentwickelte Stadtentwicklungsplanungs-System
... folgende Stufen:

- Zielsystem

- endgültige Festlegung der logischen Struktur des Stadt-
  entwicklungsplanungs-Prozesses

- Zwischenziele, sektorale Zielsysteme

- bedürfnisorientierte Rahmenplanung

- räumliche Verteilungsmodelle (Abstimmung mit normierten
  Planformen dieser Ebene, z. B. Flächennutzungsplan)

- langfristige Maßnahmenplanung und Investitionsplanung

- mittelfristige Maßnahmenplanung und Investitionsplanung

- Ausführungsplanung".[3]

Der deduktive Prozeßablauf wird durch Ratsbeschlüsse über
Zielsystem, Rahmenpläne und lang- und mittelfristige Maßnahmen und Investitionspläne in vier Planungsschritte gegliedert.

---

1) Zerweck/Trutzek, a. a. O., Seite 323

2) ders., Seite 323

3) ders., Seite 323

Wenn auch dieses Verfahren zu versprechen scheint, den
Planungsprozeß transparenter zu machen, so wird doch nur
die hierarchisch aufgebaute "Vollzugsverwaltung" auf er-
weiterter Stufenleiter reproduziert. Das Zielsystem gerät
zur "Normenhierarchie", nach der sich die Handlungsanwei-
sungen für die untergeordneten Planungsebenen "logisch"
ableiten lassen.

Der Anspruch der Widerspruchsfreiheit und Konsistenz des
Zielsystems entspricht damit dem Normcharakter der "Vollzugsverwaltung" ebenso wie die "logische Struktur des
Stadtentwicklungsplanungs-Systems" der Determiniertheit
des Verwaltungsvollzugs.

Die Erfüllung des Anspruchs der Widerspruchsfreiheit des
Zielsystems hängt in der Realität jedoch von der "Ausdis-
kutierbarkeit" der "Bündel von Zwischenzielen" ab, aus
denen sich das Zielsystem entwickeln soll. Die sektoralen
Zwischenziele repräsentieren jedoch die "Konflikte zwischen
gesellschaftlichen Interessen auf der Ebene von kommunaler
Planung"[1] und lassen sich auf dieser Ebene sicher nicht
"ausdiskutieren". Beim induktiven Verfahren ist dagegen
"noch eher die Transparenz der eigentlich politisch kontroversen Planungsziele gewährleistet".[2]

Scharpf, der in der "Horizontalen" nur eine "negative Koordination" für möglich hält, meint, daß auch bei einer
"organisatorischen Zentralisierung" die realen Problem-
interdependenzen nicht mit der Problemverarbeitungsstruk-
tur der Verwaltung kongruent würden, weil dann das "differenzierte Hintergrundwissen der spezialisierten Basisein-
heiten und die dort anzuknüpfenden fachlich-politischen
Kontakte und Austauschbeziehungen" nicht nutzbar gemacht
werden können.[3]

---

1) Siebel, a. a. O., Seite 50

2) Hesse, a. a. O., Seite 25

3) Funke, a. a. O., Seite 77

2. Zum Zielfindungs- und Entscheidungsprozeß

Mit dem zunehmenden Anspruch, städtische Entwicklungsprozesse durch integrierte Gesamtplanung steuern zu wollen
und mit der zunehmenden Komplexität des Verwaltungs- bzw.
Planungshandelns tritt die Frage nach der sachlichen und
politischen Legitimation von Planungsentscheidungen in
den Vordergrund.

Während Beste z. B. das Problem der Entscheidung über kon-
kurrierende Maßnahmen der Planung auf technokratische Weise zu lösen versucht (Nutzen-Kosten-Analyse), wobei die
Schwierigkeit vor allem darin besteht, den Nutzen bestimmter Maßnahmen zu quantifizieren bzw. in Geld auszudrücken,
kommt Hesse zu dem Schluß, daß der Zielfindungs- und Entscheidungsprozeß insbesondere daran krankt, daß er "zum
Teil demokratischer Legitimation und Kontrolle entzogen"[1]
ist, wobei er von dem "emanzipatorischen Interesse" ausgeht, daß StEPl "auf die Veränderung des status quo im
politisch-gesellschaftlichen Gesamtsystem" gerichtet sein
soll.[2]

Drei Bedingungen sind für die mangelnde Legitimation und
Kontrolle ausschlaggebend:

1. "Die Analyse von einzelnen Gruppen oder Akteuren im
   kommunalen Zielfindungsprozeß ergab zunächst eine Domi-
   nanz der in Planungsfragen zunehmend autonomer werdenden kommunalen Verwaltung. Diese Verselbständigungsten-
   denzen der städtischen Bürokratie, die insbesondere im
   Anwachsen kommunaler Dienstleistungen, der Komplexität
   städtischer Entwicklungsplanungen und in den damit verbundenen Informationsvorsprüngen ihre Begründung finden, sind von einem entsprechenden Bedeutungsverlust
   der parlamentarischen Vertreterkörperschaft, des Stadtrates bzw. der Stadtverordnetenversammlung begleitet."[3]

---

1) Hesse, a. a. O., Seite 117

2) ders., Seite 15

3) ders., Seite 70

"Die Verwaltung muß", wie Wagener sagt, "selber Zielvorstellungen vorschlagen und damit in beträchtlichem Maße Politik treiben."[1]

2. "Verstärkt wird diese Tendenz zu nur ungenügend demokratisch legitimierter Zielfindung durch den weitgehend unkontrollierten Eingang partikularer Interessen in die städtische Zielfindung und Entscheidung ..."[2]

3. "Eine echte Beteiligung der unorganisierten Öffentlichkeit schließlich und eine Partizipation insbesondere der Planungsbetroffenen am Planungsprozeß liegt kaum vor."[3]

Wie eng die beiden letztgenannten Bedingungen zusammenhängen, betont Bahrdt: Die Tatsache, "daß es die 'öffentliche Hand' mit mächtigen Privatinteressen zu tun hat, d. h. mit Interessen, die weit ... in die Belange der Allgemeinheit hineinreichen, ... zwingt die 'öffentliche Hand' dazu, faktisch im Alltag der kommunalen Politik und Verwaltung, ebenfalls eine 'nicht-öffentliche Taktik' zu benutzen ... Wichtige Themen, die alle angehen, müssen dem Einblick und Eingriff potentiell aller entzogen werden."[4]

"Der sogenannte 'Bedeutungsverlust' des Kommunalparlaments, seine 'Entpolitisierung', ist also nicht von einem entsprechenden Bedeutungszuwachs der Verwaltung allein begleitet, sondern hat vielmehr gleichzeitig den Eingang partikularer Interessen in die Zielfindung durch den Wechsel des Adressaten noch erleichtert."[5]

---

1) Wagener, a. a. O., Seite 60

2) Hesse, a. a. O., Seite 70

3) ebd.

4) Bahrdt, Die moderne Großstadt, zitiert nach Evers/Lehmann, a. a. O., Seite 267

5) Hesse, a. a. O., Seite 53

Hesse stellt als Konsequenz folgende Anforderungen an
Zielfindung und Entscheidung:

- Zielvorstellungen müssen variabel und flexibel sein,
  weil Informationen im Laufe von Planungen immer konkreter werden und möglicherweise Korrekturen erfordern und
  weil erst die Integration der Teilbereichsentwicklungs-
  planungen in eine Gesamtplanung eine genaue Bestimmung
  der Ziele ermöglicht , obwohl schon früher, vor der Fer-
  tigstellung der Teilbereichsentwicklungspläne, Zielvorstellungen zur Orientierung vorhanden sein müssen (vgl.
  hierzu Jochimsen- und KGSt-Zitate auf Seite 193 dieser
  Übersicht). Darüber hinaus sollen die Zielvorstellungen
  von "unterschiedlichen und fluktuierenden Wertvorstellungen" der beteiligten Öffentlichkeit variiert werden
  können.[1] (Vgl. hierzu Grauhan-Zitat auf Seite 193
  dieser Übersicht.)

- Das Informationsangebot muß verbreitert werden, um im
  Zielfindungsprozeß alle möglichen Alternativen berücksichtigen und bewerten zu können, die nur von einer in-
  formierten Öffentlichkeit entwickelt werden können.[2]

- Die Möglichkeiten der Demokratisierung des Zielfindungs-
  prozesses abschätzend, kommt Hesse zu dem Schluß, "daß
  die diskutierten Formen von Öffentlichkeitsarbeit und
  einzelne neuere Partizipationsstrategien die Wertberück-
  sichtigung des Planungsprozesses zwar anzuheben vermögen, sie in der Regel zu lokal orientiert, und zu mit-
  telstands- und bereichsspezifisch sind, darüber hinaus
  häufig auch zeitlich zu kurz greifen, um den Eingang der
  Wertvorstellungen der Planungsbetroffenen in den Zielfindungsprozeß wirksam, langfristig und als Gegenge-
  wicht zu organisierten Interessen herzustellen."[3]

---

1) Hesse, a. a. O., Seite 54

2) ders., Seite 56-57

3) ders., Seite 65

- Der allgemeinen Forderung nach mehr "Rationalität im Entscheidungsprozeß setzt Hesse die "Wahlrationalität", so wie sie von Grauhan definiert wurde, entgegen: "Ist Raumplanung jedoch gezwungen, in einem Feld von Wertvorstellungen zu operieren, die sowohl unter den gesellschaftlichen Gruppen als auch unter den Experten in hohem Maße kontrovers sind und die aufgrund ihrer Zukunftsgerichtetheit ein beträchtliches Maß an Ungewißheit in Kauf zu nehmen haben, so verläßt die ihr mögliche Rationalität den Bereich der am je schon fixierten Programm orientierten Ziel- oder Zweckrationalität und geht in den Bereich der Rationalität des Wählens unter alternativen Zielen über. Raumplanung dient dann der Rationalisierung politischer Alternativauswahlen."[1]

Die Effizienz des Auswahlvorgangs ist dann davon abhängig, "daß die unterschiedlichen und widersprüchlichen Interessenlagen Eingang in die Planung" gefunden haben.[2]

Pflaumer geht auf das Wechselverhältnis von Öffentlichkeitsbeteiligung und Verwaltungsreform näher ein. Ausgangspunkt ist, daß die Bürger "sowohl kontrollierend, wie initiativ auf den Planungsprozess einwirken, d. h., sich in einer spezifischen Form selbst an ihm beteiligen" sollen.[3]
Voraussetzung der Demokratisierung der Planung sind dabei nebem dem "Funktionieren der Öffentlichkeit", d. h. der Fähigkeit zur Information und Artikulation und der Offenheit der Träger von Demokratisierungsprozessen auch das "Funktionieren der Verwaltung":[4]

---

1) Grauhan, 1969, a. a. O., Seite 126

2) Hesse, a. a. O., Seite 67

3) Pflaumer, a. a. O., Seite 25

4) Auf den speziellen Zusammenhang von demokratischer Kontrolle und Transparenz des Planungsprozesses wurde schon auf Seite 196 ff eingegangen.

1. Die Verwaltung muß ihre Informationsmöglichkeiten maximal ausschöpfen.

2. Der interne Arbeits- und Zielfindungsprozeß selbst muß "demokratisiert" werden: "Alternativen werden erfunden und geklärt, indem Mitarbeiter der Ansicht ihres Chefs widersprechen." "Der Chef ist dann nicht mehr als ein Teamleiter, der die bearbeiteten Alternativen, auch die persönlich von ihm nicht gebilligten, zur politischen Entscheidung vorzulegen hat."[1]

Der Kern der Partizipationsmodelle liegt in dem Versuch, die unkontrollierte Machtausübung von Verwaltung und Interessengruppen beim Zielfindungs- und Entscheidungsprozeß durch die Organisation einer "Gegenmacht" der bislang nicht organisierten "breiten Öffentlichkeit" zu relativieren.

Nach Heil gilt es jedoch bei der Organisation dieser "Gegenmacht" eine Reihe von Barrieren zu überwinden, wozu die Gemeinwesensarbeit dienen soll. Dabei geht es nicht nur darum, "subjektive Hindernisse" wie das "unzureichende Informationsniveau" oder die fehlende Bereitschaft, sich an einem Prozeß "öffentlich-bürgerschaftlicher Beteiligung" zu engagieren, aufzuheben, sondern auch um die Überwindung der "objektiven Hindernisse", wie sie durch die speziellen lokalen (vgl. Pflaumer) und gesamtgesellschaftlichen (vgl. 3. Kapitel) Rahmenbedingungen kommunaler Planung (Planungs- und Bodengesetze, Finanzsituation der Gemeinden etc.) dargestellt werden.[2]
Die Gemeinwesenarbeit zielt nun darauf ab, Verfahrensweisen bereitzustellen, "die auf systematische Weise Bürger oder Betroffene an die Problematik der Gestaltung ihrer Umwelt- und Lebensverhältnisse heranführt und sie instand setzt, auf rationaler Basis an ihrer Lösung aktiv mitzuarbeiten und schafft damit die Voraussetzung für eine Huma-

---

1) Pflaumer, a. a. O., Seite 35 (vgl. hierzu auch Grauhan a. a. O., Seite 127)

2) Heil, a. a. O., Seite 18 ff.

nisierung der menschlichen Lebensbedingungen in der Gesellschaft heute."[1]

Die Gemeinwesenarbeit unterscheidet sich dabei im wesentlichen durch folgende Merkmale von der traditionellen "Öffentlichkeitsbeteiligung":

- "Weckung eines Problembewußtseins bei den Betroffenen
  durch Aufzeigen der Konsequenzen, Konflikte usw., die
  spezifische Maßnahmen nach sich ziehen."

- "Aktivierung latenten Unbehagens", "Weckung des Bewußt-
  seins des Betroffenseins".

- "Herstellung von Kommunikation zwischen den Betroffenen."

- "Provokation, Sicherung der objektiven Möglichkeiten
  eines Meinungsbildungsprozesses."[2]

- Verunsicherung der Partner in den autorität strukturierten Institutionen, als wichtige Voraussetzung für die
  Veränderung der eingefahrenen Entscheidungsmuster.[3]

Gemeinwesenarbeit darf "einmal gegebene Verhältnisse,
einen einmal gegebenen äußeren Rahmen und dessen derzeitige Struktur nicht als unabänderlich" hinnehmen, sondern
muß auf "Verbesserungen dieses größeren Rahmens hinwirken."[4] "Kritische Gemeinwesenarbeit ... muß an beide
Ebenen adressiert sein: Das lokale Problem, den lokalen
Gestaltungsprozeß und die übergreifenden, gesamtgesellschaftlichen Bedingungen, durch die die lokalen Gegebenheiten und Probleme entscheidend mitbestimmt werden.[5]

---

1) Heil, a. a. O., Seite 27

2) ders., Seite 28 ff

3) ebd.

4) ders. Seite 36

5) ders. Seite 37

Zum selben Problem schreibt Siebel: "Die Politisierung ge-
bietsbezogener Gruppen anläßlich lokal wirksamer Planungen gerät zwangsläufig in das Dilemma, daß in einer lokal organisierten Öffentlichkeit mit den lokalen Auswirkungen überlokal determinierter Planungen Zwänge und Ziele zur Diskussion gestellt sind, die jenseits der Einfluß-
möglichkeiten einer auf kommunaler Ebene organisierten
Öffentlichkeit liegen."[1]

Siebel hebt besonders ein "subjektives Hindernis" für die
Demokratisierung der Planung hervor: "Die Chancen argumen-
tativer Planung werden in erster Linie von jenen Interessen genutzt, die auch die Filter des formellen politischen Entscheidungsprozesses passieren." "Systematisch
vernachlässigt werden die latenten und die zukünftigen Bedürfnisse gegenüber den artikulierten und den gegenwärtigen, die allgemeinen gegenüber denen kleiner, eindeutig
definierter Gruppen, die nicht organisierten und schwachen
gegenüber den konfliktfähigen weil organisierbaren und
über politische und ökonomische Macht verfügenden."[2]

Steinbach nimmt diese strukturelle "Einseitigkeit" des
kommunalen Entscheidungsprozesses zum Ausgangspunkt kommunaler Politik, deren Hauptziel im Ausgleich der ungleichen
Chancen liegt: "Kommunalpolitik ist Parteinahme für die
arbeitende Bevölkerung. Ziele sind, die Nachteile der
lohnabhängigen Bevölkerung gegenüber den einkommensstar-
ken Bürgern zu beseitigen, insbesondere kollektive Grund-
bedürfnisse zu befriedigen.
Kommunalpolitik soll die emanzipatorische Entwicklung des
Bürgers fördern, indem er lernt, seinen eigenen Lebensraum
zu gestalten. Dazu muß er politische Zusammenhänge, Interessen und Abhängigkeiten erkennen, die im Produktionspro-
zeß wie im Reproduktionsprozeß wirken.

Durch diese Politisierung im kommunalen Bereich wird die
Möglichkeit eröffnet, theoretische Konzeptionen für gesell-

---

1) Siebel, a. a. O., Seite 79

2) ders., Seite 73

schaftliche Reformen mit praktischen, lokalen Inhalten
auszufüllen und dadurch überhaupt erst verständlich und
politisch durchsetzbar zu machen."[1]

3. Zu den sozioökonomischen Rahmenbedingungen von Stadtplanung

Hier soll nicht auf die sozioökonomischen Rahmenbedingungen und ihre konkrete Wirkungsweise im einzelnen eingegangen werden,[2] sondern lediglich dargestellt werden, in welcher Weise sie von den erwähnten Autoren als Determinanten kommunaler Entwicklungsplanung gesehen und eingeschätzt werden.[3]

Während Beste, Jochimsen, Grauhan, Wagener, KGSt-Gutachten, Hesse, Pflaumer und Wessel die entscheidenden Ver-
änderungsnotwendigkeiten im Bereich der Verwaltungsorganisation und der lokalen Willensbildungs- und Entscheidungsprozeß sehen, betonen vor allem Funke, Siebel, Evers/Leh-
mann und Grauhan/Linder die Determinierung von StEPl durch
die sozioökonomischen Rahmenbedingungen.

So spricht Funke davon, daß "die spezifischen Rationali-
tätsdefizite politisch-administrativer Planung in spät-
kapitalistischen Gesellschaften nicht in einem Mangel umfassender, konsentierter und (nach den Kriterien der hier
kritisierten "Zielmodelle") technisch perfekter "Gesamt-

---

1) Steinbach, a. a. O., Seite 1

2) Siehe hierzu Siebel, a. a. O. und Evers/Lehmann, a. a. O.

3) Grundsätzlich ist die Abtrennung dieses 3. Kapitels problematisch, als in den ersten beiden bereits eine Vielzahl von Bezügen zu den Rahmenbedingungen aufgezeigt
   wurden (die hier nicht noch einmal aufgeführt werden
   sollen). Die notwendige Übersicht in der Darstellung
   konnte jedoch nur durch eine Gliederung erreicht werden,
   die in sich eine bestimmte Systematik beinhaltet (vgl.
   hierzu die Einleitung).

pläne" zu suchen sind."[1] "Sie sind vielmehr in den selbst-
destruktiven Tendenzen der sozioökonomischen Sphäre begründet, die eine iterative Verstetigung von je auf Einzelprobleme und begrenzte Problemkomplexe bezogenen Entscheidungsprämissen in sozialer, zeitlicher und sachlicher Dimension ständig systematisch in Frage stellen. Probleme
von Planungsrationalität müssen dann umformuliert werden
in Fragen nach der Gesellschaftsrationalität."[2]

Auf etwas einfachere Weise drückt Wagener den gleichen Zusammenhang aus, wenngleich in anderer Verklausulierung:
" ... wenn neuerdings die Zukunft westlicher Industrie-
gesellschaften durch Entwicklungsplanung gesichert werden
muß, so zeigt sich, daß das Gesellschaftsmodell, von dem
unsere Verfassungsordnung ausgeht, in der Realität schon
nicht mehr besteht."[3] "Das ideologische Moment der These
von der kommunalen Entwicklungsplanung liegt nicht so
sehr darin, daß verschleiert würde, welchen Interessen kommunale Planung dienstbar ist, sondern daß das Wursteln
unter erschwerten Bedingungen als politische Planung, als
Ausdehnung des Einflusses des kommunalen politischen Systems auf die Stadtentwicklung ausgegeben wird."[4]
"Die neuen Instrumente und Verfahren, die unter dem Stich-
wort Entwicklungsplanung zusammengefaßt werden, sind eher
als Reaktion auf verschärfte Restriktionen zu interpretieren, die die Möglichkeiten der Kommunalen zur Kontrolle
der Stadtentwicklung allenfalls bewahren können."[5]

Funke kritisiert an dem traditionellen Planungsverständnis, "daß Reflexionen über Planung schon vom kategorialen
Ansatz her implizieren, daß das Problem der "Kontrolle der
sozialen Umwelt" bereits gelöst ist, indem es Gegenstand
von Planungshandeln wird" und setzt die Bestimmung von

---

1) Funke, a. a. O., Seite 7

2) ders., Seite 8

3) Wagener, a. a. O., Seite 62

4) Siebel, a. a. O., Seite 34

5) ders., Seite 41

Planung dagegen, wie sie Luhmann formuliert hat: Planung
ist das "Festlegen von Entscheidungsprämissen für spätere
Entscheidungen"[1] privater Investoren etc.

Evers/Lehmann gehen in ihrer Beurteilung noch einen
Schritt weiter. Ihrer Ansicht nach wird StEP1 durch die
"gesamtwirtschaftliche Stabilitätspolitik, als deren un-
terstes Ausführorgan" sie anzusehen ist, nicht nur an der
Erfüllung ihres Anspruches, die "unwirtlichen Städte" zu
"humanisieren" gehindert, sondern in ihrer Funktion gänz-
lich verändert.[2] StEP1 hat damit die Funktion, das gesellschaftliche Gesamtsystem dadurch zu stabilisieren,
"daß Projekte für Jahrzehnte im voraus programmiert und
Mittel- sowie Arbeitskräftebedarf relativ genau angegeben
werden", wodurch das Krisenmanagement der zentralen staatlichen Instanzen über einen "effizienteren und wirt-
schaftlicheren Einsatz der begrenzten öffentlichen Mittel" zu optimieren versucht wird.[3]

In diesem Zusammenhang ist die Erweiterung und Koordinierung von Planung auf kommunaler Ebene bei gleichzeitig
schwindender materieller und politischer Autonomie nur
ein scheinbarer Widerspruch, wenn sich ihre Aufgaben in
Bereitstellen von Informationen, Erfüllung und Ausführung
zentraler Entscheidungen und Erzeugung eines politischen
Konsensus erschöpfen.
Eifer und verbreitete subjektive Gutwilligkeit von Poli-
tikern und Planern auf kommunaler Ebene versucht man zy-
nisch zur autoritären Transformation des Staates, zur Anpassung aller Gesellschaftssphären an die scheinbaren
Sachzwänge historisch bereits überholter Eigentums- und
Machtverhältnisse zu mißbrauchen."[4]

---

1) Funke, a. a. O., Seite 67 (Luhmann, Politische Planung,
   zitiert nach Funke a. a. O., Seite 67)

2) Evers/Lehmann, a. a. O., Seite 263

3) ebd.

4) diess. Seite 272

Grauhan/Linder gehen insbesondere auf die Rahmenbedingung
"Finanznot der Gemeinden" ein und setzen sich mit der Vorstellung auseinander, die "öffentliche Armut" auf Kosten
des "privaten Reichtums" aufzuheben, wie sie vom Deutschen
Städtetag und insbesondere von H. J. Vogel vertreten wurde.

Grauhan/Linder weisen nun nach, daß es eine solche "Lösung"
des Problems nicht geben kann, weil der Staat selbst über
das geltende Steuersystem fiskalisch von der privaten Warenproduktion abhängig ist; d. h. wenn weniger Konsumgüter
("privater Reichtum") produziert werden, erhält der Staat
auch weniger Gelder zur Finanzierung seiner Aufgaben. Das
Problem ist also dem System der privaten Warenproduktion
immanent.

"In dem Moment, da die gesellschaftliche Güterproduktion
ausreicht, die Gesellschaftsmitglieder zu versorgen, wird
eine Produktionsstruktur unvernünftig, die auf dem Prinzip
des Akkumulationszwangs beruht und immer weiter fingiert,
als Waren produzierte Güter seien knapp, während Schulen,
Lehrer etc. fehlen."[1]

Zur Lösung der Probleme der Verstädterung ist also die
Produktionsstruktur selbst zu ändern.
Der staatliche Apparat ist angesichts der Krisenerschei-
nungen in den Agllomentationsräumen in doppelte Abhängigkeit geraten. Auf der einen Seite ist er fiskalisch von
der Warenproduktion abhängig und ist bestrebt, deren Funktionen zu garantieren.
Auf der anderen Seite ist der Staat auf Massenloyalität
angewiesen und ist damit an die Zielnormen gesellschaftlicher Freiheit und Gleichheit gebunden. Auf diese doppelte
Abhängigkeit reagiert der staatliche Apparat mit einer
"organisatorischen Disjunktion" (Offe). Zwei Arten von
Disjunktionen sind von Bedeutung:

---

1) Grauhan/Linder, 1974, a. a. O., Seite 159

1. Die Disjunktion von zentralen und lokalen Verantwort-
lichkeiten, wobei das die Produktion anleitende Kapi-
talkalkül überlokal, die Verausgabung von Arbeits-
kraft als Teil eines Lebenszusammenhanges von Arbeiten, Wohnen, Versorgen und Erholen primär lokal gebunden ist.

2. Die "Disjunktion" von Zielaufstellung und Maßnahme, die
sich in der ressortmäßigen Trennung von Zielplanung
und Maßnahmenplanung oder der Aufstellung unvereinbarer Ziele ausdrückt.[1]

Aufgabe dieser "Disjunktionen" ist letztlich die Verschleierung der Tatsache, daß "die Politik, die unter dem
legitimatorischen Anspruch auftritt, die gesellschaftliche Gleichheit zu fördern, aufgrund ihrer eigenen fiska-
lischen Abhängigkeit vom Prozeß der privaten Warenproduktion gezwungen ist, mit ihren praktischen Maßnahmen deren
Struktur gesellschaftlicher Ungleichheit fortzuschreiben."[2]

Damit stößt auch die "Forderung nach Partizipation ...
ins Leere", weil, so formuliert Siebel, "die Mechanismen
..., die zur Depravierung von Teilen der Stadtbevölkerung
führen, ... nicht so sehr im kommunalen Willensbildungsprozeß" liegen. "Sie funktionieren oberhalb und außerhalb
der kommunalen Entscheidungsebene." "Die kommunale Admi-
nistration kann nicht der Hauptadressat sein, an den sich
die Forderungen nach demokratischer Bestimmung der städtischen Entwicklung zu richten haben. Das entscheidende
Gegenüber sind: Große Investoren, Wohnungsbaugesellschaf-
ten, einflußreiche Interessengruppen, die weder demokratisch strukturiert sind, noch öffentlicher Kontrolle unterliegen, sowie die überkommunalen Planungsinstanzen."[3]

---

1) Vgl. hierzu Grauhan-Zitat auf Seite 193 dieser Übersicht (Grauhan, 1969, a. a. O., Seite 126)

2) Grauhan/Linder, 1974, a. a. O., Seite 68

3) Siebel, a. a. O., Seite 78/79

Die Tendenzen zur Politisierung der Planung können in
diesem Zusammenhang dann dazu führen, "daß über den Ruf
nach einer Reform der Binnenstruktur staatlicher Verwaltung hinaus, gesellschaftliche Machtverhältnisse themati-
siert werden"[1] und das System der privaten Warenproduktion als zentraler Bestimmungsfaktor kommunaler Planung
in Frage gestellt wird.

---

1) Siebel, a. a. O., Seite 81

Literaturliste

E v e r s , A. /
L e h m a n n , M.

Politisch-ökonomische Determinanten für Planung und Politik
in den Kommunen der Bundesrepublik; Offenbach 1972

F u n k e , R.

Organisationsstrukturen planender Verwaltungen, Schriftenreihe des Bundesministers für
Raumordnung, Bauwesen und Städtebau Nr. 03.027, 1974

G r a u h a n , R.-R.

Zur Struktur der planenden Verwaltung; in: Stadtbauwelt 25/26
1969 (zitiert: Grauhan, 1969)

G r a u h a n , R.-R. /
L i n d e r , W.

Politik der Verstädterung;
Frankfurt 1974 (zitiert: Grau-
han/Linder, 1974)

H e i l , K.

Ursachen, Bedingungen und Notwendigkeiten der Einführung der
Gemeinwesenarbeit in der Landeshauptstadt München;
Cambridge 1969

H e s s e , J. J.

Stadtentwicklungsplanung: Ziel-
findungsprozesse und Zielvorstellungen; Stuttgart 1972

H e u e r , H.

Sozioökonomische Bestimmungsfaktoren der Stadtentwicklungsplanung; Berlin (West) 1974
(unveröffentlichtes Referat)

J o c h i m s e n , R.

Zum Aufbau und Ausbau eines integrierten Aufgabenplanungssy-
stems und Koordinationssystems
der Bundesregierung; in: Bulle-
tin des Presse- und Informations-
amtes der Bundesregierung vom
16. 7. 1970, Seiten 949 ff (zitiert: Jochimsen, 1970)

Jochimsen, R.   Überlegungen zur mittel- und
längerfristigen Aufgabenplanung
und deren Einfluß auf die Vorbereitung der Haushaltsentschei-
dungen; in: Gesellschaftsplanung
in kapitalistischen und soziali-
stischen Systemen, Esser/
Näschold/Väth Hersg.; Gütersloh
1973 (zitiert: Jochimsen, 1972)

KGSt-Gutachten   Organisation der kommunalen Entwicklungsplanung; Köln 1972

Pflaumer, H.   Öffentlichkeit und Verwaltung
in einem demokratischen Planungsprozeß; München 1970

Scharpf, F. W.   Komplexität als Schranke politischer Planung; in: Gesell-
schaftlicher Wandel und politische Innovation; Opladen 1972,
Seiten 168 ff (zitiert nach
Funke a. a. O.)

Siebel, W.   Entwicklungstendenzen kommunaler Planung, Schriftenreihe des
Bundesministers für Raumordnung,
Bauwesen und Städtebau Nr.
03.028, 1974

Steinbach, H.   Durchsetzung kommunaler Entwicklungsplanung, Steuerbarkeit kom-
munaler Entwicklungsprozesse -
das Beispiel Wiesbaden; Wiesbaden 1974 (unveröffentlichtes
Manuskript)

Wagener, F.   Zur Praxis der Aufstellung von
Entwicklungsplanungen; in: Ar-
chiv für Kommunalwissenschaften,
Jg. 9 (1970) Seiten 47 ff

W e s s e l . G.   Kommunale Entwicklungsplanung
in Passivräumen - das Beispiel
Osnabrück; Osnabrück 1974 (unveröffentlichtes Manuskript)

Z e r w e c k , P. /   Nürnberg-Plan, Beispiel für die
T r u t z e l , K   Neuorganisation des kommunalen
Planungsprozesses; in: Stadt-
bauwelt 40/1973

II. <u>Anlagen</u>

Betr.: Kommission für wirtschaftlichen und sozialen
        Wandel;
        hier: Forschungsprojekt "Funktionale Aufgaben und
        verwaltungsorganisatorische Probleme der
        Großstädte im Hinblick auf eine integrierte
        Stadtplanung"

die Bundesregierung hat die Kommission für wirtschaftlichen und sozialen Wandel berufen und sie beauftragt, ein
Gutachten über die mit dem technischen, wirtschaftlichen
und sozialen Wandel zusammenhängenden Probleme im Hinblick auf eine Weiterentwicklung der Gesellschaftspolitik
zu erarbeiten. Die Bundesregierung wird das ihr erstatte-
te Kommissions-Gutachten unverzüglich den gesetzgebenden
Körperschaften vorlegen.

Zur Vorbereitung dieses Berichts vergibt die Kommission
Forschungsprojekte. Nach einer öffentlichen Ausschreibung
des Forschungsprojektes "Funktionale Aufgaben und verwaltungsorganisatorische Probleme der Großstädte im Hinblick
auf eine integrierte Stadtplanung" hat uns die Kommission
aufgrund einer ausführlichen Darlegung unseres Forschungs-

ansatzes den Auftrag für die Durchführung des Projektes
erteilt.
Gegenstand des Projektes ist eine vergleichende Analyse
der bisherigen Ansätze zu einer kommunalen Entwicklungsplanung in ausgewählten Großstädten der Bundesrepublik,
die einen Überblick über die typischen, sich in den Ballungsräumen gleichermaßen stellenden Grundprobleme der
Stadtentwicklung vermitteln soll. Gleichzeitig ist beabsichtigt, eine Synopse der verwaltungsorganisatorischen
Schritte dieser Städte zur Bewältigung ihrer Entwicklungsprobleme herzustellen.

Ziel des Projektes ist es, durch eine solche Bilanz eine
überregionale Grundlage zu schaffen für die Belebung der
bislang weitgehend in lokaler Isolation geführten Diskussion über die wesentlichen Entwicklungsprobleme der Städte und die Ansätze zu ihrer Bewältigung.

Wir treten an Sie mit der Bitte um Unterstützung dieses
Projektes heran.

Vor dem Hintergrund des von uns erarbeiteten Hypothesen-
katalogs zu den Faktoren, die die Probleme der Stadtentwicklung bestimmen, haben wir eine Reihe von Fragen formuliert, deren Beantwortung Grundlage des notwendigen
Überblicks über die Situation in den Städten ist.

Wir bitten Sie, die Fragen, die im beiliegenden Katalog
aufgeführt sind, zu beantworten. Sie fördern dadurch die
Berücksichtigung der Belange der Städte in dem genannten
Gutachten für die Bundesregierung. Für eine vorläufige
Beantwortung der Fragen bis zum 30. August 1974 wären
wir Ihnen sehr dankbar.

Wegen der Bedeutung der in diesem Projekt angesprochenen
Probleme und der Schwierigkeiten, die eine Beantwortung
der teilweise komplexen Fragen verursacht, bitten wir
Sie noch um ein Gespräch, bei dem wir den Auftrag, unser
Anliegen und Einzelheiten der Fragestellung einerseits
erläutern möchten, andererseits aber ein deutlicheres

Bild von Ihren Problemen gewinnen möchten, als es durch die Auswertung solcher Fragebogen allein möglich ist. Für die Benennung eines Gesprächstermins in der Zeit vom 15. August bis zum 6. September 1974 wären wir Ihnen deshalb dankbar.

Damit wir uns unsererseits möglichst gründlich auf das Gespräch mit Ihnen vorbereiten können, bitten wir Sie um eine vorläufige Beantwortung unserer Fragen rechtzeitig vor dem Gesprächstermin. Auf diese Weise ist es möglich, das Gespräch von vornherein auf die wichtigsten Punkte zu konzentrieren.

Die Zusammenstellung der endgültigen Antworten aller befragten Städte wird gemeinsam mit dem Forschungsbericht nach Prüfung durch die Kommission für wirtschaftlichen und sozialen Wandel in ihrer Schriftenreihe beim Verlag Otto Schwarz & Co., Göttingen, veröffentlicht werden.

In der Anlage legen wir zu Ihrer Information über den Zusammenhang, in dem die Fragen behandelt werden sollen, den genannten Fragenkatalog, eine Gliederungsdisposition über den Forschungsbericht sowie eine Broschüre bei, die Auskunft über die Kommission für wirtschaftlichen und sozialen Wandel gibt.

Für Ihre Mitwirkung und für eine Nachricht, welchen Termin Sie uns für ein erläuterndes Gespräch einräumen können, wären wir Ihnen sehr dankbar.

Mit freundlichen Grüßen

Leitfaden für Expertengespräche mit Mitarbeitern von Stadtverwaltungen in der BRD

Dieser Leitfaden ist ein Leitfaden und kein Fragebogen. Er gibt die Stationen des Gesprächs an, ohne seinen Ablauf im Detail zu bestimmen.

1. Konkrete Entwicklungsprobleme	Darstellung der aktuellen Entwicklungsprobleme von grundsätzlicher Bedeutung, die über die laufende und übliche Planungsarbeit hinausgehende Planungsüberlegungen erforderlich machen (einzeln auflisten und in Grundzügen charakterisieren).
2. Spezielle Probleme – allgemeine Entwicklungsfaktoren	Herausarbeitung des Zusammenhangs zwischen den aufgelisteten konkreten Entwicklungsproblemen und den generellen Entwicklungsfaktoren im Sinne der Arbeitshypothesen des Untersuchungsansatzes (jeweils individuell für jedes Planungsproblem).
3. Konkrete Lösungswege	Welche Lösungsmaßnahmen werden getroffen oder sind vorgesehen? (Jeweils individuell für jedes Planungsproblem.)
4. Kritik der konkreten Lösungsansätze	Wie werden die Erfolgsaussichten beurteilt? Welche Faktoren behindern oder verhindern erfolgreiche Problemlösungen? Welche Maßnahmen wären im Sinne gewünschter Problemlösungen erforderlich?

5. Planungserfah- rungen	a) Hatten Sie in den letzten Jahren (im Laufe der 60er Jahre) bereits ähnlich gewichtige Planungsprobleme, die inzwischen als bewältigt angesehen werden können?
	b) Welche kommunalen Planungsmaßnahmen wurden getroffen? Welche Wirkung hatten sie?
6. Makro-Systemzusam- menhang	Gemeinsame Erörterung des Makro-Systemzusammenhangs der unter 1. aufgeführten Einzel-Problemfelder und die Konsequenzen für eine problemorientierte Struktur und Organisation des Planungsprozesses.
7. Verwaltungsstruktur und Systemzusammen- hang	Erörterung der Struktur der planenden Verwaltung vor dem Hintergrund des in Arbeitsschritt 6 herausgearbeiteten Systemzusammenhangs kommunaler Entwicklungsprobleme.
	a) Ressortgliederung und Aufgabenabgrenzung der Ressorts.
	b) Ressortübergreifende Institutionen und deren Aufgabenkompetenzen und Ausstattung.
	c) Regionale Planungsmöglichkeiten.
	Wie ist die Situation? In welcher Richtung entwickelt sie sich? In welcher Richtung sollte sie sich entwickeln?

Anhang: Fragen zur Planenden Verwaltung

1. Wieviel Beschäftigte sind in der Verwaltung der Gebietskörperschaft tätig?
   Wieviel davon in der Hoheitsverwaltung?

2. Gibt es mittelfristige Investitionsplanung?
   Wenn ja, wer betreibt sie? Wie werden Investitionsprioritäten abgestimmt?

3. Gibt es ressortübergreifende Planung?
   Wenn ja, seit wann und wer ist federführend?

4. Wieviel Mitarbeiter umfaßt die für ressortübergreifende Planung zuständige
   Stelle? Wie hoch ist der Anteil von Mitarbeitern im höheren Dienst?
   Welche Sachmittel stehen im ordentlichen Haushalt zur Verfügung?
   Welche Mittel für Forschung?

5. Wer betreibt vorbereitende und verbindliche Bauleitplanung?
   Wie viele Mitarbeiter umfassen die entsprechenden Dienststellen?
   Wie hoch ist der Anteil im höheren Dienst? Wieviel Sachmittel stehen
   für diese Aufgaben zur Verfügung? Werden bei der Erarbeitung von Bauleitplänen freie Planungsbüros eingestellt? Wenn ja, in welchem Umfang?

6. Werden Planungsaufgaben mit Unterstützung der Elektronischen Datenverarbeitung
   gelöst? Wie wird die Datenverarbeitung betrieben: durch Auftragsvergabe oder
   verwaltungsintern? Wieviel Mitarbeiter sind speziell für diese Aufgabenbereiche
   innerhalb der Verwaltung tätig?

7. Wer kommt für eine solche Befragung noch in Betracht?

Projekt Nr. 150

"Funktionale Aufgaben und verwaltungsorganisatorische
Probleme der Großstädte im Hinblick auf eine integrierte
Stadtplanung" (Problemanalyse)

FRAGENKATALOG

Wir bitten Sie, soweit Sie die folgenden Fragen beantworten können, sich an das System des Fragebogens zu halten.
Zugleich bitten wir Sie, die von Ihnen behandelten Fragen im Raster unserer Originalbögen anzukreuzen und uns
diese zusammen mit Ihren Antworten zurückzuschicken. Sie
erleichtern uns damit die systematische Auswertung wesentlich.

Wir danken Ihnen für Ihre Mithilfe.

| | A. Angaben zum Tatbestand | B. Forschung | | | C. Planung – Maßnahmen | | |
Kommunale Problemfelder		a. Welche Grundlagen sind zu diesem Themenkreis erarbeitet worden? Wann? Von wem?	b. Mit welchen Fragen dieses Katalogs ist die Frage im Zusammenhang untersucht worden?	c. Finanzieller und personeller Aufwand der Untersuchung (Größenordnung – Förderungsmittel – Quellen der Gelder)	a. Sind Planungen zur Beeinflussung des Tatbestandes vorhanden oder sind Maßnahmen ergriffen worden? Wenn ja, von wem? (bei mehreren Beteiligten: wo liegt die Federführung?)	b. Mit welchen Planungen/Maßnahmen sind die Planungen/Maßnahmen abgestimmt worden? Wer führt die Abstimmung durch?	c. Sind Planungsbetroffene unmittelbar an der Meinungsbildung/Entscheidungsfindung beteiligt? Wenn ja, in welcher Form? Bei wem liegt die Wahrnehmung der Kontakte zu den Planungsbetroffenen?
I. Struktur und Entwicklung von Bevölkerung, Beschäftigung und Arbeitsmarkt							
1. Wie war die Bevölkerungsentwicklung in der Kernstadt/in der Region in den Jahren 1968 – 1972 ?							
2. Welchen Anteil an der Bevölkerungsentwicklung hat die natürliche Bevölkerungsentwicklung ?							
3. Welchen Anteil an dem Bevölkerungswachstum haben Wanderungen ?							
4. Welchen Anteil an einem Wanderungsgewinn haben Ausländer ?							
5. Hauptquellen und Hauptziele der Wanderungsbewegungen: einheimischer ländlicher Raum, andere Ballungsgebiete der BRD, Ausland ?							
6. Gibt es bedeutende innerstädtische Wanderungsbewegungen? Welcher Art?							
7. Haben diese Wanderungsbewegungen Umstrukturierungen zur Folge? Welche ?							
8. Gibt es soziale Segregationserscheinungen? Welcher Art ?							
9. Gibt es eine Bevölkerungsprognose? Welches sind die restlichen Ergebnisse ?							
10. Wie hoch war der Anteil der Arbeitsplätze im tertiären Sektor 1961 und 1970 ?							
11. Wie hoch ist die Steigerung des Sozial- bzw. Regionalproduktes je Beschäftigter ?							
12. Gibt es eine regionale Wirtschaftsprognose ?							
13. Gibt es ein Wirtschaftsförderungsprogramm ?							
14. Was sind seine Ziele und Grundlagen ?							
15. Gibt es ein Beschäftigtenproblem? – allgemein, für bestimmte Branchen, für bestimmte Bevölkerungsgruppen? –							

	A.	B.	a.	b.	c.	C.	a.	b.	c.
Behandlung der kommunalen Problemfelder → / Kommunale Problemfelder ↓	Angaben zum Tatbestand	Forschung	Welche Grundlagen sind zu diesem Themenkreis erarbeitet worden? Wann? Von wem?	Mit welchen Fragen dieses Katalogs ist die Frage im Zusammenhang untersucht worden?	Finanzieller und personeller Aufwand der Untersuchung (Größenordnung – Förderungsmittel – Quellen der Gelder)	Planung – Maßnahmen	Sind Planungen zur Beeinflussung des Tatbestandes vorhanden oder sind Maßnahmen ergriffen worden? Wenn ja, von wem? (bei mehreren Beteiligten: wo liegt die Federführung?)	Mit welchen Planungen/Maßnahmen sind die Planungen/Maßnahmen abgestimmt worden? Wer führt die Abstimmung durch?	Sind Planungsbetroffene unmittelbar an der Meinungsbildung/Entscheidungsfindung beteiligt? Wenn ja, in welcher Form? Bei wem liegt die Wahrnehmung der Kontakte zu den Planungsbetroffenen?

II. Probleme sozio-ökonomischer Umstrukturierungen

1. Wie entwickeln sich kleine und mittlere Betriebe? (bis 50 Beschäftigte)

2. Ist eine Zunahme der Beschäftigten in Großbetrieben (über 500 Beschäftigte) zu beobachten?

3. Gibt es Förderungsprogramme für spezielle Wirtschaftsgruppen? Welche?

III. Problemkreis Flächenwachstum, Zersiedlung, Verdichtung

1. Aus welchem Jahr stammt der geltende FNP? Wie ist seine Fortschreibung vorgesehen: laufend oder in regelmäßigen Abständen?

2. Gibt es allgemeinere räumliche Entwicklungskonzepte? Welche?

3. Sieht der FNP bzw. seine Fortschreibung größere zusammenhängende Flächen für tertiäre Nutzungen, Gewerbe und Industrie und Wohnen (neue Großsiedlungen) vor? In welchen Lagen? Größenordnung in ha?

4. Wie hoch sind die Spitzenpreise je m² Boden? Wo? Beispiele: im Zentrum .....

5. Für welchen Verwendungszweck werden diese Spitzenpreise bezahlt?

6. Wie hoch ist das zulässige Maß der baulichen Nutzung in der City im Durchschnitt?

7. Sieht der FNP Minderungen bzw. Beschränkungen des geltenden alten Baurechts vor?

8. Gibt es eine nennenswerte Bautätigkeit im Stadtkern? Was wird gebaut?

9. Gibt es nennenswerte Verdrängungsprozesse im Stadtkern?

10. Findet eine entsprechende Wohnbautätigkeit im Umland oder am Stadtrand statt? Ist deren Tendenz steigend, stagnierend oder abnehmend?

Behandlung der kommunalen Problemfelder

Kommunale Problemfelder

	A. Angaben zum Tatbestand	B. Forschung	a. Welche Grundlagen sind zu diesem Themenkreis erarbeitet worden? Wann? Von wem?	b. Mit welchen Fragen dieses Katalogs ist die Frage im Zusammenhang untersucht worden?	c. Finanzieller und personeller Aufwand der Untersuchung (Größenordnung - Förderungsmittel - Quellen der Gelder)	C. Planung - Maßnahmen	a. Sind Planungen zur Beeinflussung des Tatbestandes vorhanden oder sind Maßnahmen ergriffen worden? Wenn ja, von wem? (bei mehreren Beteiligten: wo liegt die Federführung?)	b. Mit welchen Planungen/Maßnahmen sind die Planungen/Maßnahmen abgestimmt worden? Wer führt die Abstimmung durch?	c. Sind Planungsbetroffene unmittelbar an der Meinungsbildung/Entscheidungsfindung beteiligt? Wenn ja, in welcher Form? Bei wem liegt die Wahrnehmung der Kontakte zu den Planungsbetroffenen?
11. Wird durch die Umstrukturierung eine Beeinträchtigung des historischen Stadtbildes oder eine Verödung der Innenstadt bewirkt ?									
12. Wie groß ist die gegenwärtige Kapazität der Abwasserbeseitigungsanlagen? Wie hoch ist das gegenwärtige und das durch laufende Planungsmaßnahmen zu erwartende Abwasseraufkommen?									
IV. Verkehrsproblematik									
1. Gibt es einen GVP, von wann stammt er, wie und für wann ist seine Fortschreibung vorgesehen ?									
2. Wie ist das gegenwärtige Verhältnis von Individualverkehr zu öffentlichem Nahverkehr ?									
3. In welchem Verhältnis stehen die Investitionen für den Ausbau des ÖNV-Netzes gegenüber dem Ausbau des Straßennetzes? Wie ist der Trend in den Jahren 1960.....1974 ?									
4. Sind gesamtwirtschaftliche Kosten-Nutzen-Vergleiche zwischen dem Ausbau öffentlicher Nahverkehrsmittel und dem Straßenbau angestellt worden ?									
5. Welche Maßnahmen sind vorgesehen, um die Erreichbarkeit der City sicherzustellen? Maßnahmen des ÖNV: U-Bahn, S-Bahn ? IV : Parkhäuser in der City?									
6. Welche Maßnahmen sind vorgesehen zur Reduktion der umweltschädigenden Auswirkungen des IV ? (z.B. Schaffung verkehrsberuhigter Zonen ?)									

Behandlung der
kommunalen
Problemfelder

kommunale
Problemfelder

	A. Angaben zum Tatbestand	B. Forschung — a. Welche Grundlagen sind zu diesem Themenkreis erarbeitet worden? Wann? Von wem?	b. Mit welchen Fragen dieses Katalogs ist die Frage im Zusammenhang untersucht worden?	c. Finanzieller und personeller Aufwand der Untersuchung (Größenordnung - Förderungsmittel - Quellen der Gelder)	C. Planung – Maßnahmen — a. Sind Planungen zur Beeinflussung des Tatbestandes vorhanden oder sind Maßnahmen ergriffen worden? Wenn Ja, von wem? (bei mehreren Beteiligten: wo liegt die Federführung?)	b. Mit welchen Planungen/Maßnahmen sind die Planungen/Maßnahmen abgestimmt worden? Wer führt die Abstimmung durch?	c. Sind Planungsbetroffene unmittelbar an der Meinungsbildung/Entscheidungsfindung beteiligt? Wenn ja, in welcher Form? Bei wem liegt die Wahrnehmung der Kontakte zu den Planungsbetroffenen?
V. Wohnungsproblematik							
1. Gibt es ein Wohnungsbauprogramm? Welches sind seine wesentlichen Ziele?							
2. Gibt es einen ausgeglichenen Wohnungsmarkt? Anzahl der Wohnungen insgesamt? Überschuß über 3 %?							
3. Wie hoch ist die Zahl der Anwärter auf eine Sozialwohnung?							
4. Wie hoch ist die durchschnittliche Monatsmiete/m^2 bei Neubauwohnungen? - im öffentlich geförderten Wohnungsbau - im frei finanzierten Wohnungsbau?							
5. Wie viele Wohnungen wurden in den Jahren 1960 – 74 errichtet?							
6. Wie hoch war der Anteil der öffentlich geförderten Wohnungen in den einzelnen Jahren?							
7. Wie hoch war der Anteil der Eigentumswohnungen in den einzelnen Jahren?							
8. Wie hoch ist der Anteil der Altbauwohnungen - erbaut vor 1900, zwischen 1900 und 1945 - an der Gesamtwohnungszahl?							
9. Gibt es eine nennenswerte Sanierungstätigkeit? Wenn ja, vorwiegend Modernisierung oder Abbruch-Neubau?							
10. Gibt es im Zusammenhang mit den Sanierungsmaßnahmen Sozialpläne im Sinne des StBauFG? Wer stellt sie auf?							
VI. Versorgung mit öffentlichen und privaten Leistungen							
1. Gibt es ein Schulprogramm, Kindergartenprogramm oder ähnliche Infrastrukturprogramme? Wer stellt sie auf?							
2. Gibt es Schulraummangel? Wie groß ist die durchschnittliche Belegung der Grundschulklassen?							
3. Wie groß ist der Versorgungsgrad an Kindergartenplätzen?							

	A. Angaben zum Tatbestand	B. Forschung	a. Welche Grundlagen sind zu diesem Themenkreis erarbeitet worden? Wann? Von wem?	b. Mit welchen Fragen dieses Katalogs ist die Frage im Zusammenhang untersucht worden?	c. Finanzieller und personeller Aufwand der Untersuchung (Größenordnung - Förderungsmittel - Quellen der Gelder)	C. Planung - Maßnahmen	a. Sind Planungen zur Beeinflussung des Tatbestandes vorhanden oder sind Maßnahmen ergriffen worden? Wenn ja, von wem? (bei mehreren Beteiligten: wo liegt die Federführung?)	b. Mit welchen Planungen/Maßnahmen sind die Planungen/Maßnahmen abgestimmt worden? Wer führt die Abstimmung durch?	c. Sind Planungsbetroffene unmittelbar an der Meinungsbildung/Entscheidungsfindung beteiligt? Wenn ja, in welcher Form? Bei wem liegt die Wahrnehmung der Kontakte zu den Planungsbetroffenen?
4. Gibt es ein Programm zur Beeinflussung von Standortentscheidungen des Einzelhandels ?									
VII. Randgruppenproblematik									
1. Gibt es Stadtbereiche mit problematischer Überalterung der Bevölkerung? Bitte charakterisieren!									
2. Wie hoch ist der Anteil der Ausländer an der Gesamtbevölkerung ?									
3. Wie hoch ist der Anteil der Ausländer, die bereits länger als 5 Jahre am Ort sind ?									
4. Gibt es Stadtbereiche mit starker Ausländerkonzentration? Wenn ja, wie hoch ?									
5. Wie hoch ist der Anteil der ausländischen Kinder an den Schulanfängern in den Stadtbereichen mit hohem Ausländeranteil ?									
6. Gibt es ein Ausländerprogramm? Wer ist für die Betreuung zuständig ?									
VIII. Freizeit									
1. Hat die Stadt hinsichtlich "Freizeitwert" ein positives Image? Mit welchem Bild stellt sich die Stadt selbst dar ?									
2. Was tut die Stadt zur Erhaltung bzw. Verbesserung des Freizeitwertes ?									
3. Gibt es Freizeitprogramme für bestimmte Bevölkerungsgruppen ?									
IX. Problematik der Stadtgestalt und der Umweltentwicklung									
1. Verfügt die Stadt über Bereiche mit geschütztem Stadtbild ?									
2. Gibt es ein Programm zur Erhaltung dieser Bereiche ?									
3. Was tut die Stadt, um der wachsenden Gefährdung der physischen und psychischen Lebensbedingungen entgegenzuwirken? (Umweltschutzprogramm) Bitte beschreiben!									

Behandlung der kommunalen Problemfelder Kommunale Problemfelder	A. Angaben zum Tatbestand	B. Forschung	a. Welche Grundlagen sind zu diesem Themenkreis erarbeitet worden? Wann? Von wem?	b. Mit welchen Fragen dieses Katalogs ist die Frage im Zusammenhang untersucht worden?	c. Finanzieller und personeller Aufwand der Untersuchung (Größenordnung - Förderungsmittel - Quellen der Gelder)	C. Planung – Maßnahmen	a. Sind Planungen zur Beeinflussung des Tatbestandes vorhanden oder sind Maßnahmen ergriffen worden? Wenn ja, von wem? (bei mehreren Beteiligten: wo liegt die Federführung?)	b. Mit welchen Planungen/Maßnahmen sind die Planungen/Maßnahmen abgestimmt worden? Wer führt die Abstimmung durch?	c. Sind Planungsbetroffene unmittelbar an der Meinungsbildung/Entscheidungsfindung beteiligt? Wenn ja, in welcher Form? Bei wem liegt die Wahrnehmung der Kontakte zu den Planungsbetroffenen?
X. Problematik der Verwaltungsstruktur									
1. Welche organisatorischen Vorstellungen bestehen zum Stadt - Umland - Problem ?									
2. Gibt es konkrete Erfahrungen bei der Beteiligung der Bürger an Planungen? Welche ?									
3. Gibt es Modelle zur Beteiligung der Bürger an Planungsentscheidungen? Welche ?									

8. Konflikte der inte-
   grierten Stadtpla-
   nung

Herausarbeitung der Grundstruktur der sachlichen, organisatorischen und politischen Konflikte, die die Verwirklichungs-
möglichkeiten integrierter
Stadtplanung bestimmen

a) verwaltungsintern,

b) auf politischer Ebene.

Schriften der Kommission für wirtschaftlichen und sozialen Wandel

Band 1: **Berufliche Leistungsfähigkeit im mittleren und höheren Erwachsenenalter**
Eine Analyse des Forschungsstandes
von Prof. Dr. Hans T h o m a e und Prof. Dr. Ursula L e h r unter Mitarbeit von Dr. Gernot Dreher und Dr. Werner Opgenoorth
1973. XVI/98 Seiten. Kart. 18,— DM. ISBN 3-509-00615-1

Band 2: **Organisation für Innovationsentscheidungen**
Das Promotoren-Modell
von Prof. Dr. Eberhard W i t t e
1973. X/74 Seiten. Kart. 13,50 DM. ISBN 3-509-00616-X

Band 3: **Regionale Strukturpolitik in der Bundesrepublik**
Kritische Bestandsaufnahme
von Prof. Dr. J. Heinz M ü l l e r
1973. X/40 Seiten. Kart. 8,80 DM. ISBN 3-509-00592-9

Band 4: **Alternative Verwendungsmöglichkeiten wachsender Freizeit**
Ökonomische und sozialpolitische Implikationen
von Prof. Dr. Bernhard K ü l p und Dipl.-Ökonom Robert M u e l l e r
1973. VIII/166 Seiten. Kart. 22,80 DM. ISBN 3-509-00591-0

Band 5: **Herausforderungen des deutschen Managements und ihre Bewältigung**
untersucht von Booz-Allen & Hamilton, Unternehmensberatung, Düsseldorf, mit einer kritischen Stellungnahme von Prof. D. Heinz Hartmann, Münster
1973. VI/112 Seiten. Kart. 19,— DM. ISBN 3-509-00629-1

Band 6: **Anforderungen an ein Berufsbildungssystem**
Aus gesellschaftlicher, individueller und betrieblicher Sicht
von Dr. W. Dietrich W i n t e r h a g e r
1973. VIII/118 Seiten. Kart. 19,50 DM. ISBN 3-509-00649-6

Band 7: **Der Lernerfolg im Erwachsenenalter**
Ergebnisse psychologischer, soziologischer und didaktischer Forschung
von Prof. Dr. A. Günter B r a n d e n b u r g
1974. X/142 Seiten. Kart. 21,50 DM. ISBN 3-509-00651-8

Band 8: **Umweltbelastung — Sozialökonomische Gegenkonzepte**
Zur Internalisierung externer Nachteile
von Prof. Dr. Konrad L i t t m a n n unter Mitarbeit von Dipl.-Volksw. Dr. Berend Krüger, Dipl.-Volksw. Volkmar von Obstfelder und Dipl.-Volksw. Rudi Ulbrich
1974. VIII/108 Seiten. Kart. 22,80 DM. ISBN 3-509-00665-8

Verlag Otto Schwartz & Co., Göttingen

Schriften der Kommission für wirtschaftlichen und sozialen Wandel

Band 9: **Tätigkeitsspezifische Eignungstests**

Entwicklungs- und Anwendungsprobleme
von Dr. Wolfgang S c h n e i d e r, Dipl.-Psych. Harald H e i m
und Dr. Peter A. W a c k e r, Institut Mensch und Arbeit, München
1975. VIII/136 Seiten. Kart. 23,— DM. ISBN 3-509-00755-7

Band 10: **Patentwesen und technischer Fortschritt**

Kritische Würdigung der Zusammenhänge in ausgewählten Branchen der
Bundesrepublik Deutschland anhand empirischer Untersuchungen
Ifo-Institut für Wirtschaftsforschung, München. ISBN 3-509-00773-5

Teil I: *Die Wirkung des Patentwesens im Innovationsprozeß*
von Dipl.-Holzw. Dr. Klaus G r e f e r m a n n, Dipl.-Volksw.
Dr. Karl Heinrich O p p e n l ä n d e r, Dipl.-Ing. Dr. Elfried
P e f f g e n, Dipl.-Kfm. Dr. Karl R ö t h l i n g s h ö f e r, Dipl.-
Volksw. Lothar S c h o l z
1974. XIV/232 Seiten. Kart. 22,— DM. ISBN 3-509-00754-9

Teil II: *Patent- und Lizenzpolitik der Unternehmen*
von Dipl.-Holzw. Dr. Klaus G r e f e r m a n n und Dipl.-
Kfm. Dr. Karl R ö t h l i n g s h ö f e r
1974. XIV/170 Seiten. Kart. 22,— DM. ISBN 3-509-00772-7

Band 11: **Struktur und Finanzierung der Aus- und Weiterbildung**

Eine Untersuchung zum Zusammenhang von Finanzierung und sachlicher
Steuerung
von Prof. Dr. Friedrich E d d i n g (Projektleiter), Dr. Ullrich B o e h m,
Gisela D y b o w s k y und Dr. Hedwig R u d o l p h
1974. XII/174 Seiten. Kart. 23,50 DM. ISBN 3-509-00662-3

Band 12: **Perspektiven des technischen Wandels und soziale Interessenlage**

Eine empirische Untersuchung über die Einstellung zum technischen Wandel von Spitzenmanagern, Naturwissenschaftlern und Ingenieuren aus in-
dustrieller Forschung und Entwicklung und kaufmännischen Angestellten
der Industrieverwaltung
von Klaus B a r c k M. A., Dipl.-Ing. Otfried M i c k l e r, Dr. Michael
S c h u m a n n unter Mitarbeit von Dipl.-Volksw. Frank G e r l a c h,
Dr. Martin O s t e r l a n d, Dr. Hans Jürg S c h a u f e l b e r g e r, Rolf
S c h r ö d e r M. A., Hans Albert W u l f M. A.
1974. VIII/160 Seiten. Kart. 23,— DM. ISBN 3-509-00746-8

Band 13: **Analyse mobilitätshemmender Motivationen**

von Dipl.-Soz. Dr. Manfred W e r t h, Institut für Sozialforschung und
Sozialwirtschaft, Saarbrücken
1974. XII/300 Seiten. 37 Seiten Anhang. Kart. 18,— DM.
ISBN 3-509-00756-5

Verlag Otto Schwartz & Co., Göttingen

Schriften der Kommission für wirtschaftlichen und sozialen Wandel

Band 14: **Freizeit und Alltag**
Probleme der zunehmenden Freizeit
von Dipl.-Soz. Felizitas L e n z - R o m e i ß
1974. VIII/80 Seiten. Kart. 14,— DM.   ISBN 3-509-00763-8

Band 15: **Motive und Steuerungen von Ausbildungs-Entscheidungen in verschiedenen sozialen Schichten**
von Dr. Karl-Michael K u n t z
1974. VIII/52 Seiten. Kart. 12,— DM.   ISBN 3-509-00771-6

Band 16: **Die Innovationsentscheidung**
Bestimmungsgründe für die Bereitschaft zur Investition in neue Technologien
von Prof. Dr. Alois Günter B r a n d e n b u r g, Peter B r ö d n e r, Prof. Dr. Hans-Wilhelm H e t z l e r und Gerd S c h i e n s t o c k unter Mitarbeit von Ingeborg A r n d t, M. R. F e l d e und Dipl.-Ing. Friedrich H a m k e
1975. VIII/198 Seiten. Kart. 17,— DM.   ISBN 3-509-00777-8

Band 17: **Verbraucherinteresse und Verbraucherpolitik**
von Prof. Dr. Gerhard S c h e r h o r n u. a.
1975. XIV/248 Seiten. Kart. 29,— DM.   ISBN 3-509-00778-6

Band 18: **Rationalisierungsschutzabkommen**
Wirksamkeit und Probleme — Untersuchung zur Vermeidung sozialer Härten bei technischen und wirtschaftlichen Veränderungen
von Dipl.-Soz. Fritz B ö h l e und Prof. Dr. Burkart L u t z, Institut für sozialwissenschaftliche Forschung, München
1974. VIII/74 Seiten. Kart. 16,— DM.   ISBN 3-509-00776-X

Band 19: **Probleme regionaler Mobilität**
Ergebnisse und Lücken der Forschung zur gegenwärtigen Situation in der Bundesrepublik Deutschland / Berlin (West)
von Prof. Dr. Rainer M a c k e n s e n (Projektleiter), Dipl.-Soz. Monika V a n b e r g und Dipl.-Kfm. Klaus K r ä m e r
1975. X/202 Seiten. Kart. 18,50 DM.   ISBN 3-509-00779-4

Band 20: **Die Entwicklung neuer Formen der Arbeitsorganisation**
Internationale Erfahrungen und heutige Problemstellungen
von Lisl K l e i n B. A., Tavistock Institute of Human Relations, London
1975. VIII/117 Seiten. Kart. 19,50 DM.   ISBN 3-509-00780-8

Band 21: **Technologie und Innovation in der industriellen Produktion**
Theoretischer Ansatz und empirische Analyse am Beispiel der Mikroelektronik
von Dr. Lothar S c h o l z
1974. XVI/322 Seiten. Kart. 19,40 DM.   ISBN 3-509-00781-6

Verlag Otto Schwartz & Co., Göttingen

Schriften der Kommission für wirtschaftlichen und sozialen Wandel

Band 22: Berufsbildung in Großunternehmen
Eine Untersuchung der Bildungsmaßnahmen in ausgewählten Unternehmen
von Dipl.-Sozialw. Lore S e i f e r t und Dipl.-Hdl. Heinz U e b e l e, Deutsche Gesellschaft für Personalführung e. V., Düsseldorf
1974. X/72 Seiten. 40 Seiten Tabellen. Kart. 12,60 DM.
ISBN 3-509-00782-4

Band 23: Betriebliche Personalplanung
Eine Literaturanalyse
von Prof. Dr. Eduard G a u g l e r unter Mitarbeit von Dipl.-Kfm. Karl-Heinz H u b e r und Dipl.-Kfm. Christoph R u m m e l
1974. XVI/356 Seiten. Kart. 19,40 DM.   ISBN 3-509-00783-2

Band 24: Methoden und Informationserfordernisse der technologischen Vorausschau
von Dipl.-Ing. Erhard U l r i c h und Ing. grad. Manfred L a h n e r
1974. X/88 Seiten und 20 Übersichten. Kart. 12,60 DM.
ISBN 3-509-00784-0

Band 25: Die Garantie des Rechts auf Arbeit
von Dr. Michael R a t h
mit einem Anhang über die rechtliche Vereinbarkeit und wirtschaftliche Realisierbarkeit
von Ulrich L o h m a n n
1974. XIV/214 Seiten. Kart. 16,— DM.   ISBN 3-509-00785-9

Band 26: Arbeitsmarktstrukturen und öffentliche Arbeitsmarktpolitik
Eine kritische Analyse von Zielen und Instrumenten
von Prof. Dr. Burkart L u t z und Dr. Dipl.-Soz. Werner S e n g e n - b e r g e r, Institut für sozialwissenschaftliche Forschung, München
1974. X/154 Seiten. Kart. 16,— DM.   ISBN 3-509-00786-7

Band 27: Politische Planung im Regierungssystem der Bundesrepublik Deutschland
von Prof. Dr. Heribert S c h a t z
1974. VIII/112 Seiten. Kart. 12,60 DM.   ISBN 3-509-00787-5

Band 28: Politische Durchsetzbarkeit innerer Reformen
von Prof. Dr. Fritz W. S c h a r p f unter Mitarbeit von Lutz M e h - w a l d M. A. und Dipl.-Verw.-Wiss. Rainer S c h m i t g e s
1974. X/138 Seiten. Kart. 12,60 DM.   ISBN 3-509-00788-3

Verlag Otto Schwartz & Co., Göttingen

Schriften der Kommission für wirtschaftlichen und sozialen Wandel

Band 29: Chancen und Probleme der beruflichen Integration von Schulabgängern ohne Hauptschulabschluß
Untersuchungen zu Art, Umfang und pädagogischer Orientierung berufsfördernder Schulungsmaßnahmen für Lernbehinderte und -gestörte
von Klaus-Peter K l e i n
1974. VI/246 Seiten. Kart. 16,— DM. ISBN 3-509-00789-1

Band 30: Gesellschaftsbezogene Unternehmensrechnung
von Prof. Dr. Peter E i c h h o r n
1974. VI/132 Seiten. Kart. 12,60 DM. ISBN 3-509-00790-5

Band 31: Leistungsfähigkeit des Betrieblichen Vorschlagswesens
Aufbereitung und Darstellung der bisherigen Erkenntnisse
von Dipl.-Kfm. Richard B e s s o t h, Institut für Sozialforschung und Sozialwirtschaft, Saarbrücken
1975. XVI/300 Seiten. Kart. 18,50 DM. ISBN 3-509-00799-9

Band 32: Umweltbelastungen und ihre Verteilung auf soziale Schichten
von Dipl.-Volksw. Jan J a r r e, am Institut für Europäische Wirtschaftspolitik der Universität Hamburg
Direktor: Prof. Dr. Harald J ü r g e n s e n
1975. VI/112 Seiten. Kart. 16,— DM. ISBN 3-509-00820-0

Band 33: Wirtschaftswachstum und Umweltpolitik
Umweltpolitik als Begrenzung oder Voraussetzung für wirtschaftliches Wachstum
von Prof. Dr. Erich H ö d l
1975. VIII/76 Seiten. Kart. 19,— DM. ISBN 3-509-00800-6

Band 34: Vermögenspolitische Konzepte in der Bundesrepublik Deutschland
Analyse der Ziele, Mittel und Wirkungen
von Dr. Wolfgang J. M ü c k l, Institut für Angewandte Wirtschaftsforschung, Tübingen
1975. X/112 Seiten. Kart. 19,— DM. ISBN 3-509-00801-4

Band 35: Berufliche Bildungschancen von Frauen
Analyse der Literatur in der Bundesrepublik Deutschland, Frankreich, Schweden sowie in der CSSR, DDR und UdSSR
von Ursula L i n n h o f f und Dr. Brunhilde S a u e r unter Mitarbeit von Lujza S z ü c s
1976. XX/318 Seiten. Kart. 28,— DM. ISBN 3-509-00821-9

Band 36: Technologietransfer als Instrument staatlicher Innovationsförderung
Untersuchung von Transfermaßnahmen im internationalen Vergleich
von Dr. Erik R u p p
1976. ca. 200 Seiten. Kart. ca. 27,— DM. ISBN 3-509-00822-7

Verlag Otto Schwartz & Co., Göttingen

Schriften der Kommission für wirtschaftlichen und sozialen Wandel

Band 37: Wettbewerb, Unternehmenskonzentration und Innovation
Literaturanalyse zur These vom Wettbewerb als Entdeckungsverfahren
von Prof. Dr. Udo M ü l l e r unter Mitarbeit von Dipl.-Volkswirt Peter
S t a h l e c k e r
1975. XII/258 Seiten. Kart. 22,— DM.   ISBN 3-509-00823-5

Band 38: Unternehmensgröße, Unternehmenskonzentration und technologische Entwicklung
Literaturanalyse von Dipl.-Volksw. Lioba J ü t t n e r - K r a m n y
1975. X/256 Seiten. Kart. 21,— DM.   ISBN 3-509-00824-3

Band 39: Arbeitszeitverteilung und Freizeitgestaltung
Eine Projektion über die Möglichkeiten der Arbeitszeitverteilung und
ihre Auswirkungen auf die Freizeitgestaltung der Bevölkerung
von Annekathrin K l e m p und Jürgen K l e m p
1976. VIII/187 Seiten. Kart. 18,80 DM.   ISBN 3-509-00825-1

Band 40: Diskrepanz zwischen Aufgabenentwicklung und Finanzierung in den Gemeinden
von Heinz Z i e l i n s k i M. A.
1975. XII/144 Seiten. Kart. 16,60 DM   ISBN 3-509-00877-4

Band 41: Perspektiven der Sozialpolitik
Synopse sozialpolitischer Vorstellungen der Bundesregierung, SPD, FDP,
CDU, CSU, DAG, des DGB und der Bundesvereinigung der Deutschen
Arbeitgeberverbände
von Dipl.-Volksw. Dr. Gerhard Wilhelm B r ü c k und Dipl.-Polit.
Harald E i c h n e r unter Mitarbeit von Dipl.-Volksw. Maria K u h k a -
l a n i
1974. XII/312 Seiten. Kart. 19,40 DM.   ISBN 3-509-00803-0

Band 42: Definition und Entwicklung der Staatsquote
Abgrenzung, Aussagekraft und Anwendungsbereiche unterschiedlicher
Typen von Staatsquoten
von Prof. Dr. Konrad L i t t m a n n , Institut für Finanzwissenschaft
der Universität Hamburg, unter Mitarbeit von Dipl.-Volksw. Dr. Berend
K r ü g e r
1975. XII/204 Seiten. Kart. 16,— DM.   ISBN 3-509-00804-9

Band 43: Stabilitätspolitik bei steigender Staatsquote
von Prof. Dr. Alois O b e r h a u s e r , Freiburg
1975. VIII/93 Seiten. Kart. 12,60 DM.   ISBN 3-509-00805-7

Band 44: Voraussetzungen erfolgreicher Umweltplanung in Recht und Verwaltung
von Dr. Hans-Georg F l i c k i n g e r und Dr. Stefan S u m m e r e r
1975. XII/210 Seiten. Kart. 16,— DM.   ISBN 3-509-00806-5

Verlag Otto Schwartz & Co., Göttingen

Schriften der Kommission für wirtschaftlichen und sozialen Wandel

Band 45: Konjunktur und Arbeitsmarkt
Eine empirische Studie
von Dr. Heiner A b e l s, Prof. Dr. Paul K l e m m e r, Prof. Dr. Heinz S c h ä f e r und Dipl.-Ökonom Wolfgang T e i s
1975. VI/125 Seiten. Kart. 12,60 DM.   ISBN 3-509-00807-3

Band 46: Einflüsse der Europäischen Gemeinschaft auf die Regionalpolitik in der Bundesrepublik Deutschland
von Dr. Fritz F r a n z m e y e r, Dr. Siegfried S c h u l t z, Dr. Dieter S c h u m a c h e r und Dipl.-Volksw. Bernhard S e i d e l, Deutsches Institut für Wirtschaftsforschung, Berlin
1975. VI/230 Seiten und 44 Seiten Anhang. Kart. 19,40 DM
ISBN 3-509-00808-1

Band 47: Verkehr und Kommunikation
Möglichkeiten zur Minimierung des Verkehrsaufkommens. Ein Beitrag zur langfristigen Lösung des Verkehrsproblems
von Dieter W. K r e u z und Rainer S c h u l t z - W i l d, Sozialwissenschaftliche Arbeitsgruppe München, unter Mitarbeit von Herbert F i s c h e r
1975. XVI/240 Seiten. Kart. 16,— DM.   ISBN 3-509-00809-X

Band 48: Möglichkeiten der Reform des Gesundheitswesens in der Bundesrepublik Deutschland
Eine Literaturanalyse
von Dr. rer. pol. Peter R o s e n b e r g, Deutsches Institut für Wirtschaftsforschung, Berlin
1975. X/362 Seiten. Kart. 19,40 DM.   ISBN 3-509-00810-3

Band 49: Die Luft- und Raumfahrtpolitik der Bundesrepublik Deutschland
Forschungs- und Entwicklungsprogramme in der Kritik
von Dr. Jürgen S c h u l t e - H i l l e n unter Mitarbeit von Dipl.-Ing. Dr. Ing. U. S p r e n g e l und Dipl.-Ing. N. T r e i n i e s
1975. IV/200 Seiten. Kart. 16,— DM.   ISBN 3-509-00811-1

Band 50: Möglichkeiten der Verbesserung der Einkommens- und Vermögensstatistik
Konzeption einer Verteilungsrechnung für die Bundesrepublik Deutschland
von Prof. Dr. Hans-Jürgen K r u p p
1975. X/210 Seiten. Kart. 16,— DM.   ISBN 3-509-00812-X

Band 51: Der Arbeitsmarkt für Akademiker in Japan
von Ulrich T e i c h l e r und Yoko T e i c h l e r - U r a t a
1975. 262 Seiten. Kart. 19,40 DM.   ISBN 3-509-00813-8

Verlag Otto Schwartz & Co., Göttingen

Schriften der Kommission für wirtschaftlichen und sozialen Wandel

Band 52: Der Arbeitsmarkt für Akademiker in Schweden
von Akad. Rat Dr. Egon J ü t t n e r
1975. X/118 Seiten. Kart. 12,60 DM. ISBN 3-509-00814-6

Band 53: Beschäftigungsprobleme von Hochschulabsolventen im internationalen Vergleich
von Dipl.-Volksw. Manfred T e s s a r i n g und Dipl.-Volksw. Heinz
W e r n e r
1976. 450 Seiten. Kart. 19,40 DM. ISBN 3-509-00833-0

Band 54: Bürgerbeteiligung in der Bundesrepublik
— Zur Freizeitaktivität verschiedener Bevölkerungsgruppen in ausgewählten Beteiligungsfeldern (Kirchen, Parteien, Bürgerinitiativen und Vereinen) —
von Bernt A r m b r u s t e r und Dr. Rainer L e i s n e r
1975. XIV/292 Seiten. Kart. 19,40 DM. ISBN 3-509-00834-0

Band 55: Konflikte solidarischer Lohnpolitik
— Zur ökonomischen und sozialen Problematik tarifpolitischer Lohnstrukturnivellierung —
von Dr. Hans-Adam P f r o m m
1975. VI/156 Seiten. Kart. 16,— DM. ISBN 3-509-00835-9

Band 56: Zur Polarisierung von Arbeit und Freizeit
— Desintegration von Sozialfunktionen und Ansätze zur Reintegration von Arbeit und Freizeit in der Industriegesellschaft —
von Frauke H ö b e r m a n n
1975. VI/150 Seiten. Kart. 12,60. ISBN 3-509-00836-7

Band 57: Regionale Planung berufsbezogener Bildungseinrichtungen
— Analyse bestehender Einrichtungen und Entwicklung optimaler Konzeptionen zum Abbau des regionalen Gefälles im Angebot von Berufsbildungsplätzen —
von Dipl.-Volksw. Hans-Joachim B a c k , Dipl.-Ökonom Peter B ö h l e ,
Dipl.-Ökonom Johannes L ö s e r und Cand. lbs. Rita P i e p e r
Institut für Regionale Bildungsplanung — Arbeitsgruppe Standortforschung — GmbH, Hannover
unter Mitarbeit von Cand. phil. Hans-Hermann B ü n t e , Dipl.-Pädagoge Peter H e n n i n g und Cand. arch. Cornelia H i r s c h f e l d
1975. VIII/177 Seiten. Kart. 16,— DM. ISBN 3-509-00837-5

Band 58: Neue Bildungsmedien und -technologien in der Schul- und Berufsausbildung
von Prof. Dr. Helmar F r a n k , Institut für Kybernetik, Berlin und Paderborn
Mit einer kritischen Stellungnahme von Prof. Dr. Felix v o n C u b e ,
Universität Heidelberg
1975. XIV/288 Seiten. Kart. 19,40 DM. ISBN 3-509-00838-3

Verlag Otto Schwartz & Co., Göttingen

Schriften der Kommission für wirtschaftlichen und sozialen Wandel

Band 59: Die Verteilungswirkungen der Inflation auf den privaten und öffentlichen Sektor

— Ermittlung von Inflationswirkungen nach alternativen Berechnungsansätzen unter besonderer Berücksichtigung des Problems der Produktivitätsmessung im öffentlichen Sektor —

von Dr. Bernd G ö r z i g, Deutsches Institut für Wirtschaftsforschung, Berlin

1975. X/116 Seiten. Kart. 12,60 DM.   ISBN 3-509-00839-1

Band 60: Die Wirkungen der Inflation auf die Einkommens- und Vermögensverteilung

— Zwei Literaturstudien —

Teil A von Dr. Wolfgang J. M ü c k l, Institut für Angewandte Wirtschaftsforschung, Tübingen

mit einem Anhang von Dipl.-Volksw. Michael D i e f e n b a c h

Teil B von Prof. Dr. Richard H a u s e r

1975. Teil A und Teil B XIV/484 Seiten. Kart. 28,— DM.

ISBN 3-509-00840-5

Band 61: Koordinierung in der Raumordnungspolitik

von Dr. rer. pol. Konrad R o e s l e r und Dr. rer. pol. Wilhemine S t ü r m e r, Prognos AG, Basel

unter Mitarbeit von Heidi M o s e r (Graphik)

1975. XIV/178 Seiten. Kart. 16,— DM.   ISBN 3-509-00841-3

Band 62: Tertiärer Sektor und Regionalpolitik

von Privatdozent Dr. Johannes F r e r i c h und Dr. Rainer P ö t z s c h

1975. XIV/644 Seiten. Kart. 28,— DM.   ISBN 3-509-00842-1

Band 63: Volkswirtschaftliche Gesamtrechnung — Revision und Erweiterung

von Dr. Peter W a l s e r

Projektbetreuer: Dr. Max B a l t e n s p e r g e r, Eidgenössische Statistisches Amt, Bern und Prof. Dr. Bruno F r i t s c h, Eidgenössische Technische Hochschule Zürich

1975. X/127 Seiten. Kart. 12,60 DM.   ISBN 3-509-00843-X

Band 64: Konzeption einer interdisziplinär organisierten Arbeitswissenschaft

von Prof. Dr. Friedrich F ü r s t e n b e r g

1975. VIII/144 Sieten. Kart. 16,60 DM.   ISBN 3-509-00844-8

Band 65: Perspektiven einer internationalen Forschungspolitik

— Problemskizze am Beispiel der Europäischen Gemeinschaften —

von Dr. Dieter S c h u m a c h e r, SYSTEMPLAN e. V., Heidelberg

1975. VI/108 Seiten. Kart. 12,60 DM.   ISBN 3-509-00845-6

Verlag Otto Schwartz & Co., Göttingen

Schriften der Kommission für wirtschaftlichen und sozialen Wandel

Band 66: **Die Chancen staatlicher Innovationslenkung**
— Ansätze für eine staatliche Beeinflussung der Richtung und des Umfangs der Innovationen auf der Unternehmensebene —
von Prof. Dr. Konrad L i t t m a n n
unter Mitarbeit von Dipl.-Volksw. Inge B o r n e m a n n und Dipl.-Volksw. Rainer P a u l e n z
1975. XIV/256 Seiten. Kart. 19,40 DM. ISBN 3-509-00846-4

Band 67: **Freizeitpolitik in der Bundesrepublik**
von Dipl.-Soz. Felizitas L e n z - R o m e i ß
1975. X/224 Seiten. Kart. 16,— DM. ISBN 3-509-00847-2

Band 68: **Ansätze zur Lösung des Jungarbeiterproblems**
von Prof. Günter W i e m a n n
unter Mitarbeit der Studienreferendare Karl-Heinz B ö s e, Horst B i e r m a n n, Joachim D ü f f e r t, Peter H e i l h o f f, Hans-Adolf K n o p p, Hans-Georg K a p p l e r und Christoph M a r k e r t
1975. VIII/522 Seiten. Kart. 28,— DM. ISBN 3-509-00848-0

Band 69: **Argumente für und gegen eine beschäftigungsorientierte Bildungspolitik**
— Literaturanalyse —
von Dipl.-Volksw. Gerhard K ü h l e w i n d und Dipl.-Volksw. Manfred T e s s a r i n g
1975. XII/160 Seiten. Kart. 16,— DM. ISBN 3-509-00849-9

Band 70: **Arbeitsbedingungen im Wandel**
Eine Literaturstudie zur Entwicklung von Belastungen und Qualifikationsanforderungen in der Bundesrepublik Deutschland
von Dipl.-Sozialwirt Ulrich M e r g n e r, Dr. Martin O s t e r l a n d und M. A. Klaus P e l t e, unter Mitarbeit von Dipl.-Sozialwirt Hans-Joachim Görres, Soziologisches Forschungsinstitut Göttingen (SOFI)
1975. X/322 Seiten. Kart. 19,40 DM. ISBN 3-509-00850-2

Band 71: **Die Umverteilung der Einkommen durch den Staat in der Bundesrepublik in den Jahren 1960—72**
von Dr. Martin H e i l m a n n
1976. ca. 160 Seiten. Kart. 16,— DM. ISBN 3-509-00851-0

Band 72: **Neue Strukturen der Arbeitszeitverteilung**
— Möglichkeiten, Voraussetzungen und Konsequenzen —
von Dr. Bernhard T e r i e t
1976. ca. 150 Seiten. Kart. 18,50 DM. ISBN 3-509-00852-9

Verlag Otto Schwartz & Co., Göttingen

Schriften der Kommission für wirtschaftlichen und sozialen Wandel

Band 73: **Die internationale Verflechtung der Umweltproblematik**
von Dipl.-Volksw. Rainer B u h n é, am Institut für Europäische Wirtschaftspolitik der Universität Hamburg
Direktor: Prof. Dr. Harald J ü r g e n s e n
1976. VIII/120 Seiten. Kart. ISBN 3-509-00853-7

Band 74: **Staatliche Förderung „umweltfreundlicher" Technologien**
von Prof. Dr. Karl William K a p p
unter Mitarbeit von lic. rer. pol. Hans B a u m a n n und lic. rer. pol. Peter W a c h t l
1976. 238 Seiten. Kart. 24,— DM. ISBN 3-509-00854-5

Band 75: **Der Anteil staatlich-administrativer Preise am Preisindex der Lebenshaltung**
— Eine empirische Untersuchung für die Periode 1950 bis 1973 —
von Dr. Helmut B o t t
1976. XII/144 Seiten. Kart. 18,— DM. ISBN 3-509-00855-3

Band 76: **Warenkennzeichnung — ein Mittel der Verbraucherinformation**
von Adrian W e s e r unter Mitarbeit von Ingrid A n n u k
1976. VIII/137 Seiten. Kart. 18,— DM. ISBN 3-509-00856-1

Band 77: **Verdeckte Arbeitslosigkeit**
— Probleme der Messung in der Bundesrepublik —
von Dipl.-Volksw. Franz E g l e, Dipl.-Volksw. Angelika E r n s t und Dipl.-Volksw. Peter S c h n u r
1976. VIII/222 Seiten. Kart. 21,— DM. ISBN 3-509-00857-X

Band 78: **Abgrenzung regionaler Aktionsräume der Arbeitskräftepolitik**
— Zwei Gutachten zur regionalen Arbeitsmarktpolitik und zur Typisierung von Arbeitsmarktregionen —
von Dr. Ursula E n g e l e n - K e f e r und Prof. Dr. Paul K l e m m e r
1976. ca. 200 Seiten. Kart. 20,50 DM. ISBN 3-509-00858-8

Band 79: **Niveau- und strukturorientierte Umweltpolitik**
— Instrumentenanalyse und internationaler Vergleich —
von Dipl.-Volksw. Peter S t a m e r, am Institut für Europäische Wirtschaftspolitik der Universität Hamburg
Direktor: Prof. Dr. Harald J ü r g e n s e n
1976. VIII/198 Seiten. Kart. 20,50 DM. ISBN 3-509-00859-6

Band 80: **Instrumente der Umweltpolitik**
— Informationsvoraussetzungen, Erfolgsbedingungen, Wirkungsanalyse —
von Prof. Dr. Horst S i e b e r t unter Mitarbeit von Dipl.-Volksw. Wolfgang V o g t
1976. ca. 210 Seiten. Kart. ca. 26,— DM. ISBN 3-509-00860-X

Verlag Otto Schwartz & Co., Göttingen

Schriften der Kommission für wirtschaftlichen und sozialen Wandel

Band 81: Die Flexibilität öffentlicher Ausgaben
— Eine Analyse der Restriktionen ausgabenpolitischer Handlungsspielräume —
von Dr. Dieter E w r i n g m a n n , Finanzwissenschaftliches Forschungsinstitut an der Universität Köln
1975. VIII/180 Seiten. Kart. 16,— DM. ISBN 3-509-00861-8

Band 82: Die Verteilung von Gütern und Diensten auf die verschiedenen Bevölkerungsschichten
— Eine Literaturstudie zu Problemen der Messung und der politischen Beeinflußbarkeit —
von Dr. Klaus-Dirk H e n k e
1975. VI/158 Seiten. Kart. 12,60 DM. ISBN 3-509-00862-6

Band 83: Die Steuerungsfunktion von Zertifikaten und formalisierten Ausbildungsgängen für das Beschäftigungssystem
von Dipl.-Volksw. Dr. Klaus S c h w e i k e r t und Dorothea G r i e g e r M. A.
1975. VIII/217 Seiten. Kart. 16,— DM. ISBN 3-509-00863-4

Band 84: Steuerungssysteme des Arbeitsmarktes
— Vergleich von Frankreich, Großbritannien, Schweden, DDR und Sowjetunion mit der Bundesrepublik Deutschland —
von Dr. Günther S c h m i d
1975. XVIII/355 Seiten. Kart. 19,40 DM. ISBN 3-509-00890-1

Band 85: Die Förderungsprinzipien und Instrumente der Forschungs- und Technologiepolitik
— Eine Analyse ihrer Wirksamkeit —
von Dipl. Volksw. Gerhard B r ä u n l i n g und
Dr. rer. nat. Dirk-Michael H a r m s e n
Institut für Systemtechnik und Innovationsforschung, Karlsruhe
1975. XVI/330 Seiten. Kart. 19,40 DM. ISBN 3-509-00891-X

Band 86: Neue Formen gesellschaftlicher Selbststeuerung in der Bundesrepublik Deutschland
— Diskussion an Beispielen aus den Bereichen Bildung, Soziale Sicherung und Kommunale Selbstverwaltung —
von Prof. Dr. Eckart P a n k o k e , Dipl. Sc. Soc. Hans N o k i e l s k i , Dipl. Sc. Soc. Dr. Theodor B e i n e
Universität Essen
1975. XIV/310 Seiten. Kart. 16,— DM. ISBN 3-509-00892-8

Band 87: Die Entwicklung von „Randgruppen" in der BRD
— Literaturstudie zur Entwicklung randständiger Bevölkerungsgruppen —
von Alfred K ö g l e r , GEWOS e. V.
1976. XXXVI/511 Seiten. 28,— DM. ISBN 3-509-00893-6

Verlag Otto Schwartz & Co., Göttingen

Schriften der Kommission für wirtschaftlichen und sozialen Wandel

Band 88: **Berufsberatung und Berufslenkung**
Teil I: Vergleich der Systeme der Berufsberatung und Berufslenkung in Schweden, DDR, USA, Schweiz und Bundesrepublik Deutschland im Hinblick auf die weitere Entwicklung der Berufsberatung von Dipl. Pol. Harald E i c h n e r
Dr. phil Udo W a g n e r
Teil II: Länderstudien
— Berufsorientierung und Berufsberatung in Schweden —
von Dipl.-Volksw. Dr. Jürgen H a r t m a n n
— Berufsberatung und -lenkung im System der Arbeitskräfteplanung der DDR —
von Ulrich L o h m a n n, unter Mitarbeit von Hartmut Fischer
— Berufsberatung in den USA —
von Dipl.-Pol. Harald E i c h n e r
— Berufsberatung in der Schweiz —
von Dr. phil. Udo W a g n e r
1976. XII/421 Seiten. Kart. 19,40 DM.   ISBN 3-509-00894-4

Band 89: **Politische Beteiligung in der Bundesrepublik Deutschland**
von Thomas E l l w e i n, Ekkehard L i p p e r t und Ralf Z o l l unter Mitarbeit von Detlef Bald
1975. VI/200 Seiten. Kart. 16,— DM.   ISBN 3-509-00895-2

Band 90: **Aufgaben und Qualifikation der öffentlichen Verwaltung**
von Prof. Dr. Gerhard B r i n k m a n n
1976. XII/223 Seiten. Kart. 16,— DM.   ISBN 3-509-00896-2

Band 91: **Politische Planung im Ruhrgebiet**
— Analyse der staatlichen Planungen und Maßnahmen zur Strukturverbesserung des Ruhrgebietes —
von Dipl.-Volksw. Dr. Hans-Winfried L a u f f s und
Dipl.-Sozw. Werner Z ü h l k e
1976. 185 Seiten. Kart. 16,— DM.   ISBN 3-509-00897-9

Band 92: **Gesellschaftliche Bedürfnislagen**
— Möglichkeiten und Grenzen ihrer wissenschaftlichen Bestimmung —
von Dipl.-Soz. Katrin L e d e r e r und Prof. Dr. Rainer M a c k e n s e n
1975. VI/160 Seiten. Kart. 12,60 DM.   ISBN 3-509-00898-7

Band 93: **Politik und Koordinierung**
— Untersuchung ausgewählter Verfahren der Ziel- und Programmkoordination innerhalb und zwischen Ressorts sowie zwischen Gebietskörperschaften —
von Bodo A. B a a r s, Karl B. B a u m, Jobst F i e d l e r
1976. ca. 230 Seiten. Kart. 16,— DM.   ISBN 3-509-00899-5

Band 94: **Die Umverteilungswirkungen der Einkommensteuerreform 1975**
von Dr. Martin H e i l m a n n
Institut für Finanzwissenschaft der Christian-Albrechts-Universität, Kiel
1976. X/169 Seiten. Kart. 12,60 DM.   ISBN 3-509-00900-2

Verlag Otto Schwartz & Co., Göttingen

Schriften der Kommission für wirtschaftlichen und sozialen Wandel

Band 95: Technischer Fortschritt
— Kritische Beurteilung von Meß- und Prognosekonzepten —
Untersuchung durchgeführt unter der Leitung von Prof. Dr. Gottfried
Bombach und Dr. Niklaus Blattner
mit Beiträgen von Lic. rer. pol. Christoph Bauer, Dr. Niklaus Blattner,
Prof. Dr. Gottfried Bombach und Lic. rer. pol. Anton Hoffarth
1976. ca. 400 Seiten. Kart. 28,— DM. ISBN 3-509-00901-0

Band 96: Weiterbildung und Arbeitsmarktpolitik
— Ansätze zu einer arbeitsmarktorientierten Steuerung beruflicher
Weiterbildung —
von Prof. Dr. A. Günter Brandenburg
1975. X/208 Seiten. Kart. 16,— DM. ISBN 3-509-00902-9

Band 97: Raumordnungspolitik als integrierte Entwicklungspolitik
— Kritische Analyse, Zielsysteme, Reformansätze —
von Prof. Dr. Ulrich Brösse
Institut für Wirtschaftswissenschaften, Rheinisch-Westfälische Technische
Hochschule Aachen
1975. XVIII/340 Seiten. Kart. 19,40 DM. ISBN 3-509-00903-7

Band 98: Die Familienhaushalte im wirtschaftlichen und sozialen Wandel
— Rationalverhalten, Technisierung, Funktionswandel der Privathaus-
halte und das Freizeitbudget der Frau —
von Prof. Dr. Rosemarie von Schweitzer und
Prof. Dr. Helge Pross
Unter Mitarbeit von: Dipl. rer. pol. Boetticher u. a.
1976. VI/116 Seiten. Kart. 28,— DM. ISBN 3-509-00904-5

Band 99: Stabilitätspolitik
— Ein Überblick über die aktuelle Diskussion und Perspektiven einer
Neuorientierung —
von Dr. Heinz Kock, Dr. Eduard Leifert,
Dr. Alfons Schmid, Dr. Ludwig Stirnberg
Universität Augsburg
1976. VI/116 Seiten. Kart. 12,60 DM. ISBN3-509-00905-3

Band 100: Zur Relativierung des Zieles der Geldwertstabilität
von Prof. Dr. Erich Streissler, Dr. Lutz Beinsen,
Dr. Hannes Suppanz
Institut für Wirtschaftswissenschaften der Universität Wien
Mit einer Stellungnahme von Prof. Dr. Kurt W. Rothschild,
Hochschule für Sozial- und Wirtschaftswissenschaften, Linz
1976. XII/395 Seiten. Kart. 19,40 DM. ISBN 3-509-00906-1

Verlag Otto Schwartz & Co., Göttingen

Schriften der Kommission für wirtschaftlichen und sozialen Wandel

Band 101: **Multinationale Unternehmen und staatliche Wirtschaftspolitik**
von Dr. rer. pol. Frohmund G r ü n ä r m l
Philipps-Universität Marburg
1975. XII/212 Seiten. Kart. 16,— DM. ISBN 3-509-00907-X

Band 102: **Strukturräumliche Ordnungsvorstellungen des Bundes**
— Zentralörtliches Prinzip und Agglomerationskonzepte —
von Dipl.-Ing. Klaus K u m m e r e r , Dipl.-Volksw. Norbert
S c h w a r z , Prof. Dipl.-Ing. Heinz W e y l
Technische Universität Hannover
1975. X/204 Seiten. Kart. 16,— DM. ISBN 3-509-00908-8

Band 103: **Freizeit und regionale Infrastruktur**
— Probleme wachsender Freizeit für die regionale Infrastruktur unter
besonderer Berücksichtigung der Ballungsgebiete —
von Dipl.-Soz. Joachim B r a u n , Dr. rer. pol. Wolfgang M a t h i a s
1975. X/177 Seiten. Kart. 16,— DM. ISBN 3-509-00909-6

Band 104: **Perspektiven und Probleme räumlicher Entwicklungen**
— Ergebnisse einer kritischen Auswertung zukunftsbezogener Literatur —
von Dipl.-Kfm. Jörg M ö l l e r
Arbeitsgruppe Kommunale Wirtschaftsberatung, München
1975. XII/179 Seiten. Kart. 16,— DM. ISBN 3-509-00910-X

Band 105: **Ökonomische Alternativen zur Ausländerbeschäftigung**
— Rationalisierung, Automatisierung und Verlagerung ins Ausland als
Instrumente zur Lenkung der Ausländerbeschäftigung —
von Dr. Klaus H ö p f n e r
1975. XVIII/210 Seiten. Kart. 16,— DM. ISBN 3-509-00911-8

Band 106: **Bürgerinformation im politischen Willensbildungsprozeß**
— Problemstudie für die Umweltschutz- und Infrastrukturplanung —
von Dr. Klaus-Peter F e h l a u und Dipl.-Ing. Martin N e d d e n s
1975. X/142 Seiten. Kart. 12,60 DM. ISBN 3-509-00912-6

Band 107: **Stand und Entwicklungstendenzen der Konzentration in der
Bundesrepublik Deutschland**
von Dr. Jürgen M ü l l e r und Dr. Rolf H o c h r e i t e r
Internationales Institut für Management und Verwaltung, Berlin
1975. XVI/388 Seiten. Kart. 19,40 DM. ISBN 3-509-00913-4

Band 108: **Die Motorisierung und ihre Auswirkungen**
— Untersuchung zur Frage der Realisierbarkeit der Technikfolgen-Ab-
schätzung (technology assessment) anhand von ex post-Projektionen —
von Dipl.-Ing. Eberhard J o c h e m
unter Mitarbeit von Dipl.-Wirtschaftsingenieur Herrmann Hertz, Ger-
lind Bossel, Martha Hoeflich
Institut für Systemtechnik und Innovationsforschung, Karlsruhe
1976. ca. 340 Seiten. Kart. 19,40 DM. ISBN 3-509-00914-2

Verlag Otto Schwartz & Co., Göttingen

Schriften der Kommission für wirtschaftlichen und sozialen Wandel

Band 109: Technologische Entwicklung

Teil 1: Prinzipien und allgemeine Tendenzen
von Prof. Dr. Ing. Hans R u m p f , Dr. rer. nat. Helmut R e m p p und Dipl.-Ing. Manfred W i e s i n g e r
1976. VIII/158 Seiten. Kart. 16,— DM. ISBN 3-509-00915-0

Teil 2: Energie, Transport und Verkehr, Information (einschl. Meßtechnik), Rohstoffe, Werkstoffe, Produktion
von Prof. Dr. Ing. Hans R u m p f , Dr. rer. nat. Helmut R e m p p und Dipl.-Ing. Manfred W i e s i n g e r
1976. VIII/364 Seiten. Kart. 19,40 DM. ISBN 3-509-00916-9

Teil 3: Chemie, Maschinenbau, Bautechnik, Lebensmitteltechnik, Umweltschutz
von Prof. Dr. Ing. Hans R u m p f , Dr. Ing. Manfred H. P a h l , Dr. rer. nat. Helmut R e m p p , Dipl.-Wi.-Ing. Heinz R e i n h a r d t und Dipl.-Ing. Manfred W i e s i n g e r
1976. VIII/356 Seiten. Kart. 19,40 DM. ISBN 3-509-00917-7

Band 110: Der Staat und die Steuerung der Wissenschaft
— Analyse der Forschungs- und Technologiepolitik der Bundesregierung —
von Prof. Dr. phil. Ulrich A l b r e c h t , Claus K o c h , Prof. Dr. phil. Wolf-Dieter N a r r , Dipl.-Ing. Rainer R i e h l e und Dipl.-Phys. Karl S c h m i t z
1976. ca. 530 Seiten. Kart. 28,— DM. ISBN 3-509-00918-5

Band 111: Die Massenmedien in der postindustriellen Gesellschaft
Konsequenzen neuer technischer und wirtschaftlicher Entwicklungen für Aufgaben und Strukturen der Massenmedien in der Bundesrepublik Deutschland
von Horst D e c k e r , Prof. Dr. Wolfgang R. L a n g e n b u c h e r und Günter N a h r
Arbeitsgemeinschaft für Kommunikationsforschung e. V., München unter Mitarbeit von Jürgen Huber und Dietrich Steinhorst
1976. XIV/475 Seiten. Kart. 28,— DM. ISBN 3-509-00919-3

Band 112: Massenmedien und ihre Wirkungen
Kommunikationspolitische Konsequenzen für den publizistischen Wandel
Literaturexpertise — Bibliographie
von Dr. Josef H a c k f o r t h
unter Mitarbeit von Ilka Heiner, Christina Holtz, Hans-Joachim Möller, Wilhelm Noelke, Werner Pöhler, Ingrid Rieskamp, Dieter Stein, Sibylle Voss
1976. 276 Seiten. Kart. 19,40 DM. ISBN 3-509-00920-7

Band 113: Privates Anlagekapital für die staatliche Forschungspolitik
Alternative Finanzierungsmöglichkeiten der staatlichen Forschungs- und Technologiepolitik unter besonderer Berücksichtigung der Ertragsbeteiligung der Öffentlichen Hand
von Dipl.-Ing. Friedrich H a m k e
1976. X/185 Seiten. Kart. 16,— DM. ISBN 3-509-00921-5

Verlag Otto Schwartz & Co., Göttingen

Schriften der Kommission für wirtschaftlichen und sozialen Wandel

Band 114: Nachholbedarf an haushaltsorientierter Infrastruktur in den Regionen der Bundesrepublik Deutschland

Eine empirische Bestandsaufnahme
von Dipl.-Volksw. Stefan H e c k h a u s e n
Deutsches Institut für Wirtschaftsforschung, Berlin
1976. 524 Seiten. Kart. 28,— DM. ISBN 3-509-00922-3

Band 115: Verwaltungseffizienz und Motivation

Anreize zur wirtschaftlichen Verwendung öffentlicher Mittel durch die Titelverwalter
von Jochen D e n s o , Dipl.-Volksw. Dr. Dieter E w r i n g m a n n ,
Prof. Dr. Karl-Heinrich H a n s m e y e r , Dipl.-Pol. Dr. Rainer K o c h ,
MinDirig. Dr. Herbert K ö n i g , Prof. Dr. Heinrich S i e d e n t o p f
1976. X/188 Seiten. Kart. 16,— DM. ISBN 3-509-00923-1

Band 116: Effizienzorientierte Haushaltsplanung und Mittelbewirtschaftung

— Studie zum Problem der Erzeugung von Anreizen für die wirtschaftliche Verwendung öffentlicher Mittel durch die Titelverwalter —
von Prof. Dr. Klaus L ü d e r und Dr. Dietrich B u d ä u s
1976. X/178 Seiten. Kart. 16,— DM. ISBN 3-509-00933-9

Band 117: Wirkungen politischer Maßnahmen zur Lenkung der Ausländerbeschäftigung

— Eine Studie zur Arbeitsmarktpolitik —
von Dipl.-Ing. Dipl.-Wirtsch.-Ing. Hans H a m m e r
WIP-Wirtschaft und Infrastruktur, München
1976. XXIII/326 Seiten. Kart. 19,40 DM. ISBN 3-509-00934-7

Band 118: Freizeitpolitik von Bund, Ländern und Gemeinden

— Eine Analyse und Versuch einer Neuorientierung —
von Prof. Dr. Heinz L a u f e r und Dr. Dr. Dietmar G ö r g m a i e r
Assessorin Sybille L a u f e r - H e y d e n r e i c h
1976. 256 Seiten. Kart. 19,40 DM. ISBN 3-509-00935-5

Band 119: Möglichkeiten einer stärker final orientierten Sozialpolitik

von Prof. Dr. Willi A l b e r s , Institut für Finanzwissenschaften der Christian-Albrechts-Universität Kiel
1976. 120 Seiten. Kart. 12,60 DM. ISBN 3-509-00936-3

Band 120: Verbraucher und Recht

— Überholte Konzeptionen, Lücken und Mängel in wichtigen Verbrauchergesetzen und die Praxis der Rechtsprechung —
von Prof. Dr. Norbert R e i c h , Assessor Klaus T o n n e r und Assessor Hartmut W e g e n e r
1976. XXIV/255 Seiten. Kart. 19,40 DM. ISBN 3-509-00937-1

Verlag Otto Schwartz & Co., Göttingen

Schriften der Kommission für wirtschaftlichen und sozialen Wandel

Band 121: Ursachen vorzeitiger Berufs- und Erwerbsunfähigkeit
von Dipl.-Volksw. Walter R ü t h unter Mitarbeit von Georg Schmidt, Institut für Sozialforschung und Sozialwirtschaft e. V. (ISO), Saarbrücken
1976. 162 Seiten. Kart. 16,— DM.   ISBN 3-509-00938-X

Band 122: Politische Planung in Parteien und Parlamentsfraktionen
von Dipl.-Pol. Frank G r u b e , Dipl.-Pol. Gerhard R i c h t e r und Prof. Dr. Uwe T h a y s e n
1976. XIII/244 Seiten. Kart. 19,40 DM.   ISBN 3-509-00939-8

Band 123: Weiterbildung für den öffentlichen Dienst
— Entwicklung staatlicher Aufgaben, Qualifikationsentwicklung und Tendenzen der Weiterbildung —
von Prof. Dr. Klaus D a m m a n n , Dr. Günter F a l t i n und Dr. Christa H o p f
1976. XIII/274 Seiten. Kart. 19,40 DM.   ISBN 3-509-00940-1

Band 124: Erfolgskontrolle politischer Planung
— Probleme und Ansätze in der Bundesrepublik Deutschland —
von Dr. Arend H ü b e n e r , Assessor Rudolf H a l b e r s t a d t unter Mitarbeit von Dipl.-Soz. Gernot Feldhusen in Systemplan e. V. Heidelberg
1976. 110 Seiten. Kart. 12,60 DM.   ISBN 3-509-00941-X

Band 125: Sozialberichterstattung: Möglichkeiten und Probleme
von Prof. Dr. Wolfgang Z a p f , Institut für Sozialwissenschaften der Universität Mannheim — Sozialpolitische Forschungsgruppe Frankfurt/ Mannheim (SPES-Projekt)
1976. XIV/186 Seiten. Kart. 16,— DM.   ISBN 3-509-942-8

Band 126: Infrastrukturpolitik braucht Kommunikation
— Ein Modell sozialstaatlicher Bürgerinformation am Beispiel der Regionalplanung —
von Prof. Dr. Hans B r i n c k m a n n , Prof. Dr. Lucius B u r c k - h a r d t, Ass. Eberhard H e y s e , Stud. ref. Marion M e y f a h r t, Doz. Dipl.-Ing. Rainer M e y f a h r t, Prof. Klaus P f r o m m , Dipl.- Arch. Renate P f r o m m
1976. X/237 Seiten. Kart. 16,— DM.   ISBN 3-509-00943-6

Band 127: Stadtentwicklung — Anspruch und Wirklichkeit
— Eine vergleichende Analyse der funktionalen Aufgaben und verwaltungsorganisatorischen Probleme von Großstädten in der Bundesrepublik —
von Dr.-Ing. Helmut B l u m , Dr. rer. nat. Karolus H e i l , Dipl.-Ing. Lutz H o f f m a n n , unter Mitarbeit von Gerhard Gross
1976. ca. 300 Seiten. Kart. 19,40 DM.   ISBN 3-509-00944-4

Verlag Otto Schwartz & Co., Göttingen

Schriften der Kommission für wirtschaftlichen und sozialen Wandel

Band 128: Theorie und Praxis der gemeinwirtschaftlichen Konzeption
— Eine Analyse am Beispiel gemeinwirtschaftlicher Unternehmen —
von Prof. Dr. Burkhardt R ö p e r, unter Mitarbeit von Dr. Lothar
Berndt, Dipl.-Kfm. Jürgen Schmid, Dipl.-Kfm. Gerd Wassenberg
1976. 251 Seiten. Kart. 19,40 DM. ISBN 3-509-00945-2

**Band 129: Projektion von Input-Output-Tabellen für die Bundesrepublik
Deutschland für die Jahre 1980 und 1985**
von Dipl.-Volkswirt Jörg-Peter W e i ß
Deutsches Institut für Wirtschaftsforschung, Berlin
1976. ca. 220 Seiten. Kart. 19,40 DM. ISBN 3-509-00946-0

Band 130: Konsum und Investitionen des Staates bis 1985
von Prof. Dr. Wilhelm K r e l l e, Dr. Ralf P a u l y,
Universität Bonn
1976. XI/323 Seiten. Kart. 19,40 DM. ISBN 3-509-00947-9

**Band 131: Die Organisation der Verbraucherinteressen im internationalen
Vergleich**
von Dipl.-Kfm. Klaus W i e k e n
Institut für angewandte Verbraucherforschung e. V., Köln
1976. VI/138 Seiten. Kart. 12,60 DM. ISBN 3-509-00948-7

Band 132: Gemischtwirtschaftliche Innovationspraxis
— Alternative Organisationsformen der staatlichen Forschungs- und
Technologiepolitik —
von Prof. Dr. Gerhard M e n s c h
1976. XIV/350 Seiten. Kart. 19,40 DM. ISBN 3-509-00949-5

Band 133: Werbung für Markenartikel
— Auswirkungen auf Markttransparenz und Preise —
— Zwei Studien —
Teil A von Prof. Dr. Otto B l u m e, Dipl.-Vw. Gislinde M ü l l e r
Teil B von Prof. Dr. Burkhardt R ö p e r unter Mitarbeit von Dr. rer.
pol. Günter H e i d u k, Dipl.-Vw. Magdalene H e u w i n g, Dipl.-
Kfm. Berthold K a e m p f, Dipl.-Ökonom Rolf M a r f e l d, Dipl.-
Kfm. Gerd W a s s e n b e r g
1976. 610 Seiten. Kart. 28,— DM. ISBN 3-509-00950-9

Band 134: Umweltbelastungen im natürlichen Kreislauf
von Walter S e i d l
1976. ca. 450 Seiten. Kart. 28,— DM. ISBN 3-509-00951-7

Verlag Otto Schwartz & Co., Göttingen